中国社会安全系列研究丛书
姜晓萍◎主编

织密兜底社会安全网

社会救助高质量发展研究

张浩淼◎著

中国社会科学出版社

图书在版编目（CIP）数据

织密兜底社会安全网：社会救助高质量发展研究/张浩淼著.—北京：中国社会科学出版社，2023.6

（中国社会安全系列研究丛书）

ISBN 978 – 7 – 5227 – 1940 – 5

Ⅰ.①织… Ⅱ.①张… Ⅲ.①社会救济—研究—中国 Ⅳ.①D632.1

中国国家版本馆 CIP 数据核字（2023）第 095995 号

出 版 人	赵剑英
责任编辑	李凯凯
责任校对	周　昊
责任印制	王　超

出　　版	中国社会科学出版社
社　　址	北京鼓楼西大街甲 158 号
邮　　编	100720
网　　址	http://www.csspw.cn
发 行 部	010 – 84083685
门 市 部	010 – 84029450
经　　销	新华书店及其他书店

印　　刷	北京明恒达印务有限公司
装　　订	廊坊市广阳区广增装订厂
版　　次	2023 年 6 月第 1 版
印　　次	2023 年 6 月第 1 次印刷

开　　本	710×1000　1/16
印　　张	14.5
插　　页	2
字　　数	231 千字
定　　价	78.00 元

凡购买中国社会科学出版社图书，如有质量问题请与本社营销中心联系调换
电话：010 – 84083683
版权所有　侵权必究

前　言

社会保障通常被称为社会安全网，其有助于社会成员避免生存危机和应对多种社会风险，是提升获得感、安全感和幸福感的重要制度安排。在社会保障体系中，社会救助作为居于基础性地位的子系统，可以为困难者和不幸者组成的社会弱势群体提供接济和帮扶，是兜底社会安全网或最后的安全网。没有高质量的社会救助制度，兜底安全网就不够密实牢靠，低收入困难群体容易陷入困境而无法自拔，社会公正的底线必定被突破，进而引发社会危机。在共同富裕背景下，通过高质量社会救助制度建设来织密织牢兜底社会安全网，既是实现弱有所扶的客观需要，也是社会安全的重要保证。

在梳理社会安全网理论、社会救助相关理论和福利组合理论等的基础上，通过系统回顾我国兜底社会安全网的建设和发展历程，本书分析了社会救助制度的主要成效和经验，并指出了社会救助仍然存在的主要问题和短板。伴随着我国社会主要矛盾的转化和相对贫困治理目标的转变，当前我国社会救助制度在运行过程中主要还存在以下问题：第一，民生升级，相对贫困治理经验不足；第二，服务救助欠缺，立法发展滞后；第三，职能紊乱，持续发展面临风险；第四，机制障碍，运行状态不够理想。在分析和借鉴发达国家与发展中国家社会救助经验的基础上，提出了我国高质量社会救助制度建设的理念、目标与行动议案。社会救助高质量发展应该坚持社会救助的基础性地位、坚守公平理念和树立积极理念，遵循坚持政府负责、兼顾"水涨船高"的发展性、满足有需要者需要和避免贫困陷阱的基本原则。依据基本理念和基本原则，面向2035年和2050年关键发展阶段，提出了当前到2035年以及2035—2050

年两个阶段内高质量社会救助制度的发展目标和具体任务,并从救助主体、救助对象、救助内容和救助方式四个方面提出了高质量社会救助体系建设主要着力点。

  本书的完成得益于本人最近十多年在社会救助领域的研究积累,在资料搜集、整理和写作过程中,我指导的第一个博士生朱杰参与其中,感谢她的辛苦付出!由于经验和水平有限,研究成果中的不当之处还望各位同仁和读者批评指正,不吝赐教!

目 录

绪 论 ……………………………………………………………… (1)
  第一节 选题背景 ……………………………………………… (1)
  第二节 文献综述 ……………………………………………… (2)
  第三节 研究意义 ……………………………………………… (33)

第一章 理论基础 ……………………………………………… (35)
  第一节 社会安全网理论及其新发展 ………………………… (35)
  第二节 社会救助相关理论及其新发展 ……………………… (40)
  第三节 福利组合理论及其新发展 …………………………… (42)

第二章 国外社会救助制度的实践与启示 …………………… (46)
  第一节 发达国家社会救助的经验和启示 …………………… (46)
  第二节 发展中国家社会救助的经验和启示 ………………… (83)
  第三节 国外社会救助的经验与借鉴 ………………………… (106)

第三章 中国兜底社会安全网建设：社会救助的确立与发展 …… (111)
  第一节 应急化阶段（1949—1956年）………………………… (111)
  第二节 边缘化阶段（1957—1992年）………………………… (116)
  第三节 基础化阶段（1993—2013年）………………………… (123)
  第四节 民生化阶段（2014年至今）…………………………… (130)

第四章　中国社会救助在兜底安全保障方面的成绩、经验和问题 ………………………………………………（138）
　第一节　成绩 ……………………………………………（138）
　第二节　经验 ……………………………………………（167）
　第三节　问题 ……………………………………………（177）

第五章　中国高质量社会救助制度建设：理念、目标与行动议案 ……………………………………………（192）
　第一节　高质量社会救助制度是低收入群体实现共同富裕的坚实底板 ………………………………（192）
　第二节　高质量社会救助制度应秉持的理念、原则与框架设计 …………………………………………（196）
　第三节　高质量社会救助制度的发展目标与着力点 ………（200）

主要参考文献 …………………………………………………（212）

绪　　论

第一节　选题背景

党的十八大以来,以习近平同志为核心的党中央提出了总体国家安全观的重要思想。作为国家安全事业基础性工作的社会安全,深刻影响着党的执政基础、国家治理能力和人民利益的实现。社会安全,从广义上看是社会各群体避免伤害和确保安全的能力和机制,从狭义上则可以理解为社会保障体系,① 社会保障的英文"social security"中 security 即为安全的含义。

社会保障通常被称为社会安全网,因为其有助于社会成员避免生存危机和应对多种社会风险,是提升获得感、安全感和幸福感的重要制度安排。社会保障作为现代社会一项重要的、不可或缺的社会经济制度,是促进社会福祉的民生保障制度。正如习近平总书记指出:"社会保障是保障和改善民生、维护社会公平、增进人民福祉的基本制度保障,是促进经济社会发展、实现广大人民群众共享改革发展成果的重要制度安排,发挥着民生保障安全网、收入分配调节器、经济运行减震器的作用,是治国安邦的大问题。"②社会救助是社会保障体系中居于兜底性、基础性地位的子系统,为由困难者和不幸者组成的社会弱势群体提供接济和帮扶,被称为兜底社会安全网或最后的安全网。没有高质量的社会救助制度,低收入困难群体容易陷入困境而无法自拔,社会公正的底线必定被突破,

---

① 杨雪冬:《全球化、治理失效与社会安全》,《中国人民大学学报》2004 年第 2 期。
② 习近平:《促进我国社会保障事业高质量发展、可持续发展》,《求是》2022 年第 8 期。

进而引发社会危机，并波及整个经济社会发展全局。① 因此，建设高质量的社会救助制度既是现实社会的客观需要，也是社会安全的重要保证。

为了与经济社会发展相适应，并更好地保障困难群体的生存权，我国社会救助制度由弱变强，不断发展完善，已经成为民生保障的基本制度。中央部署打赢脱贫攻坚战以来，社会救助兜底保障成为我国脱贫攻坚"五个一批"的重要组成部分，② 社会救助制度为打赢脱贫攻坚战、解决绝对贫困问题和全面建成小康社会做出了积极与重要的贡献。我国目前在全面建成小康社会的基础上，正向2035年基本实现社会主义现代化和本世纪中叶全面建成社会主义现代化强国的目标迈进，这一目标十分远大和宏伟，是一个包括共同富裕在内的社会化系统工程。促进全体人民共同富裕是一项长期艰巨的任务，也是一个逐步推进的过程，在这一过程当中，离不开社会救助制度。社会救助在弱有所扶方面取得新进展，使低收入群体有更多获得感是迈向共同富裕的重要路径之一。这里弱有所扶中的"弱"是指生活存在困难的低收入与弱势群体，其范围要比原有绝对贫困群体的范围更广，"扶"的含义也不仅局限于提供最基本的生活保障，而是要能够帮助低收入和弱势群体摆脱生活困境并实现融入发展。也就是说，在共同富裕视角下，社会救助不应再被视为保障生存的制度安排，而是要将其视为提升低收入群体生活品质和福祉水平的有效手段，要通过高质量社会救助制度建设来拓展救助范围，保障低收入与弱势群体的最基本生活，并防止受助群体被边缘化或被社会排斥，帮助受助群体获得发展的机会和能力，使之成为有效应对相对贫困和促进共同富裕的重要政策工具。

第二节　文献综述

社会救助是最古老的社会保障措施，也是直接针对贫困者等困难群

---

① 郑功成等：《社会救助立法研究》，人民出版社2020年版，第3页。
② 中共民政党组：《加快推进社会救助事业高质量发展》，《求是》2022年第8期。

体的保护手段。[①] 2019年党的十九届四中全会首次提出要巩固脱贫攻坚成果,建立解决相对贫困的长效机制。2020年我国脱贫攻坚取得全面胜利后,贫困治理的重点将转向相对贫困。[②] 由于当前我国社会救助制度还较为粗放,各项目发展不平衡,因此,在迈向共同富裕和治理相对贫困的目标下,社会救助急需改革与完善高质量发展。

本部分从困难群体、相对贫困及其治理、社会救助、社会安全网和兜底性民生建设等方面入手,对既有国内外相关文献进行梳理和述评。

一 关于困难群体的研究

（一）国外相关研究

国外对特殊困难群体的衡量主要包括经济和社会两大维度,特殊困难群体在经济层面上表现为贫困人群,主要从收入消费贫困和存量角度的资产贫困进行定义和衡量,后来又向能力贫困和多维贫困拓展。在社会层面上,特殊困难群体表现为单亲、残疾人、失业者等弱势群体。

从经济维度看,当前普遍采纳的贫困线包括两类:一类是世界银行发布的贫困线;另一类是每个国家的官方贫困线。世界银行对贫困的定义为:贫困是福祉被剥夺的现象。其对贫困的定义和测量主要按照基本需要成本方法,基本需要包括两部分:一部分是为了充足的营养而获得一定量的食物需要,大多按照每人每天2100卡路里计算;另一部分是衣着、住房等,2015年10月开始世界银行对贫困线的定义为每日收入1.9美元。在《2018年贫困与共享繁荣》报告中,世界银行还引入了对贫困的多维衡量,贫困不仅仅是由缺乏消费或收入来定义的,生活的其他方面对福祉至关重要,包括教育,获得基本公用事业、保健和安全。多维视角揭示了一个世界,贫困是一个更广泛,更根深蒂固的问题,强调了更强有力的包容性增长以及对人力资本进行更多投资的重要性。在全球范围内,根据包括消费、教育和获得基本公用事业的多维定义,穷人的

---

① Barrientos, A., "Social protection and poverty", *International Journal of Social Welfare*, 2011 (20), pp. 240–249.

② 林闽钢:《相对贫困的理论与政策聚焦——兼论建立我国相对贫困的治理体系》,《社会保障评论》2020年第1期。

比例比仅依靠货币贫困时的比例高约50%。[1] 在对资产和收入进行综合考量的情况下，贫困可以被定义为没有足够的资产和收入以满足基本需要。

从社会维度看，1974年法国学者勒内·勒努瓦最早提出了"社会排斥"的概念，用于强调个体与社会之间的割裂现象。社会排斥主要指那些没有被传统的社会保障体系所覆盖的人，如单亲、残疾人、失业者等弱势人群，这些人群不能参与政治活动，医疗条件较差，而且受到社会孤立。在欧盟的第三个反贫困计划（1989—1994）中，社会排斥替代贫困作为主要的关注焦点，将社会排斥定义为对基于公民资格的权利，主要是社会权利的否认，或者这些权利未充分实现。同时，明确对贫困和社会排斥概念进行了区分：贫困通常指收入不足，如果个体或家庭的总收入不足以满足其在食品、交通、住房、医疗和教育等方面的基本需求，则说这些个体或家庭是贫困的；而社会排斥的定义会更宽一些，除了收入以外，社会排斥还包括因为肤色、性别、职业类型、社会经济条件以及文化、制度和政治要素等而限制了社会流动，以及来自住房、教育、医疗和服务获取方面的行为。关于社会排斥，不同学者持不同的观点并做出了一定的理论贡献，Castel 等侧重研究社会排斥的现象和结果，[2] Levitas 等则关注社会排斥的原因解释和解决方法上，如对关于社会排斥的话语进行了分类，这就涉及相关的社会政策应对。[3] 由于社会排斥不是简单的资源不足，而是个人和家庭以社会整合和参与劳动力市场为条件，在反排斥的过程中能够保障有体面的生活条件，因此，需要社会救助、教育、培训、工作、住房、健康照顾等社会政策。有纵贯研究显示人们在生命周期中可能有多种社会地位的变化，因此，社会学的兴趣不再是把弱势社会成员看成受害者，而是关注他们的主观能动性，赋能（empowerment）的概念由此产生。换句话说，福利国家的目标不再是单纯照

---

[1] World Bank, "China Systematic Country Diagnostic: Towards a More Inclusive and Sustainable Development", 2018, https://openknowledge.worldbank.org/handle/10986/29422.

[2] Castel, R., "The Roads to Disaffiliation: Insecure Work and Vulnerable Relationships", *International Journal of Urban and Regional Research*, 2000, 24 (3), pp. 519–535.

[3] Levitas R. et al., "The multi-dimensional analysis of social exclusion", 2007, http://webarchive.nationalarchives.gov.uk/+/http://www.cabinetoffice.gov.uk/media/cabinetoffice/social_exclusion_task_force/assets/research/multidimensional.pdf.

顾困难和弱势群体的利益,而是要提升其参与社会与经济活动的能力和资源,也就是说,社会排斥要关注被排斥的困难者自身的潜能,需要考虑到社会排斥的多维度特征。

在减少困难群体与其他群体的社会差距方面,国外学者也做了多方面研究,主要集中在教育培训、普惠医疗服务、福利国家政策等。为了缩小国民教育的差距,政府应为困难群体定制特殊的终身学习项目以及结果指标,助其提升素质和技能。[①] 医疗保健服务可以进一步缩小困难群体在身心健康方面所处的不利地位,有学者发现进行初级保健递送模式改革的地区需要考虑这些变化对困难与脆弱人群的潜在影响,以此促进初级保健服务的公平性。[②] 此外,还需要设计和实施跨部门的各类福利政策,以促进福利服务的基本能力和人力资本的发展,即通过积极的、发展型的福利措施来增进困难群体的福祉。[③]

(二) 国内相关研究

国内社会学界对困难群体的关注起源于20世纪90年代中后期,当时经济社会的快速转型造成了大规模的下岗失业职工,并由此催生了贫困和弱势群体问题,也就是说,最初"困难群体"概念的提出与我国社会转型密切相关,且与"社会弱者群体""弱势群体""社会脆弱群体"等存在重叠或等同。

郑杭生在《转型中的中国社会和中国社会的转型》一书中提出社会脆弱群体是指凭借自身力量难以维持一般生活标准的生活困难者群体。[④] 陈成文在《社会弱者论》中,提出社会弱者群体是一个在社会资源分配上具有经济利益的贫困性、生活质量的低层次性和承受力的脆弱性的特

[①] Kwon, J. S., "Current Status and Challenges of Lifelong Education Projects for Low-income Groups", *Asia-pacific Journal of Convergent Research Interchange*, 2020, 6 (12).

[②] Dahrouge, S. et al., "Delivery of primary health care to persons who are socio-economically disadvantaged: does the organizational delivery model matter?", *BMC Health Service Research*, 2013 (13).

[③] De França, V. H., Modena, C. M., & Confalonieri, U., "Equality and poverty: views from managers and professionals from public services and household heads in the Belo Horizonte Metropolitan Area, Brazil", *International Journal for Equity in Health*, 2020, 19 (1).

[④] 郑杭生:《转型中的中国社会和中国社会的转型》,首都师范大学出版社1996年版。

殊群体。[①] 庞娜在《困难群体的社会保障问题探析》中提出困难群体是政治学、社会学和社会政策研究等领域中的核心内涵，目前我国的困难群体主要是指在社会转型期出现的一类特殊群体。[②] 李青在《全面建设小康社会中的困难群体问题及其消解》中指出，所谓困难群体，是指现实生活中存在的一些经济收入、生活水平较低，需要社会给予特殊关爱和援助的人群，主要包括三种类型，即特殊性困难群体、结构性困难群体和意外性困难群体。[③] 蒋建霞认为困难群体包括：贫困的农民、进入城市的农民工和城市中以下岗失业者为主体的贫困阶层。[④] 民政部政策研究中心课题组在《关于社会服务发展演进与概念定义的探析》一文中从社会服务概念的视角审视困难群体，将困难群体归于社会边缘群体的内涵之中，并认为社会边缘群体一般为：老人、穷人、失业者、单亲家庭等缺乏维持最低标准生活能力的社会阶层。[⑤]

从经济角度看，困难群体主要指低收入群体。樊平指出，低收入群体是具有劳动能力但在投资和就业竞争上居于劣势、只能获得较低报酬的社会成员，低收入群体在贫困生活标准和群体生活状态上属于贫困群体，但是二者在整体社会特征上又有质的区别，并指出中国城镇低收入群体中在业贫困者数量呈增加趋势。[⑥] 马西恒认为，经济快速转型导致居民收入分化，当时的低收入群体主要包括亏损企业职工群体、纯农群体、失业者群体、离退休职工群体、农民工群体等。[⑦] 国家统计局指出，低收入是一个相对概念，它普遍存在于任何地方和任何时期。无论一个国家或地区的富裕程度如何，总有一部分人处于收入相对较低的状态，其在研究报告中的低收入群体由贫困人口及贫困边缘人口组成，贫困边缘人口

[①] 陈成文：《社会弱者论》，时事出版社2000年版。
[②] 庞娜：《困难群体的社会保障问题探析》，《中国民政》2005年第8期。
[③] 李青：《全面建设小康社会中的困难群体问题及其消解》，《马克思主义研究》2003年第1期。
[④] 蒋建霞：《从困难群体全面发展的角度看"共同富裕"理想的实现》，《福建理论学习》2007年第7期。
[⑤] 民政部政策研究中心课题组：《关于社会服务发展演进与概念定义的探析》，《中国民政》2011年第6期。
[⑥] 樊平：《中国城镇的低收入群体》，《中国社会科学》1996年第4期。
[⑦] 马西恒：《当前中国的低收入群体》，《社会》1997年第5期。

是指初步解决温饱、但基础还不稳固随时可能返贫的低收入人口，报告以最低20%收入阶层的人均消费支出作为我国低收入群体的划分标准，即当收入低于这一水平时，将其纳入低收入群体。研究发现，城镇低收入群体以下岗失业人员和"非正规就业"为主，农村低收入群体主要在中西部经济落后地区。①

概言之，学术界对我国对低收入主要存在三种不同的理解：一是将低收入与贫困等同起来，认为低收入是收入不足以维持基本生活需要的一种状态。② 二是将贫困与低收入区分开来，一种认为贫困包含了低收入，认为贫困群体不仅包括一部分低收入者，而且包括没有劳动能力和没有固定收入来源的无业和失业社会成员。③ 另一种是认为低收入包含了贫困，认为着力提高低收入群体收入水平是一项极为复杂和艰巨的工程，因为低收入群体不仅包括城乡贫困群体，还包括城乡大部分收入低的体力劳动者。④ 三是将低收入理解成解决绝对贫困问题之后的一种相对贫困状况。例如，池振合、杨宜勇认为，研究中的"低收入"和"相对贫困"所指代的事物具有相同的本质属性，都指收入水平不能维持社会认可的基本生活，所以低收入群体就是相对贫困群体。⑤ 黄征学等认为，绝对贫困只是低收入的一部分，与低收入更相似的是相对贫困，而学界一般是以低于社会平均收入的一定比例作为相对贫困衡量标准。⑥ 在政府发布的政策文件中，对于低收入群体的界定，一是统计调查定义，即将所有家庭收入按五等份划分，处于底层20%的家庭即为低收入户；二是社会政策的定义，即实施社会政策时所界定的人群范围，通常将低收入界定为人均收入高于低保标准、低于低保标准的一定倍数（通常为1.5或2倍）

---

① 国家统计局宏观经济分析课题组：《低收入群体保护：一个值得关注的现实问题》，《统计研究》2002年第12期。

② 厉以宁：《论共同富裕的经济发展道路》，《北京大学学报（哲学社会科学版）》1991年第5期。

③ 樊平：《中国城镇的低收入群体》，《中国社会科学》1996年第4期。

④ 杨云善：《着力提高低收入者收入水平的基本途径》，《社会主义研究》2006年第3期。

⑤ 池振合、杨宜勇：《城镇低收入群体规模及其变动趋势研究》，《人口与经济》2013年第2期。

⑥ 黄征学、潘彪、滕飞：《建立低收入群体长效增收机制的着力点、路径与建议》，《经济纵横》2021年第2期。

的群体,或者将低收入界定为低保标准的一定倍数以下的所有群体。按照现行的政策规定,低收入人口主要由兜底保障人群(如低保、特困供养人员、其他社会救助对象)、易返贫致贫人口、临时救助对象、支出型贫困以及存在贫困风险等人群组成,这是目前兜底保障政策的重点关注对象。[①] 例如,山东省在具体政策制定方面,按照"大救助"的格局理念,稳妥推进低收入政策认定范围,出台了《关于低收入人口认定和信息监测的通知》,将低收入人口范围界定为7类:特困人员、最低生活保障对象、低保边缘家庭成员、低保"单人保"其他家庭成员、易返贫致贫人口、因病因灾因意外事故等刚性支出较大或收入大幅缩减导致基本生活出现严重困难人口、区县确定的其他低收入人口。[②]

从社会角度看,困难群体主要泛指基于一定的原因,凭借自身力量难以维持一般基本生活而需要政府或社会力量给予帮扶保障的社会群体。在困难群体中,还存在特殊困难群体,此类群体是特指我国社会发展中处于整体性深度困难状态且因缺乏劳动能力而难以摆脱困境的特殊人群,其发展能力严重不足、社会脆弱性特点明显。从涵盖范围来看,特殊困难群体分为困难老年人、困难儿童和重病重残困难群体等。[③] 在2021年国务院新闻办公室发布的《人类减贫的中国实践》白皮书中,特殊困难群体就包括了困难老年人、困难儿童和困难残疾人群体,这与我国民政部门的政策实践一致,目前各地民政部门高度重视为特殊困难群体编织"保障网",为丧失或部分丧失劳动能力的特殊困难群体(老年人、未成年人、重病重残)提供保障帮扶。

现有文献中促进困难群体增收的策略大致可以分为国家层面、社会层面和个人层面。从国家政策层面出发,我国要不断完善针对困难群体的帮扶政策体系,包括加大产业政策、就业政策、人力资源政策、收入分配政策等,使得各项帮扶政策相互衔接更好发挥对困难群体帮扶功能,[④] 政府促进困弱群体发展的社会政策尤为重要,相关社会政策应该更

[①] 杨立雄:《低收入群体共同富裕问题研究》,《社会保障评论》2021年第4期。
[②] 王辉:《让低收入群体更有获得感》,《中国社会报》2021年11月17日。
[③] 苗成军:《脱贫攻坚中特殊困难群体帮扶问题研究》,《行政与法》2020年第12期。
[④] 潘华:《中国低收入群体增收的影响因素与实现路径研究》,《宏观经济研究》2020年第9期。

加完善和强劲有力。① 从社会层面来看,要进一步完善社区网络化管理,加强网络监管,将街道网络作为承担困难群体信息采集工作的主要载体,做好困难群体的信息采集和动态化的更新工作,提高对困难群体精准的关注度和管理能力。② 同时,各城市应当结合当地困难群体的特征,想方设法提高其"相对收入和收益",通过发挥公共服务的补偿、补贴、扶持等,降低困难群体的相对剥夺感。鉴于困难群体在面对社会风险时较低的抵抗能力,社会也应当有效发挥基层治理功能,在常态化帮扶下提升困难群体自身的生存韧性。③ 从困难群体自身来看,健康与教育是影响其收入水平的关键性因素,困难群体要注重自身人力资本的积累,包括通过注意日常的作息和饮食习惯提升健康水平,积极主动向周围人学习,提升职业技能等。④

二 关于相对贫困及其治理的研究

共同富裕就是要解决相对贫困,共同富裕和解决相对贫困几乎可以视作一个硬币的正反两面。⑤ 因此,有必要对相对贫困及其治理的既有国内外文献进行系统梳理。

(一) 国外相关研究

早在 19 世纪初,马克思就曾论述过贫困的相对性,他表示:"我们的需要和享受是由社会产生的,因此我们对于需要和享受是以社会的尺度,而不是以满足他们的物品去衡量,因为我们的需要和享受具有社会性质,所以它们是相对的。"⑥ 1958 年,美国经济学家加尔布雷思也曾指

---

① 王思斌:《困弱群体的共进性富裕及社会工作的促进作用》,《中国社会工作》2021 年 1 月上。

② 国家发展改革委就业和收入分配司调研组:《大力气促进城乡低收入群体增收》,《宏观经济管理》2017 年第 8 期。

③ 项迎芳、王义保:《提升城市低收入群体幸福感的逻辑进路》,《理论探索》2021 年第 1 期。

④ 程名望、Jin Yanhong、盖庆恩、史清华:《农村减贫:应该更关注教育还是健康?——基于收入增长和差距缩小双重视角的实证》,《经济研究》2014 年第 11 期。

⑤ 谢华育、孙小雁:《共同富裕、相对贫困攻坚与国家治理现代化》,《上海经济研究》2021 年第 11 期。

⑥ 《马克思恩格斯选集》(第 1 卷),人民出版社 2012 年版,第 350 页。

出，一个人贫困与否不仅取决于他拥有收入的多少，还取决于他周围其他人的收入水平，当周围其他人的收入水平提升时，即使他的收入水平不变，这种收入差距会使其感到比以前更贫穷，这种相对贫困感强调与他人相比较的主观感受。①

20世纪70年代英国学者汤森首先系统地界定了相对贫困的概念，他认为"贫困是个人、家庭和社会组织缺乏相应的社会资源而难以获得食品、住房、医疗并难以参与社会活动等，使其无法达到主流社会的平均生活水平，而最终被正常的生活方式与社会活动所排斥"，汤森还提出了剥夺标准，即根据对资源不同程度的剥夺水平，提供一个对贫困的客观评估方法。② 汤森的相对贫困理论是一个主观标准，强调的是社会成员之间生活水平的比较，这一理论丰富了贫困的内涵，并拓宽了西方学者的研究视野。

阿马蒂亚·森对汤森的相对贫困解释提出了质疑，他认为，贫困不仅仅是相对比别人穷，"贫困的概念中存在有一个不可能缩减的绝对贫困的内核，即把饥饿、营养不良以及其他可以看见的贫困，统统转换成关于贫困的判断，而不必事先确认分配的相对性"。③ 阿玛蒂亚·森从可行能力角度看待贫困，认为可行能力的缺失会影响获得收入的能力，增大致贫的可能性，从可行能力剥夺表现出来的贫困在显著程度上比在收入空间表现出来的贫困更加严重，其不仅要考虑到收入低下，还需要考虑将收入转化为可行能力的困难。④ 阿玛蒂亚·森承认从绝对贫困向相对贫困的转变为贫困理论研究提供了一个非常有用的分析框架，但相对贫困分析方法只能是对绝对贫困方法的补充而不是替代。⑤ 在能力贫困理论的基础上，随着社会经济的发展，学者把对贫困的研究转移到脆弱性、无话语权和社会排斥等多维角度，进一步拓宽了贫困的概念。

---

① 加尔布雷思：《富裕社会》，赵勇等译，江苏人民出版社2009年版，第126页。
② 林闽钢：《相对贫困的理论与政策聚焦——兼论建立我国相对贫困的治理体系》，《社会保障评论》2020年第1期。
③ 阿玛蒂亚·森：《贫困与饥荒》，王宇、王文玉译，商务印书馆2001年版，第26页。
④ 阿玛蒂亚·森：《以自由看待发展》，任赜、于真译，中国人民大学出版社2002年版，第86—87页。
⑤ 阿玛蒂亚·森：《贫困与饥荒》，王宇、王文玉译，商务印书馆2001年版，第26页。

划定相对贫困标准一种最直接的方式就是以家庭收入作为标准,以某一时间点特定人群的收入作为参照系,在经济维度的基础上从其他方面探索相对贫困的含义和相对贫困线的划定方式。例如,欧盟在计算各国贫困率时,使用的就是收入相对贫困概念,将贫困线定义为家庭可支配收入中位数的60%。由于能力贫困、社会排斥等多维视角的出现,一些学者在经济维度的基础上从其他方面探索相对贫困标准的确定方式。例如,Sabina Alkire 和 James Foster 进一步发展了多维贫困的概念框架,提出了多维贫困指数,Alkire-Foster 指标考虑三个维度:教育、健康和生活标准,每个维度都有一系列的具体指标,这个指标体系允许不同的国家选择合适的维度和指标。[1] 概言之,在讨论相对贫困内涵或者其标准测量时,主要涉及三个方面的问题:需要比较哪些资源或维度?评价指标如何确定?贫困与非贫困的分界点是什么?如果使用相对收入为标准,那么家庭的货币收入或经济资源就是进行比较的基础,评价指标是收入均值或收入中位数,分界点是某个比值(如50%或60%)。如果使用多维的标准,进行比较的是由教育、医疗、生活条件等共同组成的生活状态,评价指标可以是接受正式教育的年限、医疗水平、住房面积、卫生条件等,而分界点可以来自社会群体的主观认同或客观标准。

相对贫困的治理是较为复杂的过程,第二次世界大战后,西方福利国家针对相对贫困的治理主要是通过提供社会救助和国家福利的方式来增加相对贫困对象的福祉,但是许多学者和政策制定者认为社会救助虽然可以为相对贫困者提供物质和服务帮助,但会造成社会排斥,[2] 因为救助可能造成福利依赖,不利于就业甚至影响经济发展,[3] 那些长期领取救助的人会滋生一种"依赖文化",[4] 使其被排斥在劳动力市场和主流社会

---

[1] Alkire, S., and J. E. Foster, "Counting and Multidimensional Poverty Measurement", *Journal of Public Economics*, 2011, 95 (7).

[2] Steinert, Heinz, "Social exclusion: Strategies for coping with and avoiding it. In Stinert, Heinz & Pilgram, Arno (eds.)", *Welfare Policy from below: struggles against social exclusion in Europe*. Hampshire: Ashgate, 2002.

[3] Kenworthy, L., "Do Social-Welfare Policies Reduce Poverty? A Cross-National Assessment", *Social Forces*, 1999, 77 (3).

[4] Moore, J., "Welfare and Dependency", Speech to Conservative Constituency Parties Association, 1987 (9).

之外。彼得·汤森在分析英国的社会救助政策时指出，这种政策是一种剩余性的福利政策来弥补社会分配的差距，忽视了公民的社会权利，尤其是参与社会生活的普遍权利，因而社会救助不是使被剥夺者受到优惠和保护，而是强化了对有利阶层的社会利益分配。社会排斥通常又和社会救助的污名效应相关联，污名效应意味着社会救助会给受助者带来耻辱感和负面的社会认同，对贫困者和弱势群体的救助就是"排斥中的包容"，正如德国社会学家西梅尔的观点，社会救助制度创造了贫困者，贫困者既在社会之中，又在社会之外。关于福利依赖的概念尽管并没有明确的定义，一种理解是偏向客观的事实描述，即家庭需要长期依靠救助金生活，或救助金占家庭总收入超过一定比例。那关于"长期"究竟如何界定，不同研究者在不同背景下会有不同的定义。比如，美国学者认为除考虑贫困家庭连续领取救助的总时长外，还要考虑反复多次领取的问题，即退出后又重返救助，因此，可以根据固定期限内的总领取时间来界定"长期"。[1] 根据这一原则，瑞典学者在研究其国家的福利依赖时，把一年中有10—12个月领取救助生活定义为"长期"，这些贫困家庭就是福利依赖的家庭。[2] 另外，还有一种客观地测量与界定的方式是考察固定期限内救助金占家庭总收入的比例，这一比例超过一定界限就表示是福利依赖，且比例越高依赖的程度越深。美国健康和人类服务部据此界定福利依赖：如一个家庭一年中总收入中超过50%的收入来自收入补偿、食品券等与工作收入无关的各类救助项目，那么这个家庭即为福利依赖。还有一种理解是偏于主观的概念界定，即认为福利依赖是一种消极的态度，一种流行于底层阶级（underclass）的"依赖文化"，他们宁可依赖救助生活也不愿寻找工作，如果说他们被社会排斥，那是因为他们自己排斥了自己而不是社会排斥了他们。[3] 因此，从这个角度看，福利依赖是受助者的一种主观的、消极的态度，这种态度使他们不能履行公民义务，

---

[1] Gottschalk, P. &Moffitt, R., "Welfare dependence: concepts, measures and trends", *The American Economic Review*, 1994, 84 (2).

[2] Mood, C., "Lagging behind in good times: immigrants and the increased dependence on social assistance in Sweden", *International journal of social welfare*, 2011, 20 (2).

[3] Mead, L., *Beyond Entitlement*. New York: Free Press, 1986.

是社会问题和罪恶的根源。①

对于导致福利依赖的原因，西方研究者有多种解释。Kaplan 提出，无工作或失业、青少年时期的不利因素等诸多危险因素，可能会使一个家庭陷入相对贫困并不得不依赖福利生活。② 还有学者通过经验研究提出，就业市场、失业时间、人口密度、社区结构、酒精和药物上瘾、移民与非法生育等因素均与相对贫困有关。当然，导致福利依赖最重要的原因是与就业市场或失业相关联的，比如，Field 的经验研究发现，英国半熟练和非熟练工人就业市场的缩小，是英国救助快速膨胀和福利依赖的催化剂。③ Melkersson 等人通过研究发现，个人失业时间的长短是福利依赖产生与否的决定因素。④ 其实，新家长制的代表人物米德关于工作福利的主要假设就是失去工作是福利依赖和长期处于相对贫困状态的主要原因。⑤

有鉴于此，在20世纪90年代后，西方治理相对贫困的最重要方式就是"激活"相对贫困者，使其重新进入劳动力市场获得就业岗位。"激活"的倡导者主张削减救助和福利开支，使得救助待遇低于工作收入，主张自由市场优先和家庭优先，进行私有化改革和道德精神救助，他们认为只要福利领取者去就业且不再领取福利就会摆脱依赖，进而就会实现独立自主并履行公民责任，而为了让受助者不再领取福利金，需要强制性地让福利领取者进入劳动力市场，由此，包括工作福利在内的"激活"政策应运而生，主要包括各种形式的"从工作到福利"项目，如培训、工作介绍与推荐、公共服务工作项目等，工作福利政策主张减少福利依赖，增加个人责任感，帮助福利领取者摆脱救助、实现自立。从西方发达国家旨在治理相对贫困的就业救助实践措施来看，其主要包括以下五大类措施：

---

① Murray, C., *Losing ground*. New York: Basic Books, 1984.

② Kaplan, J., "Prevention of Welfare Dependency: An Overview", *Journal of State Government*, 2001, 74 (2).

③ Field, F., "Welfare Dependency and Economic Opportunity", *Family Matters*, 1999, 54 (1).

④ Melkersson, M. & Saarela, J., "Welfare Participation and Welfare Dependence Among the Unemployed", *Journal of Population Economics*, 2004, 17 (3).

⑤ 迪肯：《福利视角》，周薇等译、林闽钢校，上海人民出版社2011年版。

第一，为领取救助金设定条件。为了促使有劳动能力的受助者积极就业，发达国家一般会对受助者领取救助金设定相应附加条件，只有满足这些和就业相关的条件后，才可以获得救助，以激发贫困者的内生动力。比如，美国有32个州要求受助者需要签署个人责任计划书并遵守工作要求，否则无法领取救助金，14个州和哥伦比亚地区的处罚方式是减少家庭的救助金。[1]

第二，培训。为了提高受助者的就业能力，发达国家会通过培训为受助者提供所需技能的培养和训练，培训的形式和强度在不同的福利体系中有所差别。在新自由主义国家，培训通常是短期的、补救性的，仅在帮助受助者获得最基本的技能，甚至是基本的工作伦理或态度；在北欧社会民主国家，培训通常是长期的、正规的、高质量的，使失业者和受助者获得人力资本的发展，推动其返回主流劳动力市场，避免出现分割的劳动力市场和低工资部门。[2]

第三，求职援助与公共岗位创造。为了帮助受助者增加求职成功率并获得就业岗位，发达国家普遍重视求职援助的提供和公共岗位的创造。比如，英国面向受助者的求助援助包括再就业课程、求职研讨会、工作俱乐部、工作面试担保、工作推荐等多项措施，同时还努力在公共事业和志愿领域创造公共岗位。[3] 美国有发达而健全的就业服务体系，面向受助者提供就业指导和工作推荐等求职援助，同时也规定如果受助者无法在私有企业就业，可通过创造公共岗位的方式帮助其安排在公共部门就业。[4]

第四，经济激励。为了确保救助金数额不会随工作收入增加而减少，进而能积极地改变受助者的行为以减少依赖陷阱，许多发达国家都出台了相应的经济激励措施，这类措施主要包括四种形式：一是收入豁免与渐进扣除。收入豁免是指对就业收入设定一定的豁免额，减少救助金对就业收入的抵消，即就业获得的劳动收入若不超过豁免限额，则收入不

---

[1] 罗杰斯：《美国的贫困与反贫困》，刘杰译，中国社会科学出版社2011年版。
[2] 罗杰斯：《美国的贫困与反贫困》，刘杰译，中国社会科学出版社2011年版。
[3] 吉尔伯特等编：《激活失业者——工作导向型政策跨国比较研究》，王金龙等译，中国劳动社会保障出版社2011年版。
[4] 罗杰斯：《美国的贫困与反贫困》，刘杰译，中国社会科学出版社2011年版。

会影响其领取的救助待遇,渐进扣除是指对于收入超过豁免限额的,在计算待遇时设置一定比例的抵扣率,以降低就业收入对救助收入的全额挤出。二是税收抵免。税收抵免是帮助低收入家庭尤其是有孩子的贫困家庭脱离贫困的负所得税制度,鼓励贫困家庭通过就业来脱贫。例如,美国的工作收入课税扣除(EITC)即在于为就业家庭提高额外救助,对于有两个子女的家庭,穷人每多赚取1美元收入,政府会补助40美分,当然,小孩越多,补贴比例也会相应提高。三是救助渐退。救助渐退是指受助者在就业后,相关现金或专项救助待遇并非马上随之取消,而是会保留一段时间,比如,英国政府在受助者就业后,会对住房救助延长一个月。四是就业补助金。因为就业需要一定成本,如交通、通信工具、劳动工具等,因此,就业补助金通过直接的现金补助对受助者的就业花费给予补偿,比如,英国受助者在求职过程中可以得到交通费用和餐费补助。[1]

第五,相关配套措施。为了消除受助者的就业顾虑,使其能够确保就业岗位,许多发达国家还制定了就业救助的相关配套措施,旨在解决受助者家庭的抚养和就医困难。比如,美国拨出大笔经费专门用于儿童托管和医疗救助,提供儿童托育服务或负担儿童照料费用,并且为低收入家庭成员及儿童提供医疗救助,以帮助受助者维持就业状态。[2]

在发展中国家,由于财政能力的限制,无条件现金转移支付项目并不普及。为了应对相对贫困,拉美各国纷纷改革了原有的社会救助制度,并相继设置了许多新型救助项目,这些项目采取条件型转移支付的方式提供现金救助,把救助资格与就业、教育培训和医疗服务等人力资本发展政策结合在一起,以提高困难群体的教育水平和改善其健康状况,并激励其进入劳动力市场,以期达到长期内消除贫困的目标,[3] 其特点包括:

一是认识到了人力资本投资对减贫的作用。以前发展中国家对贫困

---

[1] 吉尔伯特等编:《激活失业者——工作导向型政策跨国比较研究》,王金龙等译,中国劳动社会保障出版社2011年版。

[2] 罗杰斯:《美国的贫困与反贫困》,刘杰译,中国社会科学出版社2011年版。

[3] Barrientos, A. & Santibanez, C., "New Forms of Social Assistance and the Evolution of Social Protection in Latin America", *Journal of Latin America Studies*, 2009, 41 (1).

的认识主要集中在"收入贫困",把贫困看成是钱与物的短缺;近来,越来越多的机构和学者认识到了贫困的多维性,教育、健康因素与贫困之间的关系引起了国外学者越来越多的关注,大量研究表明,人力资本缺乏是包括拉美在内的众多发展中国家贫困发生率高的根本原因之一,也是困难群体陷入相对贫困无力自拔的重要原因,因此,人力资本投资对减贫至关重要。

二是救助金发放是有条件的,条件的基本内容包括教育、健康和营养这些主要方面。由于困难家庭不具有充分的机会参与和享受公共服务,造成了教育和健康领域人力资本的缺失,面对这种情况,有条件现金转移支付项目救助金的发放均带有一定条件,而这些条件的设定主要围绕着困难家庭的教育、健康和营养这三个层面,以提高困难群体的教育水平和改善其健康与营养状况。

三是救助形式以现金为主,以实物救助和配套服务为辅。有条件现金转移支付项目主要向受助的困难家庭提供现金,这包括自由支配的部分和专项补贴,自由支配部分是指受助家庭可根据家庭情况来决定现金的使用方式,专项补贴是指政府为受助家庭提供的用以较低价格支付生活费用的补贴。除现金救助外,还有非现金的实物救助,包括营养补给品、学习用具和生产材料等,以及旨在增强贫困人口就业能力的各项服务等,如技术和职业培训,就业咨询、指导和介绍等配套服务。从实践效果看,相关评估显示,虽然有条件现金转移支付项目在为困难家庭提供保护方面的影响和作用较有限,但在促进人力资本发展方面的功效较显著,困难家庭中儿童的入学率、健康状况、营养程度和就业参与程度等均有较大程度的改善。从实践效果看,相关评估显示,虽然有条件现金转移支付项目在为贫困家庭提供保护方面的影响和作用较有限,但在促进人力资本发展方面的功效较显著,困难家庭中儿童的入学率、健康状况、营养程度和就业参与程度等均有较大程度的改善。

(二) 国内相关研究

国内关于相对贫困的研究起步晚于西方,这是由于在我国经济社会转型的特殊背景下,20世纪80年代开始的扶贫开发和20世纪90年代初起逐步建立的现行社会救助主要应对的是绝对贫困问题,研究也集中于解决绝对贫困,直到20世纪90年代中后期,一些学者才开始了对相对贫困的研究。随着国民经济快速发展,人民生活不断改善和脱贫攻坚的持续深入,我国绝对贫困现象持续减少,2019年党的十九届四中全会首次提出要巩固脱贫攻坚成果并建立解决相对贫困的长效机制,就是预见到脱贫攻坚全面胜利后绝对贫困现象的消除和相对贫困的凸显。2019年后,学术界对相对贫困和解决相对贫困长效机制的研究迅速增长。总体来看,国内相关的研究成果主要涉及相对贫困和解决相对贫困的长效机制两大方面。

我国学者对相对贫困概念的研究始于20世纪90年代中期。唐钧认为,绝对贫困、相对贫困和基本贫困是一个互相衔接的独立概念,绝对贫困是内核,向外扩展第一波是基本贫困,第二波是相对贫困。① 关信平在研究城市贫困的问题时,认为贫困是在特定的社会背景下,部分社会成员由于缺乏必要的资源,而在一定程度上被剥夺了正常获得生活资料和参与经济和社会活动的权利,并使他们的生活持续性低于社会的常规生活标准。②

2019年,党的十九届四中全会提出"建立解决相对贫困的长效机制",这为2020年后的扶贫工作指明了方向,而对相对贫困标准的研究和确定,是建立解决相对贫困长效机制的前提和基础,因此,这之后学术界涌现了一批关于相对贫困及其标准确定的重要研究成果。林闽钢提出,全面建成小康社会之后,我国仍属于中等偏上收入国家,社会发展中不平衡和不充分的问题已成为主要矛盾,因而,今后一段时期,对我国相对贫困的理解仍要持有"绝对内核"的主张,需要解决"贫"——由于收入不足造成的不能维持基本需要的这一"内核"问题。③ 另外,还需要从多维贫困视角,包括教育、卫生、住房等多方面,解决贫困人口的基本能力问题,打破"贫""困"交加所形成的慢性贫困机制,以帮助相对贫困群体形成有效的人力资本和物质资本。张琦、沈扬扬认为相对贫困的内核并不尽然是贫困的本质,还是不平等领域的子

---

① 唐钧:《中国城市居民贫困线研究》,上海社会科学院出版社1994年版。
② 关信平:《中国城市贫困问题研究》,湖南人民出版社1999年版。
③ 林闽钢:《相对贫困的理论与政策聚焦》,《社会保障评论》2020年第1期。

课题，或者说是由于非均衡发展所带来的相对剥夺、相对贫困问题。[①] 向德平、向凯认为，相对贫困既是一种客观状态，也涉及主观体验；既反映经济收入与分配问题，也反映社会结构、社会排斥及社会心态问题。[②] 相对贫困推动贫困概念不断深化，使人们对贫困的认识逐步从一种简单的"相对较少的收入"和"生活必需品的缺乏"的经济贫困向多维度和多元化的"权利和机会的被剥夺"的人类贫困再到"发展的自由缺乏"转变。陆汉文、杨永伟认为，相对贫困以参与社会发展和共享发展成果的权利为基础，以收入和生活水平的相对比较为评价方法，其标准具有较强的主观性。[③] 中国仍处于并将长期处于社会主义初级阶段的基本国情没有改变，相对贫困也将长期存在，尤其在刚刚消除绝对贫困的一段时期内，相对贫困中包含着绝对贫困的种子。吴振磊、王莉认为，相对贫困是指在特定的社会生产方式和生活方式下，依靠个人和家庭的劳动力所得或其他合法收入虽能维护其食物保障，但无法满足在当地条件下被认为是最基本的其他生活需求的状态，更多地表现为一个从低到高的连续分布，涉及主体感受和客体评价。[④] 相对于由物质财富匮乏造成的绝对贫困问题，相对贫困则是对特定参照群体而言的，即同一时期，不同地区或不同阶层成员之间由于主观认定的可维持生存水准的差别而产生的贫困。

关于我国相对贫困标准的制定，邢成举、李小云提出，考虑到新的贫困标准不宜与现有贫困标准相差太大的原则，可以取收入中位数的40%比较作为2020年后的相对贫困线。[⑤] 张琦和沈扬扬认为，综合考虑相对贫困与多维贫困的结合来制定相对贫困标准是一种有益的探索方向，

---

① 张琦、沈扬扬：《不同相对贫困标准的国际比较及对中国的启示》，《南京农业大学学报（社会科学版）》2020年第4期。
② 向德平、向凯：《多元与发展：相对贫困的内涵及治理》，《华中科技大学学报（社会科学版）》2020年第2期。
③ 陆汉文、杨永伟：《从脱贫攻坚到相对贫困治理：变化与创新》，《新疆师范大学学报（哲学社会科学版）》2020年第5期。
④ 吴振磊、王莉：《我国相对贫困的内涵特点、现状研判与治理重点》，《西北大学学报（哲学社会科学版）》2020年第4期。
⑤ 邢成举、李小云：《相对贫困与新时代贫困治理机制的构建》，《改革》2019年第12期。

可以分城乡设置相对贫困线。① 郭之天、陆汉文认为，在刚刚消除绝对贫困的一段时期内，确定一个有助于防止重现绝对贫困并可保持一定稳定性的相对贫困标准，应成为政策制定的优先选择，这一标准既不能过高也不能过低。② 学者们均认为，相对贫困标准的制定可以借鉴国际经验，但不能盲目照搬，应充分立足我国国情加以确定。

2019年党的十九届四中全会首次提出"坚决打赢脱贫攻坚战，巩固脱贫攻坚成果，建立解决相对贫困的长效机制"，在这之后，关于解决相对贫困的长效机制的研究受到重视，涌现了一批研究成果，但由于研究起步时间不长，研究成果数量仍然有限。

学者们主要围绕解决相对贫困的路径选择和措施手段等开展研究。例如，张赛群认为，采取有效措施建立健全解决相对贫困的长效机制，对巩固脱贫攻坚的成果非常重要，需要坚持发挥党总揽全局、协调各方的作用，构建解决相对贫困的制度体系，激发解决相对贫困的内生动力并形成解决相对贫困的多层次、多体系的资源支撑。③ 青连斌认为，建立解决相对贫困的长效机制，必须坚持动态与多维识别相对贫困，坚持城乡统筹，坚持依法治贫，坚持常态化治贫。④ 范和生、武政宇提出，解决相对贫困的长效机制应该包括制度保障机制、产业培育机制、能力建设机制、人文发展机制和心理服务机制。⑤ 汪鹏认为，解决相对贫困长效机制的着力点在于坚持发挥党总揽全局、协调各方的制度优势，建立相对贫困人口的精准识别机制，强化志智双扶的造血功能，构建解决相对贫困问题的政策体系和编织农村相对贫困群体的社会保护网等。⑥ 谢华育、

---

① 张琦，沈扬扬：《不同相对贫困标准的国际比较及对中国的启示》，《南京农业大学学报（社会科学版）》2020年第4期。

② 郭之天、陆汉文：《相对贫困的界定：国际经验与启示》，《南京农业大学学报（社会科学版）》2020年第2期。

③ 张赛群：《建立解决相对贫困的长效机制》，《光明日报》2019年11月15日。

④ 青连斌：《建立反相对贫困长效机制的现实基础与路径选择》，《科学社会主义》2020年第2期。

⑤ 范和生、武政宇：《相对贫困治理治理长效机制构建》，《中国特色社会主义研究》2020年第1期。

⑥ 汪鹏：《建立解决相对贫困的长效机制的着力点》，《中国党政干部论坛》2020年第2期。

孙小雁认为，可以把共同富裕理解为相对贫困治理，或者共同富裕的主要内容就是相对贫困治理，相对贫困治理从宏观上看要治理基于地理差异、城乡差异和行业差异出现的相对贫困，从中观上看要治理行业内部存在的收入分配差距，从微观上看则要治理城乡社区内部的相对贫困问题。[1]

还有学者以相对贫困的治理体系为研究对象，其研究涉及解决相对贫困的长效机制的相关内容，比如，邢成举、李小云认为2020年后的贫困治理将以相对贫困为核心，为此应转变现有的贫困治理理念与话语，制定新的贫困治理战略，完善贫困治理体制，整合贫困治理路径。[2] 林闽钢提出，在机制上，应充分发挥基本公共服务的作用，建立相对贫困人口发展的基础性机制；形成"政府主导、社会参与、市场促进"的贫困治理的整体性机制；建立干预代际贫困传递的阻断性机制。在具体措施上，围绕困难家庭，要建立生活负担减免制度；健全以生产帮扶和就业帮扶为主的专项援助制度；按需救助，对困难户开展"救助会诊"；建立相对贫困家庭陪伴式服务制度。[3] 王晶、简安琪发现社会救助等社会保障政策对缓解城乡相对贫困发挥了一定作用，但社会保障制度在城镇和农村的减贫效应存在着很大的差距，农村社会保障覆盖率低、保障水平低抑制了社会保障政策减贫效应的发挥，未来国家需要在多维度上进行社会政策改革，才能逐步缓解相对贫困，促进共同富裕。[4] 胡志平提出，构建解决相对贫困的长效机制在于构建以基本公共服务为主的脱贫内生动力机制，实现从传统的增长模式到赋权模式，从兜底机制到增能机制，从量到质的结构转型的三大转型。[5]

三 关于社会救助制度的研究

社会救助意指那些旨在协助最脆弱的个人、家庭或者社群以满足

---

[1] 谢华育、孙小雁：《共同富裕、相对贫困攻坚与国家治理现代化》，《上海经济研究》2021年第11期。
[2] 邢成举、李小云：《相对贫困与新时代贫困治理机制的构建》，《改革》2019年第12期。
[3] 林闽钢：《相对贫困的理论与政策聚焦》，《社会保障评论》2020年第1期。
[4] 王晶、简安琪：《相对贫困城乡差异及社会保障的减贫效应》，《东北师大学报（哲学社会科学版）》2021年第6期。
[5] 胡志平：《基本公共服务、脱贫内生动力与农村相对贫困治理》，《求索》2021年第6期。

基本生活保障以及改善生活水平的所有举措。① 它通常包含4大要素：（1）救助资格确定要通过目标定位（targeting），最常见的目标定位手段是家计调查；（2）面向贫困家庭或个人等社会脆弱群体；（3）以现金或实物/服务为支付形式；（4）实行非缴费制，经费来源以国家财政拨款为主。② 到目前为止，世界上绝大多数国家都实行了以保障全体公民生存和基本生活权利为目标的社会救助，但由于社会救助是一个动态的、历史的概念范畴，不同国家由于社会经济、价值观念和文化传统方面的差异，各国政府实施的社会救助制度也呈现多样性并存在明显的差异，社会救助项目设置方面差别较大。

（一）国外相关研究

社会救助是最古老的社会保障措施，也是直接针对贫困者等弱势群体的保护手段。③ 从西方福利国家的情况看，社会救助制度一般涵盖两个层次的目标：一是为贫困者提供满足其最低生活标准的帮助，不同国家"最低生活标准"有不同的操作定义，有些国家是指维持生存的标准，有些是保障基本生活的标准，有些则是保障体面和有尊严生活的标准；二是作为反贫困手段，它应该防止受助者被边缘化或被社会排斥。④ 由上可见，从目标和功能的角度看，社会救助可划分为两类，即最低生活标准保障型救助和防止社会排斥型救助。

从待遇给付角度看，福利国家的社会救助大致可以分为三类：一是普遍型救助，主要指最低生活标准支持制度提供的救助待遇，即对收入水平低于给定的最低生活标准的个人或家庭提供现金救助，使其收入水平达到最低生活标准。二是类别型救助，主要是对低于一定收入水平的特定弱势群体提供的现金救助待遇，这些群体涉及残疾人、老年人、单身父母、孤儿、失业者等弱势人群。三是专项型救助，主要是指提供医

---

① Howell, F., "Social Assistance: Theoretical Background. In I. Ortiz (Ed.)", *Social Protection in Asia and the Pacific*, Chapter 7, Asian Development Bank, 2001.

② 黄晨熹：《社会救助与上海城镇"低保"制度》，载卢汉龙主编《2006—2007年上海社会发展报告：关注社会政策》，社会科学文献出版社2007年版。

③ Barrientos, A., "Social protection and poverty", *International Journal of Social Welfare*, 2011 (20), 240–249.

④ Eardley, Tony, Bradshaw, Jonathan, Ditch, John, Gough, Ian, & Whiteford, Peter, *Social Assistance in OECD Countries*, Volume I: Synthesis Report, London: HMSO, 1996.

疗、教育等方面的实物或服务的救助待遇，包括住房救助、医疗救助、教育救助、就业培训、心理支持等。从上述三类救助来看，普遍型救助和类别型救助均是提供现金，能够为弱势群体提供最直接的帮助，在缓解贫困方面的针对性较强，尤其是普遍型救助，这种救助不论贫困原因，对所有最低生活标准以下的群体提供现金救助，在反贫困方面见效快、效果好。绝大多数发达国家都建立了普遍型救助，即最低生活标准支持制度，因为这些国家社会信用体系良好，家计调查较准确，而大多数发展中国家进行普遍性的家计调查困难且成本高，因此一般只建立了类别型救助，即根据某些社会人口学特征，例如老年人、残疾人、儿童等，选择性地确定受助对象的范围，然后再通过家计调查来进行瞄准和定位。[1] 以上两类救助虽然能在短期内缓解贫困，但无法根治导致贫困的根源，只是提供较为消极的现金补偿。专项型救助并不提供现金，而是提供实物或服务，它可以通过提供住房、医疗服务、就业培训服务等来改善贫困与弱势群体的生活条件，提高其人力资本，最终促进受助者的发展，应该说专项型救助虽也有一定缓解贫困的作用，但和其他两类救助相比，它更突出的是在促进发展方面的作用。

从价值理念看，西方福利国家社会救助的价值理念主要包括团结和平均主义、个人独立与责任、互惠与机会平等三类，这三类价值理念均具有积极和发展的属性，强调对受助者的体面保障和个人自立脱贫。在不同价值理念的作用下，西方国家形成了权利范式、工作福利范式和"激活"范式三类不同的社会救助制度范式，在政策问题、政策目标和政策工具层面均有所差别。近期，许多西方国家倾向采取"激活"范式，即通过社会救助改革来"激活"受助者，在保障基本生活水平的同时帮助其提高就业能力。[2]

（二）国内相关研究

对中国社会救助的研究热潮始于20世纪90年代初，是随着最低生活

---

[1] Eardley, Tony, Bradshaw, Jonathan, Ditch, John, Gough, Ian, & Whiteford, Peter, *Social Assistance in OECD Countries*, Volume I: Synthesis Report, London: HMSO, 1996.

[2] Daigneault, P. M., "Three Paradigms of Social Assistance", *Sage Open*, 2014, 4 (4), pp. 1–8.

保障的建立及社会救助的全面改革而兴起的。近年来，国内研究者围绕我国社会救助制度建设开展了较为广泛和深入的研究。

第一，对我国社会救助制度建设成就的总结概括。郑功成认为，中国的社会救助已经实现了整体转型，一个面向全民的、开放性的综合救助体系已经基本形成，公共投入的力度、惠及民生的广度前所未有，制度层面已实现应救尽救。[1] 林闽钢认为，我国社会救助体系在政府主导下，经由从小变大、从弱变强、从点到面的发展过程，救助框架基本成型，且已呈现出了多层次、跨部门、强基层的特征。[2] 高和荣认为，改革开放以来，政府坚持基本生活救助为主，分类实施整合社会力量，逐步建立起以最低生活保障为核心的新型城乡居民救助制度，并逐步拓展到五保供养、教育、医疗、住房以及临时救助，救助人数众多，救助标准不断提高，救助项目持续扩大，救助机制不断完善，社会救助取得了历史性成就。[3] 张浩淼认为，中国特色社会主义进入了新时代，社会救助政策也进入了民生化范式的新阶段。社会救助民生化范式具有重要的时代价值，它把民生兜底保障作为目标，不断提升贫困与弱势群体的生活质量，在政策问题和目标上进行了升华。[4]

第二，对我国社会救助制度存在问题的深入分析。关信平指出，我国目前社会救助水平偏低并因此影响到各项制度的救助对象规模，导致整个社会救助水平体系的降低；各专项救助缺乏独立于低保以外的贫困标准及识别机制，带来了"福利捆绑"与"福利排斥"并存的问题；全国性制度未确立平等包容流动人口的社会救助制度原则，事实上形成了社会救助对流动人口的排斥效果；此外，还存在救助服务不足、管理体

---

[1] 郑功成：《中国社会救助制度的合理定位与改革取向》，《国家行政学院学报》2015年第4期。

[2] 林闽钢：《新时期我国社会救助立法的主要问题研究》，《中国行政管理》2018年第6期。

[3] 高和荣：《建国70年中国社会救助制度的发展与展望》，《济南大学学报（社会科学版）》2019年第2期。

[4] 张浩淼：《中国社会救助70年（1949—2019）：政策范式变迁与新趋势》，《社会保障评论》2019年第3期。

系碎片化以及法制化进程缓慢的问题。① 邓大松、李芸慧认为,社会救助制度具有生存保障功能,能够在一定程度上减少贫困的发生,与精准扶贫的反贫困目标不谋而合,二者相向而行意义重大,但是两种制度在对象认定、政策制定、救助标准上均存在差异,导致两个项目对接工作困难、标准难以准确衡量、治理高成本低效率等问题。②

第三,对我国社会救助未来发展方向的研究和政策建议。林闽钢提出,要以保障基本民生为重点推动社会救助体系转型,实现对生活困难家庭的分类救助,统筹城乡特困人员供养制度,全面开展重特大疾病医疗救助工作,实施收入豁免与就业联动的政策,建立救急难工作长效机制,拓展社会救助工作方式、社会救助工作统筹协调机制、社会救助"一门受理,协同办理"的部门合作机制。③ 张浩淼和仲超提出,我国社会救助制度当前面临的一项重大改革是将过去主要解决生存型贫困问题的制度目标,提升到以解决生活型贫困问题和发展型贫困为主的制度目标。这就要求整个社会救助制度体系的系统化转型,其中包括运行原理、救助方式、对象认定方法、救助内容、管理方式等方面。④ 江治强指出,未来进一步完善与社会主义现代化相适应的社会救助制度是一项系统性工程,需要牢牢把握中央关于保障和改善民生的总体指导思想,研究明确社会救助改革发展的总体思路和目标指向。要牢牢把握社会救助制度的基本定位,以《社会救助法》立法为牵引,建立符合新时代贫困特点的救助制度体系,稳步推进城乡社会救助统筹发展,完善社会救助机制,增强救助精准性,进一步扩大社会救助财政投入。⑤ 关信平提出,"十四五"时期社会救助应该转向以治理相对贫困为目标,继续提高社会救助的公平性,着眼于更高的社会效益和运行效率。为此,应该提升社会救

---

① 关信平:《"十四五"时期我国社会救助制度改革的目标与任务》,《行政管理改革》2021年第4期。

② 邓大松、李芸慧:《新中国70年社会保障事业发展基本历程与取向》,《改革》2019年第9期。

③ 林闽钢:《中国社会救助高质量发展研究》,《苏州大学学报(哲学社会科学版)》2021年第4期。

④ 张浩淼、仲超:《新时代社会救助理念目标、制度体系与运行机制》,《西北大学学报(哲学社会科学版)》2020年第4期。

⑤ 江治强:《新时代社会救助制度改革的方向与思路》,《中国民政》2019年第5期。

助的贫困识别标准,扩大社会救助的行动体系,优化社会救助制度体系,加强服务救助体系建设,并加强和优化社会救助的管理体系。①

四 关于社会安全网和兜底性民生建设研究

确保困难群体共享社会经济发展成果需要相应的制度保障,在国外主要有"社会安全网"概念和理论,而国内除对社会安全网的研究外还包括近期受到关注的兜底性民生建设研究。

(一)国外相关研究

社会安全网的概念在20世纪90年代初被世界银行作为在发展中国家减少贫困的重要战略措施进行倡导,在这之后流行起来。关于社会安全网,主要有广义和狭义的理解。

从广义层面看,社会安全网泛指一切能够抵御社会风险,保护全体社会成员尤其是弱势群体的基本生存权利的正规和非正规制度的总和。在广义社会安全网理论下,研究主要聚焦于两方面:

一是从社会保障的意义与功能去认识社会安全网,类似的对社会保障功能的形象表述还包括"安全屏藩""保护网""安全阀"等,② 并对社会安全网的概念和关键要素等进行了深入研究。例如,Alwang等认为安全网计划的目标群体包括穷人和弱势群体,是一种非缴费型转移支付,其既能起到收入转移的作用,又能起到保险的作用,通常提供短期帮助,并在响应特殊事件时被调用。在形式上,安全网可以是正式的,也可以是非正式的。正式安全网包括直接现金转移等干预措施、分发食品或服务(如医疗保健)的努力、现金或食品创造就业活动、基本商品的定向或一般补贴、紧急情况下的费用减免等。非正式安全网包括与家庭或社区成员分享资源和接受贷款,以及社区或部落群体之间的互助安排。基于社会风险管理视角,作者指出,安全网设计的关键要素包括:(1)充分性,安全网需要"足够强大"以满足危机造成的需求;(2)成本效益

---

① 关信平:《"十四五"时期我国社会救助制度改革的目标与任务》,《行政管理改革》2021年第4期。
② 乐章、陈璇:《城市居民的社会安全网》,《华中科技大学学报(社会科学版)》2001年第4期。

和可持续性；（3）激励相容，需要考虑到目标和激励的兼容性。①

二是认为社会安全网是一个多层次的社会保护体系，有学者针对此开展了具体的国别研究。比如，Tat–Kei Ho 和 Lang 基于 2007 年至 2010 年间约 400 个地级市和地区的财政支出数据，对中国社会安全网与就业救助支出（这些项目包括退休政府雇员和党员干部的养老金制度，退役军人的养老金和补助，政府对企业改革的补贴，对残疾人的救助，自然灾害后对家庭和个人的救助，临时失业救助，就业再培训和过渡计划，针对贫困线以下家庭的补贴和救助方案，工人健康保险等）进行了分析，研究发现，与许多西方国家不同，中国在社会安全网和就业援助支出方面奉行高度分权政策，各省之间和各省内部在上述项目的支出方面存在很大差距，这主要是由一个城市的总体支出限制和试图追求经济竞争力的发展战略造成。② Moffitt 将美国的社会安全网划分为社会保险和需经家计调查的转移支付两类，其中社会保险计划的资格与就业情况或年龄有关，而家计调查转移支付计划与低收入和低资产有关。③ Moffitt 等在后续研究中，进一步细化了美国社会安全网的构成项目，社会保险包括社会保障退休和遗属福利、残疾保险、医疗保险（为残疾人和老年人制定的医疗保健计划）、失业保险和工人赔偿。家计调查转移支付则包括医疗救助、补充保障收入、老年人、盲人和残疾人现金福利方案、贫困家庭临时救助、补贴住房救助、儿童保育补贴以及补充营养救助方案。此外，与就业直接相关的其他关键的家计调查计划还包括两项税收抵免：收入所得税抵免（EITC）和儿童税收抵免。④

从狭义层面看，社会安全网特指面向贫困与弱势群体的、作为最后手段的社会保护措施，在很大程度上等同于社会救助。在狭义安全网理

---

① Alwang J, Norton G W., "What Types of Safety Nets Would Be Most Efficient and Effective for Protecting Small Farmers and the Poor against Volatile Food Prices?", *Food Security*, 2011, 3 (s1), pp. 139–148.

② Tat–Kei Ho A&Lang T., "Analyzing Social Safety Net and Employment Assistance Spending in Chinese Cities", *Australian Journal of Public Administration*, 2013, 72 (3), pp. 359–375.

③ Moffitt R A., "The Great Recession and the Social Safety Net", *The Annals of the American Academy of Political and Social Science*, 2013, 650 (1), pp. 143–166.

④ Moffitt R A, Ziliak J P., "Covid–19 and the U. S. Safety Net", NBER Working Papers, 2020.

论下，研究主要聚焦于两方面：

一是关注社会安全网的含义、功能和目标群体等，认为社会安全网主要针对贫困和弱势群体，以政府救助为主要形式。例如，Bezuneh 和 Deaton 认为，"安全网"是社会解决最弱势群体需求的术语，特别是那些安全受到经济增长和变革进程威胁的人，潜在的目标群体包括：流离失所的人；低于某一可界定的贫困线的弱势群体；难以充分共享经济增长成果的人，如病人、残疾人和老年人。[1] Barrientos 和 Hulme 将社会安全网定义为一项主要由政府财政承担筹资责任，旨在保障贫困与弱势人群基本生活的非缴费型转移支付（non-contributory transfer）项目，以减少贫困作为重要目标。[2] 二是针对社会安全网功效的国别研究，指出目前各国的社会安全网还有许多尚待完善之处。例如，Devereux 在反贫困框架内，将社会安全网定义为公共资助的收入转移方案，并基于对南部非洲的案例研究，发现社会安全网远非仅仅是缓解暂时和生计冲击的残补式福利主义干预，而是可以在减少长期贫困方面发挥重要作用，即安全网可以同时具有"保护"和"促进"作用，但可持续的减贫需要加强市场作用，保证获得生产投入和基本服务，而不仅仅是目标狭隘的收入转移。[3] Haider 和 Mohammed 将社会安全网视同为社会救助，其指出，孟加拉国政府启动社会安全网计划的目的是减少收入的不确定性和可变性，以维持国民的最低生活水平，促进本国的人权和社会保护。孟加拉国的社会安全网包括现金和实物转移、小额信贷计划以及针对寡妇、残疾人、盲人、孤儿、老年人和其他弱势群体的有条件现金转移，每个方案都有自己的目标和程序，但这些方案的覆盖面窄，覆盖的目标人群非常少，且多个社会安全网方案通常为同一受益者服务，而且受益者往往是那些

---

[1] Bezuneh M, Deaton B., "Food Aid Impacts on Safety Nets: Theory and Evidence—A Conceptual Perspective on Safety Nets", *American Journal of Agricultural Economics*, 1997, 79 (2), pp. 672 -677.

[2] Barrientos A, Hulme D., "Social Protection for the Poor and Poorest in Developing Countries: Reflections on a Quiet Revolution", *Oxford Development Studies*, 2009, 37 (4), pp. 439 -456.

[3] Devereux S., "Can Social Safety Nets Reduce Chronic Poverty?", *Development Policy Review*, 2002, 20 (5), pp. 657 -675.

不需要援助的人。[1]

(二) 国内相关研究

国内学者已经广泛接受了"社会安全网"的概念，对其理解也有广义和狭义之分。从广义看，社会安全网是指包括社会保险、社会救助和社会服务在内的社会保护体系，例如，朱玲认为，社会安全网是"由那些具有保险、救助和服务等防范风险和不确定性功能的正规和非正规制度构成的社会保护体系"。[2] 乐章等也从广义的角度将城市居民的社会安全网界定为：在一定社会经济条件下，为解决或避免居民因各种原因导致的经济生活困难，包括国家、社会组织、家庭及其他社会成员为维持个体基本生活所必须消费的商品和服务的最低费用，所提供的社会保障措施与社会支持途径所组成的网络体系。它也可以理解为是架设在贫困边缘上的一道防护网，是立足于城市居民最基本生活需求上的包括家庭、社会、国家政府的种种反贫困的途径与措施。[3] 苏映宇指出，现代意义的社会安全网主要是指政府或社会通过政策手段或社会救助为遭遇困难的社会弱势群体提供帮助的社会保护体系，由具有保险、救助和服务等防范风险功能的各种正式制度与非正式制度组成。[4] 刘湘丽将日本的社会安全网视作一个具有三层结构的国家制度体系：第一层由社会保险与就业政策组成，旨在保护劳动者的就业安定，以加入雇佣保险的劳动者为对象。第二层由生活福利资金特例贷款、住房补助、求职者支援制度等组成，旨在提供生活与求职方面的援助，以长期失业者等为对象。第三层是生活保护制度，保障困难家庭的基本生活需求。日本的社会安全网以劳动政策为主纲，社会安全网的设计初衷，是尽可能用第一层网和第二层网来救助社会弱者，避免让这些人坠落到最下层的生活保护制度，也

---

[1] Haider M Z & Mahamud A., "Beneficiary Selection and Allowance Utilization of Social Safety Net Programme in Bangladesh", *Journal of Human Rights & Social Work*, 2017, 2 (1-2), pp. 1-7.

[2] 朱玲：《试论社会安全网》，《中国人口科学》1999年第3期。

[3] 乐章、陈璇：《城市居民的社会安全网》，《华中科技大学学报（社会科学版）》2001年第4期。

[4] 苏映宇：《国外失能老人社会安全网体系的比较分析与借鉴》，《江西农业大学学报（社会科学版）》2009年第8 (2) 期。

就是说生活保护制度是设在贫困边缘的最后一张"网"。①

从狭义看,社会安全网主要是应对贫困的措施或社会救助。例如,左停等将社会安全网视为应对贫困的重要措施,社会安全网不仅包括在风险冲击后向穷人提供临时救济和补助,即应对风险,还包括在风险来临前帮助穷人预防风险。②白晨、顾昕指出,最低生活保障制度是中国社会安全网中的重点内容,并运用二阶段嵌套泰尔指数分解法,考察了城镇最低生活保障制度筹资的空间不平等性及其结构特征,指出低保作为全球最大的无条件现金转移项目存在横向不平等,从短期来看这不仅会极大削弱社会安全网的公平性,从长远来看还将进一步加剧相对贫困。③

党的十九届四中全会《决定》中对民生建设提出了新的要求,正式提出了注重加强"普惠性、基础性、兜底性民生建设",其中兜底性民生建设主要针对困难群体,类似于"社会安全网"的概念。关信平认为,兜底性民生建设是政府建构的最后的保障体系,向所有靠其他保障方式无法满足其基本需要的个人和家庭提供最后保障的民生保障制度建设。现阶段我国民生保障体系中属于兜底性民生保障的制度主要有社会救助制度和针对困境儿童和困难残疾人的社会福利服务。④成伟提出,随着我国全面小康社会的建成和迈向共同富裕,兜底性民生工作的重点将从对贫困群体基本生活保障服务为主转向以提升贫困群体的机会、能力和动机为目标的积极兜底性民生服务为主。兜底性民生服务是政府为保障困难群众生活需要和促进其摆脱贫困而向其提供的各种服务的总和,是政府兜底性民生保障体系中的服务保障部分。兜底性民生服务的重点主要是从兜底和服务两个维度展开对困难群体的心理健康、社会支持、就业与能力提升等方面的服务以及对困境儿童、困难老人、困难残障人士等

---

① 刘湘丽:《强化社会安全网:日本新冠疫情期间的劳动政策分析》,《现代日本经济》2020年第39(6)期。

② 左停、徐秀丽、齐顾波:《构筑农村社会安全网:缓解农村贫困的战略性制度创新》,《中国农村经济》2004年第12期。

③ 白晨、顾昕:《中国社会安全网的横向不平等——以城镇最低生活保障为例》,《中国行政管理》2018年第1期。

④ 关信平:《当前我国加强兜底性民生建设的意义与要求》,《南开学报》(哲学社会科学版)2020年第5期。

特殊人群的民生关怀服务。①

五 述评

总体来看,织密兜底社会安全网既具有鲜明的中国特色和创新开拓意义,又具有扎实的理论和实践背景。国内外学术界围绕着相关的问题已有较丰富的研究成果,这些研究对我们理解和研究促进我国社会救助高质量发展面临的问题和对策有重要的基础性作用。

第一,国内外学术界对困难群体的研究对研究促进社会救助高质量发展的意义和路径有重要参考作用。

已有研究表明,困难群体是促进共同富裕的重点帮扶保障人群,也就是说,促进困难群体共同富裕是推进共同富裕的关键和重点。为此,要对困难群体有深入的理解和认识,一方面,既有研究表明困难群体是一个动态的概念,在不同发展阶段其内涵有所不同。例如,在我国20世纪90年代经济社会快速转型期,困难群体以下岗失业职工等为主体,而在当前我国脱贫攻坚取得全面胜利后,困难群体更多可以理解为相对贫困群体,当前政府政策文件中的困难群体也扩展到低保、特困人员之外的低保边缘群体和支出型贫困家庭等,但是目前对在共同富裕目标下如何对困难群体进行精准的政策识别还缺少深入研究。另一方面,困难群体的问题不仅是收入低,还涉及社会排斥问题,即因为职业类型、社会经济条件、文化、制度等限制了社会参与以及在住房、教育、医疗服务获取方面获得限制,因此,促进困难群体共同富裕不能只关注提高困难群体的收入,还要通过提供各种社会服务解决困难群体面临的多重困境,并消除可能避免产生社会排斥的因素。

第二,国内外学术界对相对贫困及其治理的研究对研究高质量社会救助制度的内容和递送创新有理论参考价值。

既有研究显示,困难群体在当前我国脱贫攻坚已经取得全面胜利的背景下可以理解为相对贫困群体,即相对贫困治理的理论和实践可以对高质量社会救助制度的内容和递送创新带来启示。西方在第二次世界大

---

① 成伟:《我国兜底性民生服务体系构建——从基本保障到社会服务》,《南开学报》(哲学社会科学版)2020年第5期。

战后对针相对贫困治理的重要方式是现金救助和福利供给,但是这种方式在给相对贫困群体带来物质和服务帮扶的同时,会造成社会排斥和福利依赖问题,这也是西方福利国家在20世纪80年代后纷纷遭遇危机并进行改革的重要原因,其改革重点就是"激活"受助者,通过一系列奖惩结合的方式使受助者重返劳动力市场。以上这些可以对我国高质量社会救助的内容和方式创新带来借鉴,由于共同富裕是要鼓励人们通过辛勤劳动共建共享,这就要求在促进困难群体共同富裕的过程中,在关注物质和服务提供以满足其对美好生活的需求之外,还要通过扶智扶志的手段增强困难群体自身提高收入的能力和动力,通过综合性的措施构建解决相对贫困和促进困难群体共同富裕的长效机制。

第三,国内外学术界对社会安全网和社会救助的研究对我国高质量社会救助制度建设有一定的启发意义。

社会安全网和社会救助均面向困难和弱势群体,为困难群体提供物质和服务帮扶,其对高质量社会救助建设有两方面的参考价值:一是政府在保障困难群体生活方面具有兜底的作用。在社会安全网的各个层级上,都应该有各方主体的参与,但政府都应该承担兜底的作用。政府兜底作用不是排斥其他主体的参与,而恰好是通过政府兜底作用而更好地动员和组织各方主体的参与;二是高质量社会救助应该既包括保障型措施又包括发展型措施。社会安全网和社会救助并非单纯的经济保障和生活兜底,而且还应该包括能力提升和促进社会融入等积极的兜底,为此,近年来国内学术界越来越多地讨论从传统的"安全网"到"助跳网"的功能提升,或从"吊床"到"蹦床"的作用转变。为此,需进一步分析我国政府和社会力量在高质量社会救助建设方面的分工与合作,要更加深入地研究社会救助制度在促进困难群体共同富裕方面应该发挥的作用,以及当前还存在的问题和未来高质量发展的思路。

既有相关的研究成果给我们带来了诸多参考和启示,但相关研究仍待进一步充实与加强,既有研究的主要问题如下:

一方面,国内外研究成果侧重相对贫困及其治理、社会安全网、困难群体、社会救助等问题,与本课题直接相关的代表性成果匮乏,少有促进社会救助高质量发展方面的专门研究。综观国内外研究现状,相对贫困及其治理、困难群体、社会安全网和社会救助等相关研究成果众多,但专门研究促进社会救助高质量发展的成果较为匮乏。虽然关于困难群体有较多的研究成果，但对困难群体共同富裕面临的机遇和挑战以及国外的相关社会救助理论和经验均缺乏系统、全面的分析，也缺乏共同富裕目标下对困难群体社会救助政策完善的深入研究。

另一方面，国内的部分相关研究未能很好地消化西方的有关概念、理论，很难解决"洋概念洋理论"的本土化问题。虽然西方国家关于相对贫困及其治理的实践与研究先于中国，但国外的经验不能盲目照搬，中国有自身特殊的国情，无法用西方相关概念和理论立竿见影地解决我国的相对贫困问题。实际上，西方相对贫困标准一般是中位收入的50%或60%，与此相比，我国在刚刚解决绝对贫困的一段时间内，相对贫困标准应该有"绝对内核"，应设计符合国情的困难指数来精准识别困难群体，困难群体社会救助政策的完善也应充分立足国情，综合考虑城乡、地域差异等各种因素。另外，关于相对贫困治理中导致的"福利依赖"这一舶来概念，目前国内的研究还存在一定局限性，对社会救助、就业，尤其是福利依赖的理论探讨不够充分。尽管目前关于福利依赖没有明确且被完全认可的定义，但是应该从其产生的制度背景、受助时间、固定期限内救助金占家庭总收入的比例、求职行为等客观层面，受助者的就业意愿和动机等主观层面，以及福利依赖是否适合中国的制度环境等加以综合分析和考量。然而，国内研究几乎没有全面地考察过，而多是专注于某一方面。比如，认为中国低保已导致福利依赖问题的观点，其实把福利依赖抽离了西方高度发达的制度性福利的背景后直接套用于中国的福利领域，主要关注受助者的领取时间、有劳动能力者所占比例等客观因素；认为低保制度或致中国式"福利依赖"的观点，注意到了福利依赖理论在中国的适用性问题，提出了两者的本质区别，论证严密，但也主要关注"福利依赖"的客观表现，忽视了受助者的主观意愿；认为中国低保制度不存在福利依赖问题的观点，较多关注受助者的主观意愿，论证了受助者积极寻找工作或隐性就业，不是"懒汉"，但对于目前存在的受助时间长等客观方面缺少有力的解释。另一方面，我国福利依赖的相关实证研究很少。当然，这和理论研究的不充分有一定关系，因为缺乏对福利依赖理论全面且深入的考察，现实中很难对我国的福利依赖有较为科学的判断和可操作化的界定，这使得实证研究难度加大，相关研究成果较缺乏。

总之,目前针对社会救助高质量发展的研究是一个新问题,研究较少且较为分散,缺乏从困难群体需求方面对社会救助高质量发展的探讨,尽管有学者指出迈向共同富裕和治理相对贫困目标下应推进社会救助的高质量发展,还有少数学者明确提出要建立健全分层分类社会救助体系,但对于我国建设高质量社会救助制度的原因以及高质量社会救助制度的理念、目标和行动方案还缺少系统、深入的研究。

第三节 研究意义

2020年8月,中共中央办公厅、国务院办公厅印发了《关于改革完善社会救助制度的意见》,这是对我国社会救助的系统性顶层设计,明确了社会救助的总体目标是建立健全分层分类、城乡统筹的中国特色社会救助体系。2020年11月,《中共中央关于制定国民经济和社会发展第十四个五年规划和二〇三五年远景目标的建议》明确提出,要健全分层分类的社会救助体系。2021年2月,习近平总书记在十九届中央政治局第二十八次集体学习时的讲话中指出:"要把农村社会救助纳入乡村振兴战略统筹谋划,健全农村社会救助制度,完善日常性帮扶措施"。[①] 2022年6月,李克强总理考察民政部和人力资源和社会保障部并主持召开座谈会强调,"受疫情、灾情等影响,现在困难群众增多。要加强动态监测,及时发现失业人员和需纳入低保的对象、临时遇困人员等,在保障和救助上该扩围的扩围,应保尽保、应兜尽兜,防止发生冲击道德底线的事"。[②] 2022年10月,党的二十大报告明确提出,要健全分层分类的社会救助体系。由上可见,建设高质量社会救助制度,充分发挥社会救助兜底社会安全网的功能意义十分重大,是党和政府高度关注的重大问题。

本书聚焦我国社会救助,回顾社会救助的发展历程、取得的成就和

[①] 《习近平在中共中央政治局第二十八次集体学习时强调 完善覆盖全民的社会保障体系 促进社会保障事业高质量发展可持续发展》,2021年2月27日,新华网,http://www.xinhuanet.com/politics/2021-02/27/c_1127147247.htm。

[②] 《李克强考察民政部和人力资源社会保障部并主持召开座谈会强调以发展促就业 以就业保民生 推动经济社会持续健康发展》,《光明日报》2022年06月29日第2版。

主要经验，探讨社会救助这一兜底社会安全网仍存在的问题，并提出高质量社会救助制度建设的理念、目标和行动方案，进一步织密织牢兜底社会安全网。本书的研究内容，一方面有助于适应共同富裕背景下贫困治理目标和任务的变化，有效回应困难群众救助需要的多样性，提升其可持续生计能力，不断增强困难群体的满意度和幸福感，践行以人民为中心的发展思想；另一方面有助于明确社会救助项目的制度边界，推动社会救助项目发展完善和优化重组，破除救助范围窄、"救助叠加"和"悬崖效应"等问题，助推救助资源整合和提高救助效率，形成制度合力，织就更加紧密的兜底社会安全网，筑牢共同富裕的底板，丰富和发展中国特色相对贫困治理的实践。

第一章

理论基础

第一节 社会安全网理论及其新发展

社会安全网的概念在20世纪90年代初被世界银行作为在发展中国家减少贫困的重要战略措施进行倡导，这之后流行起来。关于社会安全网，主要有广义和狭义的理解，尚晓援指出，安全网在使用中通常有两种含义：第一种含义是将安全网视为一种具有特殊含义和意识形态背景的政策手段。一方面，安全网主要指政府通过社会救助或收入支持的方式对社会上最困难的群体提供最低生活水平保障的政策；另一方面，安全网指在经济转型阶段，对由于转型而受到负面冲击的最困难群体提供的补偿性临时救济。以上的理解是狭义的社会安全网。第二种含义则是指在人们遇到困难时可以得到帮助的社会保护网络，即由全体社会成员形成的社会网络中，实际上就存在着一张安全网，每个社会群体都有自己独特的方式应对最困难的状况，在政府为人们提供帮助之前，人们在困难时广泛地依赖家庭成员、亲属、朋友、社区、社会上宗教或非宗教的慈善组织或慈善活动提供的帮助[1]，这其实是一种广义上的社会安全网。

从广义层面看，社会安全网泛指一切能够抵御社会风险，保护全体社会成员尤其是弱势群体的基本生存权利的正规和非正规制度的总和。在广义社会安全网理论下，研究主要聚焦于两方面：

一是从社会保障的意义与功能去认识社会安全网，类似的对社会保

---

[1] 尚晓援：《中国社会安全网的现状及政策选择》，《战略与管理》2001年第6期。

障功能的形象表述还包括"安全屏藩""保护网""安全阀"等①，并对社会安全网的概念和关键要素等进行了深入研究。朱玲将社会安全网定义为"由那些具有保险、救助和服务等防范风险和不确定性功能的正规和非正规制度构成的社会保护体系"②。乐章等也从广义的角度将城市居民的社会安全网界定为：在一定社会经济条件下，为解决或避免居民因各种原因导致的经济生活困难，包括国家、社会组织、家庭及其他社会成员为维持个体基本生活所必需消费的商品和服务的最低费用所提供的社会保障措施与社会支持途径所组成的网络体系。它也可以理解为是架设在贫困边缘上的一道防护网，是立足于城市居民最基本生活需求上的包括家庭、社会、国家政府的种种反贫困的途径与措施。③ 苏映宇指出，现代意义的社会安全网主要是指政府或社会通过政策手段或社会救助为遭遇困难的社会弱势群体提供帮助的社会保护体系，由具有保险、救助和服务等防范风险功能的各种正式制度与非正式制度组成。④ Jeffrey Alwang 等认为安全网计划的目标群体包括穷人和弱势群体，是一种非缴费型转移支付，其既能起到收入转移的作用，又能起到保险的作用，通常提供短期帮助，并在响应特殊事件时被调用。在形式上，安全网可以是正式的，也可以是非正式的。正式安全网包括直接现金转移等干预措施、分发食品或服务（如医疗保健）的努力、现金或食品创造就业活动、基本商品的定向或一般补贴、紧急情况下的费用减免等。非正式安全网包括与家庭或社区成员分享资源和接受贷款，以及社区或部落群体之间的互助安排。基于社会风险管理视角，作者指出，安全网设计的关键要素包括：（1）充分性，安全网需要"足够强大"以满足危机造成的需求；（2）成本效益和可持续性；（3）激励相容，需要考虑到目标和激励的兼

---

① 乐章、陈璇：《城市居民的社会安全网》，《华中科技大学学报》（社会科学版）2001年第4期。
② 朱玲：《试论社会安全网》，《中国人口科学》1999年第3期。
③ 乐章、陈璇：《城市居民的社会安全网》，《华中科技大学学报》（社会科学版）2001年第4期。
④ 苏映宇：《国外失能老人社会安全网体系的比较分析与借鉴》，《江西农业大学学报》（社会科学版）2009年第2期。

容性。[1]

二是认为社会安全网是一个多层次的社会保护体系，有学者针对此开展了具体的国别研究。比如，Tat-Kei Ho 和 Lang 基于2007年至2010年间约400个地级市和地区的财政支出数据，对中国社会安全网与就业救助支出（这些项目包括退休政府雇员和党员干部的养老金制度，退役军人的养老金和补助，政府对企业改革的补贴，对残疾人的救助，自然灾害后对家庭和个人的救助，临时失业救助，就业再培训和过渡计划，针对贫困线以下家庭的补贴和救助方案，工人健康保险等）进行了分析，研究发现，与许多西方国家不同，中国在社会安全网和就业援助支出方面奉行高度分权政策，各省之间和各省内部在上述项目的支出方面存在很大差距，这主要是由一个城市的总体支出限制和试图追求经济竞争力的发展战略造成的。如何在不损害经济增长的情况下实现社会公平与和谐，以及在社会安全网支出中应实施多大程度的财政中央集权，同时又不丧失政策设计和实施中的太多地方灵活性和创新性，将是中国政府政府面临的挑战。[2] Moffitt 将美国的社会安全网划分为社会保险和需经家计调查的转移支付两类，其中社会保险计划的资格与就业情况或年龄有关，而家计调查转移支付计划与低收入和低资产有关。[3] Moffitt 等在后续研究中，进一步细化了美国社会安全网的构成项目，社会保险包括社会保障退休和遗属福利、残疾保险（美国为长期遭受贫困的人制定的计划）、医疗保险（为残疾人和老年人制定的医疗保健计划）、失业保险和工人赔偿。家计调查转移支付则包括医疗补助（家庭和个人医疗计划）、补充保障收入、老年人、盲人和残疾人现金福利方案、贫困家庭临时救助、补贴住房救助、儿童保育补贴以及补充营养救助方案。此外，与就业直接相关的其他关键的家计调查计划还包括两项税收抵免：收入所得税抵免

---

[1] Alwang, J., & Norton, G. W., "What Types of Safety Nets Would Be Most Efficient and Effective for Protecting Small Farmers and the Poor against Volatile Food Prices?", *Food Security*, 2011, 3 (s1), pp. 139–148.

[2] Tat-Kei Ho A., & Lang, T., "Analyzing Social Safety Net and Employment Assistance Spending in Chinese Cities", *Australian Journal of Public Administration*, 2013, 72 (3), pp. 359–375.

[3] Moffitt, R. A., "The Great Recession and the Social Safety Net", *The Annals of the American Academy of Political and Social Science*, 2013, 650 (1), pp. 143–166.

(EITC)和儿童税收抵免。① 刘湘丽将日本的社会安全网视作一个具有三层结构的国家制度体系：第一层由社会保险与就业政策组成，旨在保护劳动者的就业安定，以加入雇佣保险的劳动者为对象。第二层由生活福利资金特例贷款、住房补助、求职者支援制度等组成，旨在提供生活与求职方面的援助，以长期失业者等为对象。第三层是生活保护制度，保障低收入贫困家庭的基本生活需求。日本的社会安全网以劳动政策为主纲，社会安全网的设计初衷，是尽可能用第一层网和第二层网来救助社会弱者，避免让这些人坠落到最下层的生活保护制度，也就是说生活保护制度是设在贫困边缘的最后一张"网"。②

从狭义层面看，社会安全网特指面向贫困与弱势群体的、作为最后手段的社会保护措施，在很大程度上等同于社会救助。在狭义安全网理论下，研究主要聚焦于两方面：

一是关注社会安全网的含义、功能和目标群体等，认为社会安全网主要针对贫困和弱势群体，以政府救助为主要形式。例如，有学者认为"安全网"是社会解决最弱势群体需求的术语，特别是那些安全受到经济增长和变革进程威胁的人，潜在的目标群体包括：流离失所的人；低于某一可界定的贫困线的弱势群体；难以充分共享经济增长成果的人，如病人、残疾人和老年人。③ 左停等学者将社会安全网视为应对贫困的重要措施，社会安全网不仅包括在风险冲击后向穷人提供临时救济和补助，即应对风险，还包括在风险来临前帮助穷人预防风险。④ Barrientos 等将社会安全网定义为一项主要由政府财政承担筹资责任，旨在保障贫困与弱势人群基本生活的非缴费型转移支付（non–contributory transfer）项目，

---

① Moffitt, R. A., & Ziliak, J. P., *Covid–19 and the U. S. Safety Net*, NBER Working Papers, 2020.

② 刘湘丽：《强化社会安全网：日本新冠疫情期间的劳动政策分析》，《现代日本经济》2020 年第 6 期。

③ Bezuneh, M., & Deaton, B., "Food Aid Impacts on Safety Nets: Theory and Evidence—A Conceptual Perspective on Safety Nets", *American Journal of Agricultural Economics*, 1997, 79 (2), pp. 672–677.

④ 左停、徐秀丽、齐顾波：《构筑农村社会安全网：缓解农村贫困的战略性制度创新》，《中国农村经济》2004 年第 12 期。

以减少贫困作为重要目标。[1]

二是针对社会安全网功效的国别研究，指出目前各国的社会安全网还有许多尚待完善之处。例如，Devereux 在反贫困框架内，将社会安全网定义为公共资助的收入转移方案，并基于对南部非洲的案例研究，发现社会安全网远非仅仅是缓解暂时和生计冲击的残补式福利主义干预，而是可以在减少长期贫困方面发挥重要作用，即安全网可以同时具有"保护"和"促进"作用，但可持续的减贫需要加强市场作用，保证获得生产投入和基本服务，而不仅仅是目标狭隘的收入转移。[2] Haider 和 Mohammed 将社会安全网视同为社会救助，其指出，孟加拉国政府启动社会安全网计划的目的是减少收入的不确定性和可变性，以维持国民的最低生活水平，促进本国的人权和社会保护。孟加拉国的社会安全网包括现金和实物转移、小额信贷计划以及针对寡妇、残疾人、盲人、孤儿、老年人和其他弱势群体的有条件现金转移，每个方案都有自己的目标和程序，但这些方案的覆盖面窄，覆盖的目标人群非常少，且多个社会安全网方案通常为同一受益者服务，而且受益者往往是那些不需要援助的人。[3] 白晨等指出，最低生活保障制度是中国社会安全网中的重点内容，并运用二阶段嵌套泰尔指数分解法，考察了城镇最低生活保障制度筹资的空间不平等性及其结构特征，指出低保作为全球最大的无条件现金转移项目存在横向不平等，这不仅从短期来看会极大削弱社会安全网的公平性，而且从长远来看还将进一步加剧相对贫困。[4]

无论是从广义还是狭义上理解社会安全网，其基本内涵都在于缓解社会成员尤其是弱势群体在遭受社会风险时所受到的冲击，并兜住社会成员的生存底线，以减少贫困为重要目标。

---

[1] Barrientos, A., & Hulme, D., "Social Protection for the Poor and Poorest in Developing Countries: Reflections on a Quiet Revolution", *Oxford Development Studies*, 2009, 37 (4), pp. 439 – 456.

[2] Devereux, S., "Can Social Safety Nets Reduce Chronic Poverty?", *Development Policy Review*, 2002, 20 (5), pp. 657 – 675.

[3] Haider, M. Z., & Mahamud, A., "Beneficiary Selection and Allowance Utilization of Social Safety Net Programme in Bangladesh", *Journal of Human Rights & Social Work*, 2017, 2 (1 – 2), pp. 1 – 7.

[4] 白晨、顾昕：《中国社会安全网的横向不平等——以城镇最低生活保障为例》，《中国行政管理》2018 年第 1 期。

第二节 社会救助相关理论及其新发展

社会保护体系包括劳动力市场规制、社会保险和社会救助,[①] 其中,社会救助是最古老的社会保护措施,也是直接针对贫困者等弱势群体的保护手段。一般而言,社会救助制度涵盖两个层次的目标:一是为贫困者提供满足其最低生活标准的帮助,在不同国家"最低生活标准"会有不同的操作定义,比如有些国家是指维持生存的标准,有些是保障基本生活的标准,有些则是保障体面和有尊严生活的标准;二是作为反贫困手段它应该防止受助者被边缘化或被社会排斥。[②] 换句话说,社会救助不应只是提供款物帮助以维持一个低收入水平的群体,还应该使受助者群体获得发展的机会和能力并最终融入社会。

根据待遇给付情况,社会救助项目大致可以分为三类:一是普遍型救助,主要指最低生活标准支持制度提供的救助待遇,即对收入水平低于给定的最低生活标准的个人或家庭提供现金救助,使其收入水平达到最低生活标准。二是类别型救助,主要是对低于一定收入水平的特定弱势群体提供的现金救助待遇,这些群体涉及残疾人、老年人、单身父母、孤儿、失业者等弱势人群。三是专项型救助,主要是指提供医疗、教育等方面的实物或服务的救助待遇,包括住房救助、医疗救助、教育救助、就业培训等。[③] 从上述三类救助来看,普遍型救助和类别型救助均是提供现金,能够为弱势群体提供最直接的帮助,在缓解贫困方面的针对性较强,尤其是普遍型救助,这种救助不论贫困原因,对所有最低生活标准以下的群体提供现金救助,在反贫困方面见效快、效果好。绝大多数发达国家都建立了普遍型救助,即最低生活标准支持制度,因为这些国家

[①] Barrientos, A., "Social protection and poverty", *International Journal of Social Welfare*, 2011 (20), pp. 240 – 249.

[②] Eardley, T., Bradshaw, J., Ditch, J., Gough, I., & Whiteford, P., *Social Assistance in OECD Countries (Volume I): Synthesis Report*, 1996, London: HMSO, p. 47.

[③] Abt Associates Inc., *Survey of social Assistance in OECD Countries Cross – Country Paper*, 2002, http://info.worldbank.org/etools/docs/library/78802/Fall% 202002/elearning/fall2002/readings/pdfpapers/crosscountry.pdf.

社会信用体系良好，家计调查较准确，而大多数发展中国家进行普遍性的家计调查困难且成本高，因此一般只建立了类别型救助，即根据某些社会人口学特征，例如老年人、残疾人、儿童等等，选择性地确定受助对象的范围，然后再通过家计调查来进行瞄准和定位。以上两类救助虽然能在短期内缓解贫困，但无法根治导致贫困的根源，只是提供较为消极的现金补偿。专项型救助并不提供现金，而是提供实物或服务，它可以通过提供住房、医疗服务、就业培训服务等来改善贫困与弱势群体的生活条件，提高其人力资本，最终促进受助者的发展，应该说专项型救助虽也有一定缓解贫困的作用，但和其他两类救助相比，它更突出的是在促进发展方面的作用。

社会救助制度建设和发展需要理念指导，综观近期西方发达国家社会救助的价值理念，可以发现主要包括团结和平均主义、个人独立与责任、互惠与机会平等三类。这三类价值理念均具有积极和发展的属性，强调对受助者的体面保障和个人自立脱贫。在不同价值理念的作用下，西方国家形成了权利范式、工作福利范式和"激活"范式三类不同的社会救助制度范式，在政策问题、政策目标和政策工具层面均有所差别（见表1-1）。目前许多西方国家倾向采取"激活"范式，即通过社会救助改革来"激活"受助者，在保障基本生活水平的同时帮助其提高就业能力，这已经成为社会救助的发展趋势。

表1-1　　西方国家社会救助的制度范式

范式的维度	权利范式	工作福利范式	激活范式
价值理念 意识形态根源 权利与责任的平衡	团结与平均主义 社会民主思想 强调社会权利	个人独立与责任 带有新自由主义的保守主义 强调个人责任	互惠与机会平等 "第三条道路" 强调权利和责任的平衡
政策问题	经济危机、贫困和不平等	福利依赖	工作动机不足和缺乏人力资本

续表

范式的维度	权利范式	工作福利范式	激活范式
政策目标	通过保障体面生活水平和去商品化来减少贫困	改善受助者的工作伦理、态度和自尊	增加经济活动率，改善受助者就业能力，通过就业使受助者摆脱贫困
政策工具救助水平首选政策工具	高无条件现金转移支付	低基于工作要求的有条件现金转移支付（包括工作福利）和控制措施	适度无条件现金转移支付，有条件收入补充和激活措施（如培训、求职援助）

资料来源：Daigneault, P. M., "Three Paradigms of Social Assistance", *Sage Open*, 2014, 4(4), pp. 1 – 6。

第三节　福利组合理论及其新发展

福利多元主义理论（welfare pluralism）诞生于20世纪70年代，该理论是为了应对福利国家危机，在对传统的福利供给体系进行反思的基础上，为解决福利供给的主体问题而寻求一种替代性方案。福利组合理论（welfare mix）是在福利多元主义理论的发展基础上，由罗斯、伊瓦斯等学者在80年代所提。1986年，罗斯提出，福利国家并不是政府承担所有的福利责任，只是在福利供给中担负主要的责任，而不是对福利的垄断，这一主张为政府的福利责任"松绑"奠定了理论基础。[①] 罗斯认为，政府、市场、雇主和家庭都应当提供福利，不能放弃任何一方，他强调，从历史上看，家庭一直是福利的基本提供方，罗斯还提出了社会总福利（TWS）是家庭福利（H）、市场福利（M）和国家福利（S）的加总，即 TWS = H + M + S。[②] 当国家提供的社会福利并未完全摒弃由市场和家庭提供的社会福利服务时，混合社会就产生了，混合社会意识到国家财政福利的重要，同时强调家庭和市场在社会福利服务供给时的贡献。福利多元组合理论的倡导者认为，家庭、市场和国家并不是互相

[①] 彭华民等：《西方社会福利理论前沿》，中国社会出版社2009年版，第1—3页。
[②] 彭华民等：《西方社会福利理论前沿》，中国社会出版社2009年版，第4—8页。

竞争的关系，而是互相补充的关系，一个主体的福利供给增长对其他主体的福利供给具有一定的替代①。在罗斯福利组合理论的基础上，其他学者又作了进一步的研究，比较有代表性的是英国学者约翰逊（Johnson）和德国学者伊瓦斯（Evers）。其中约翰逊将社会福利的提供部门分为了四大部分：国家部门（提供间接和直接福利）、商业部门（提供营利性质的福利）、志愿部门（如非营利组织、互助组织、小区组织等）和非正规部门（邻里、朋友、亲属等初级群体提供的福利）。②伊瓦斯则提出了福利供给的四分法，认为社会福利的供给主体应当包括：民间社会、社区、市场与国家，他特别强调，民间社会能够在拥有不同理念的社区、市场与国家之间建立一种纽带，使公共利益与局部利益和个人利益相一致。③

在应对福利国家危机的过程中，罗斯认为国家在提供福利上的确扮演着重要角色，但绝不是对福利的垄断，所以主张福利是全社会的产物，市场、雇员、家庭和国家都要提供福利，放弃市场和家庭，让国家承担完全责任是错误的。换言之，就是国家虽然是福利的主要生产者，但并非唯一来源。由此奠定了社会福利是家庭、市场和国家等各种制度综合产物的认知基础。④后来，伊瓦斯（Evers）借鉴了罗斯的多元组合理论，提出了家庭、市场和国家共同组成福利供给主体的"福利三角"概念，从其分析框架来看，它是一种以混合福利经济取代国家为中心福利体系的意识形态。

近些年，关于福利组合理论的研究主要集中于两个方面：

一是强调福利组合理论对政治及福利改革的影响。比如 Johansson 等学者认为，随着福利国家日益受到挑战并被福利组合模型所取代，有关非营利组织和志愿组织职能的新观念引发了政治冲突，由此探讨政治和

---

① Rose, R., *Common Goals but Different Roles: The Stata's Contribution to the Welfare Mix*, In Rose, R. & Shiratori, R. (Ed), The Welfare State East and West, Chford: Oxford University Press, 1986.

② Johnson, N., *The Welfare State in Transition: The Theory and Practice of Welfare Pluralism*. Amherst: University Massachusetts Press, 1986.

③ 彭华民等：《西方社会福利理论前沿》，中国社会出版社2009年版，第4—8页。

④ 杨建海、王梦娟、赵莉：《农村养老资源的多支柱供给研究》，《学习与实践》2018年第9期。

意识形态对福利国家变化的重要性。① Del Pino 和 Catala Perez 认为近年来，困难的经济形势使人们重新开始讨论不同的福利组合公式和范围，并以西班牙为例，通过研究三项关键的社会政策，观察到如何以多种方式改革福利供给结构。②

二是福利组合理论的国别研究，主要侧重于福利组合理论的实际应用。例如，汪连杰认为中国应建立社会福利的多部门供给体系，其中，国家代表正式的福利来源部门，为全体社会成员提供基本的福利供给；市场代表竞争性的主体，提供自由的、可供选择的福利；社会作为社会福利的重要补充来源，体现出志愿性和社会互惠的价值；而社区作为生活和交际的主要场所，是非正式福利的主要来源，强调家庭的责任和社区成员之间的团结互助。③ Mazeikiene 分析了立陶宛社会福利和社会服务的发展，揭示了社会服务提供中福利组合的独特文化结构。④ Yilmaz 探讨了土耳其的叙利亚难民新出现的福利组合的主要特征，并确定了人道主义援助方案，国内政策和土耳其福利体系之间的互动方式，认为叙利亚难民的福利组合是国际和国内非政府组织执行的人道主义援助方案与国内社会政策方案的共同产物，主要考虑了三个政策领域：社会援助计划、就业和保健服务，其建议授予叙利亚难民临时保护地位，并重塑福利结构。⑤

---

① Johansson, H., Arvidson, M., & Johansson, S., "Welfare Mix as a Contested Terrain: Political Positions on Government – Non – profit Relations at National and Local Levels in a Social Democratic Welfare State", *International Journal of Voluntary and Nonprofit Organizations*, 2015, 26（5）, pp. 1601 – 1619.

② Del Pino, E., & Catala – Perez, D., "The Spanish Welfare – Mix during the Crisis and the Privatization of Social Risk: Cases of Healthcare, Social Services and the Long – Term Care System", *Revista Del CLAD Reforma y Democracia*, 2016, 66, pp. 163 – 194.

③ 汪连杰：《从"消极福利"到"积极福利"——论中国积极型社会福利的价值理念与实践路径》，《中共天津市委党校学报》2017 年第 1 期。

④ Mazeikiene, N., "What is Mixed in Welfare Mix? Welfare Ideologies at Stake in the Lithuanian Case of Social Service Delivery", *European Journal of Social Work*, 2014, 1（5）, pp. 7641 – 7655.

⑤ Yilmaz, V., "The Emerging Welfare Mix for Syrian Refugees in Turkey: The Interplay between Humanitarian Assistance Programmes and the Turkish Welfare System", *Journal of Social Policy*, 2019, 48（4）, pp. 721 – 739.

总之，福利组合理论是一种关于福利的宏观分析范式，它意味着不同福利供给主体需要相互配合和作用，以更好地满足社会成员的福利需求，该理论不仅可以对福利改革做出解释，还可以对各国社会福利和社会服务的改革发展提供相应的理论指导。

第二章

国外社会救助制度的实践与启示

第一节 发达国家社会救助的经验和启示

发达国家的社会救助制度普遍起源较早,救助体系较为完整,福利水平也相对较高。但随着经济全球化的持续推进,发达国家的社会救助制度也开始呈现出福利依赖等突出矛盾和问题,为了弥补制度设计的缺陷,以及避免使国家陷入"福利陷阱",发达国家陆续对社会救助制度进行了改革,以多措并举的方式进行贫困治理。

一 英国的社会救助

英国作为福利国家的代表,社会救助制度起源早、体系相对完善,其数次改革和立法进程为世界各国探索发展社会救助制度提供了借鉴。

(一) 英国社会救助的演进历程

英国是世界上最早建立现代社会救助制度的国家,其社会救助发展历史源远流长。在中世纪后期,由于"黑死病"的蔓延和圈地运动的兴起,英国的流民问题和贫困问题非常严重,在此情况下,英国的慈善救济迅速发展,修道院、职业行会等组织在贫困救济中发挥了重要作用。[1] 1536年,英国政府颁布《亨利济贫法》,标志着英国政府开始为解决社会贫困问题承担一定的责任。[2] 而后,英国制定并实施了一系列社会立法,

---

[1] Martin, C., & Chevalier, T., "What We Talk about When We Talk about Poverty: Culture and Welfare State Development in Britain, Denmark and France", *British Journal of Political Science*, Cambridge University Press, 2022.

[2] 丁建定:《英国社会保障制度史》,人民出版社2015年版,第32页。

包括对穷人进行救济,以及对懒惰的穷人给予惩罚。1601 年,英国颁布了著名的《伊丽莎白济贫法》,该法令对贫民救济做出了明确规定,同时规定为贫困儿童提供学徒机会并为贫民提供住所。《伊丽莎白济贫法》在英国社会救助发展史中具有重要地位,一方面,它基于以往社会救济立法对英国济贫法制度进行系统规定,奠定了英国济贫法的基础;另一方面,其提出对贫困人口进行区别性对待,体现政府承担必要救济责任的同时,也强调了要依靠个人劳动摆脱贫困的自助精神。[①] 18 世纪,圈地运动的大规模展开和工业革命推进,工业化和城市化的发展对社会稳定造成了冲击,失业问题和贫困问题显著。1782 年,英国议会通过《吉尔伯特法》,放宽了济贫法的救济条件,同时也推动了贫民习艺所的建立,但此时英国的社会救济主要还是以济贫院内救济为主。19 世纪初,工业革命在英国加速进行,英国社会问题进一步凸显。1834 年,英国出台《新济贫法》,进一步确立了济贫院内救济原则,同时规定减少穷人的税收。19 世纪末,英国工业开始衰落,失业问题、健康问题、老年问题、妇女问题等社会矛盾不断显现。作为回应,1905 年英国颁布《失业工人法》,正式对失业问题承担国家责任。1908 年,英国颁布《养老金法》建立免费养老金制度,即任何人只要符合该法所规定的条件,就可以领取国家养老金。针对穷人的医疗问题,1911 年 12 月,《健康保险法》作为《国民保险法》的第一部分获得议会通过。而后,随着英国社会问题的复杂化,以救济为主要特征的济贫法不再能够适应社会发展需要。

1943 年《贝弗里奇报告》的出台成为英国建立社会保障制度的理论依据,其主张为每一个社会成员建立并提供一套综合性的社会保障制度。1948 年,英国颁布《国民救助法》,废除了济贫制度,现代社会救助制度正式建立。英国的社会救助制度包括补充救助和非缴费性救助,补充救助主要包括老年救助、失业救助、疾病救助和其他救助,非缴费性救助主要包括养老金、家庭津贴、护理津贴、迁移津贴、伤残抚恤金和一次性抚恤金。[②] 迅速扩张的救助支出为财政带来了巨大压力。1976 年,英国颁布《补充救助法》,确立了社会救助的普遍权利原则和最低标准原则。

[①] 丁建定:《英国社会保障制度史》,人民出版社 2015 年版,第 57 页。
[②] 丁建定:《英国社会保障制度史》,人民出版社 2015 年版,第 364 页。

1986年，英国对社会救助制度进行了较大改革，建立了三种社会救助津贴，包括收入支持、家庭税收抵免和住房津贴。1996年，为应对不断增加的失业人口并缓解失业家庭贫困，保守党政府开始推行求职者津贴制度，取代了之前的失业救济补贴，其中针对贫困对象的非缴费型求职者津贴，需要以严格的家计调查和就业行为调查为基础，以促进申请对象积极寻找工作。1997年，英国工党开始上台执政，1998年4月发布《我们国家的新动力：新的社会契约》绿皮书，提出"以工作代替福利"的基本原则，强调应该为贫困人口以及贫困家庭提供各种社会服务，提高这些人群以及家庭的社会竞争意识和能力，以使他们能够尽可能地依靠自己而不是国家实现自立。在"以工作代替福利"救助理念指引下，1999年10月，工作家庭税收抵免正式取代了家庭税收抵免，其为每个家庭提供每周48.8英镑的基本津贴，加上随儿童年龄而增加的额外津贴，在孩子达到16到18岁时，该额外津贴达到最高额度每周25.4英镑。但工作家庭税收抵免的申请者必须保证每周工作时间不少于16小时，同时，每周工作30小时以上的申请者还可以额外得到每周10.80英镑的津贴。2003年，工作家庭税收抵免又被工作税收抵免（Working Tax Credit，WTO）所取代，它仍然针对低收入家庭，但不再要求家庭中一定要有需要抚养的儿童。[①] 同年，针对低收入人群，英国实施养老金补贴制度，取代了最低收入保护制度。2008年10月，英国政府开始实施就业及援助津贴（Employment and Support Allowance，ESA）制度，取代了对丧失工作能力者的补助与收入支持，其中，针对贫困对象的非缴费型就业及援助津贴，补贴额度根据家庭状况而确定，在此基础上，如果申请人有特殊情况，还会再另外追加津贴额度。至此，英国的各项津贴制度基本可以覆盖所有类型的低收入人群（见表2-1所示）。2013年4月，英国开始陆续实施统一福利金（Universal Credit）政策，这项福利改革目的是要"化繁为简"，将儿童税收抵免、住房补贴、收入补助金（IS）、求职者津贴（JSA）、就业及援助津贴（ESA）和工作税收抵免（WTO）六项福利金制度进行整合。2022年英国已实现了统一福利金的全面实施。

---

① 苑仲达：《英国积极救助制度及其借鉴启示》，《国家行政学院学报》2016年第4期。

表2-1 不同类型对象的收入补贴方式

人群类型	适用的津贴类型
失业人群	求职者津贴（JSA）
工作的低收入人群	工作税收抵免（WTO）
无业的低收入人群	收入补助金（IS）
退休的低收入人群	养老金补贴（Pension Credit）
残疾的低收入人群	就业及援助津贴（ESA）

资料来源：郑春荣编著《英国社会保障制度》，上海人民出版社2012年版，第283页。

（二）英国社会救助的主要内容

1. 统一福利金制度（Universal Credit）

统一福利金制度是专门针对18岁至退休年龄间低收入群体或生活困难对象提供的一项收入津贴，要求申请者的资产不能超过16000英镑。如果有残疾、怀孕、子女照顾等特殊情况，年龄限制可降低至16岁。统一福利金的额度包括两个部分：基础津贴和额外津贴（见表2-2）。基本津贴的额度由年龄和婚姻状况决定。额外津贴取决于家庭中儿童的数量、孩子是否有残疾、孩子是否接受托儿服务、申请者自身的残疾情况、是否为残疾者提供护理等，满足条件时，额外津贴可以累加获得，但是获取的津贴总额不能超过政府设定的限制额度。收入是影响统一福利金额度的重要因素，家庭收入每增加1英镑，统一福利金额度就会减少55便士。但如果家庭中有儿童或残疾的情况，在福利金额度减少之前可以获得工作津贴，如果已经获得住房津贴，那每月将获得344英镑，如果没有住房津贴，每月将获得573英镑。举例来说，如果家庭中有一个孩子并且获得住房津贴，如果获得工作并赚取了500英镑，那么将获得344英镑的工作津贴，但是对于剩余的156英镑额度中的每1英镑，都会相应扣除55便士，所以156英镑总计会扣除85.8英镑，即因为工作赚取了500英镑，将从统一福利金中扣除85.8英镑。[①] 为了促进低收入者积极进入劳

---

① "Universal Credit"，英国政府网，https：//www.gov.uk/universal-credit/how-your-earnings-affect-your-payments。

动力市场，福利金领取者需要积极参与培训课程、寻找工作，并且通过电话、视频或在就业中心面对面地与工作教练进行定期交流。如果无故错过预约，福利金的给付会受到影响。

表 2-2　　2022 年英国统一福利金制度给付额标准

	类型	标准
基本津贴	单身且未满 25 周岁	265.31 英镑/月
	单身且年满 25 周岁	334.91 英镑/月
	与伴侣同居且均未满 25 周岁	416.45 英镑/月（两人合计）
	与伴侣同居且其中任意一人年满 25 周岁	525.72 英镑/月（两人合计）
额外津贴	家庭中的第一个孩子	290 英镑/月 （2017 年 4 月 6 日前出生） 244.58 英镑/月 （2017 年 4 月 6 日及之后出生）
	家中第二个孩子和任何其他符合条件的孩子	每名儿童 244.58 英镑/月
	孩子残疾	132.89 英镑/月
	孩子严重残疾	414.88 英镑/月
	托儿服务	646.35 英镑/月（1 个孩子） 1108.04 英镑/月（2 个及以上孩子）
	申请者残疾	354.28 英镑/月 132.89 英镑/月（在 2017 年 4 月 3 日之前获得通用信贷或就业和支持津贴）
	照顾重度残疾人并提供至少 35 小时的护理	168.81 英镑/月

资料来源："Universal Credit"，英国政府网，https://www.gov.uk/universal-credit/what-youll-get。

2. 工作税收抵免（WTO）

工作税收抵免是旨在为低收入工作者提供的一项救助政策，以增加其收入水平。申请工作税收抵免要求申请人必须有全职工作，并且要满足一定的工作时间。其中，要获得申请资格，25 至 59 岁的申请者每周必须至少工作 30 小时；60 岁及以上的申请者每周必须至少工作 16 小时；

残疾对象每周必须至少工作16小时。对于有0至16岁孩子的家庭，带1个或多个孩子的单身人士每周必须至少工作16小时；有1个或多个孩子的夫妇，通常，两人合计至少工作24小时或其中1人至少工作16小时。如果孩子年满16岁，仍然在接受政府认可的教育或培训，则孩子的年龄限制可以提升到20岁。工作税收抵免给付额是由一系列因素共同决定的，包括家庭情况、工作情况、残疾情况、享受托儿服务情况等，具体每项因素额度如表2-3所示。工作税收抵免额度为各项标准之和，给付的额度每月会通过银行账户发放。在一些特定时期，即使没有工作，也可以获得一段时间的税收抵免。例如，失业后可以获得4周的税收抵免资格，女性休产假可以获得39周的税收抵免资格，男性休陪产假可以获得实际休假时间的税收抵免资格（最多不超过39周），因病暂停工作可以获得28周的税收抵免资格等。[①]

表2-3　　　　　　　2022年英国工作税收抵免给付额标准

类型	标准
基本额度	2070英镑/年
共同申请夫妻	2125英镑/年
单亲家庭	2125英镑/年
每周工作至少30小时	860英镑/年
残疾	3345英镑/年
严重残疾	1445英镑/年
为经批准的托儿服务付费	1名儿童：122.5英镑/周 2名及以上儿童：210英镑/周

资料来源："Working Tax Credit"，英国政府网，https://www.gov.uk/working-tax-credit/what-youll-get。

3. 收入补助金（IS）

收入补助金是针对无业低收入群体设置的津贴，当前英国收入补助金已经不再接受新的申请，而以统一福利金替代，但之前已经申请收入

---

① "Working Tax Credit"，英国政府网，https://www.gov.uk/working-tax-credit/what-youll-get。

补助金的,如果满足条件,可以继续领取。继续领取收入补助金,需要满足的要求包括:(1)没有收入或收入低,储蓄不能超过16000英镑;(2)没有全职工作,每周工作时间少于16小时,伴侣工作时间少于每周24小时;(3)年龄在16岁至退休年龄之间。救助者被要求如果工作情况、收入水平、资产状况等有任何变化要及时报告,如果提供错误或不完整信息,被救助者会面临被起诉或支付50英镑的罚款。收入补助金的额度同样由两部分组成:基本津贴和额外津贴。收入补助金的给付额采取差额给付的方式,首先,需要根据申请人的条件计算出"全额给付额",然后根据申请人的收入和储蓄情况,补助金的给付额等于全额给付额减去家庭收入。即只有当家庭收入和储蓄额低于全额给付额时,才有领取资格。具体给付标准如表2-4所示。

表2-4　　　　　　　　2022年英国收入补助金给付额标准

类型			额度
基本津贴	单身者	16—24岁	61.05英镑/周
		25岁及以上	77英镑/周
	单亲父母	16—17岁	61.05英镑/周
		18岁及以上	77英镑/周
	夫妇	均未满18岁	61.05英镑/周
		均未满18岁(有更高待遇资格①)	92.2英镑/周
		一位未满18岁,另一位18—24岁	61.05英镑/周
		一位未满18岁,另一位25岁及以上	77英镑/周
		一位未满18岁,另一位有更高待遇资格	121.05英镑/周
		两人均18岁及以上	121.05英镑/周
额外津贴	养老金领取者(只适用于夫妇)		
	残疾情况		
	照顾者		

资料来源:"Income Support",英国政府网,https://www.gov.uk/income-support/income-support-rates。

---

① 如果家庭中有需要抚养的儿童,将适用更高待遇资格。

4. 养老金补贴（Pension Credit）

由于英国国家养老金的替代率较低，所以即使领取全额基本养老金的人，如果没有足够的储蓄或其他收入，也容易陷入生活贫困。因此，养老金补贴是一项主要针对已经达到退休年龄老人的收入补贴计划。养老金补贴由保证补贴（Guarantee Credit）和储蓄补贴（Savings Credit）两个部分组成，保证补贴部分需要对申请人进行家计调查，根据申请者的家庭情况领取对应的额度。根据申请者的收入情况，养老金补贴制度设定了最低收入额度（见表2-5），其中单身退休人士最低周收入标准是182.6英镑，退休夫妇的最低周收入278.7英镑。国家养老金、就业和自雇收入、部分福利收入（例如照顾者津贴）等均纳入收入核算范围。养老金补贴的保证补贴部分按照差额给付的方式进行补贴。如果申请者的收入超过规定的最低收入标准将失去申请资格，同时符合条件者的收入越高，补贴额越少。储蓄补贴的目的在于鼓励老人的储蓄行为，同时使那些有一定储蓄的老人获得更高的津贴待遇。制度规定，当申请者的储蓄或投资少于10000英镑时，将不会影响养老金补贴额度，超过10000英镑后，每500英镑将换算成每周1英镑的收入。例如，如果申请人有11000英镑的储蓄，将被算作每周2英镑的收入。当个人收入介于储蓄补贴门槛与保证补贴额之间时，随着个人收入的增加，会领取相应的储蓄补贴。当个人收入高于保证补贴门槛时，随着个人的收入的增加，储蓄补贴会相应被削减。①

表2-5　　　　　　　　2022年英国养老金补贴待遇标准

	类型	额度
保证补贴	单身者	182.6英镑/周
	夫妇	278.7英镑/周
	残疾且获得规定的待遇资格	69.4英镑/周
	照顾另一成年人	38.85英镑/周
	照顾儿童	56.35英镑/周②
	儿童残疾	30.58英镑/周
	儿童重度残疾	95.48英镑/周

① 郑春荣编著：《英国社会保障制度》，上海人民出版社2012年版，第325—326页。
② 如果在2017年4月6日前出生，第一个孩子会增加到66.85英镑/周

续表

类型		额度
储蓄补贴	单身者	14.48 英镑/周
	夫妇	16.20 英镑/周

资料来源："Pension Credit"，英国政府网，https：//www.gov.uk/pension-credit/what-youll-get。

5. 就业及援助津贴（ESA）

就业及援助津贴主要针对还未达到退休年龄，且由于残疾或健康原因而不能工作的人，为其提供支持生活的费用，并支持其重返工作岗位。就业及援助津贴分为两类：一类是缴费型津贴，主要发放给缴纳国民保险费达到期限的申请人；另一类是非缴费型就业及援助津贴，主要针对贫困对象，需要进行家计调查，属于社会救助的范畴。申请人首次申请就业及援助津贴时，会经历13周的工作能力评估阶段，以确定其是否能重返工作岗位。在评估阶段，申请人可以领取到低于正常就业及援助津贴额度的津贴，其中25岁以下的人，每周最高领取61.05英镑，25岁及以上的人每周最高领取77英镑。[1] 工作能力评估又分为了两个阶段，第一阶段主要评估申请人是否具有有限工作能力。如果申请人不能通过本阶段的测试，说明具备工作能力，则只能改为申请求职者津贴。第二阶段主要测试申请人是否具有进行与工作有关活动的能力。根据测试结果，申请人被分为两类：第一类是具有工作相关活动能力的申请人，需要与工作教练保持沟通，参加技能培训或者制作简历，为工作做准备；第二类是需要支持的申请人，不再需要重返工作岗位。第一类申请人的津贴额度每周最高为77英镑，第二类申请人的津贴额度每周最高为117.6英镑。非缴费型就业及援助津贴的领取没有期限的限制，领取者一旦开始领取就不会被取消资格。[2]

---

[1] "Employment and Support Allowance"，英国政府网，https：//www.gov.uk/employment-support-allowance/what-youll-get。

[2] "Employment and Support Allowance"，英国政府网，https：//www.gov.uk/employment-support-allowance/what-youll-get。

(三) 英国社会救助的效果与启示

英国的社会救助制度在缓解贫困问题、降低失业率、激励贫困人口就业等方面取得了明显成效。自 1979 年英国保守党执政以来，政府开始缩减福利开支，导致了英国贫困人口的大量增加，收入差距不断扩大。英国工作人口的相对贫困率从 1979 年的 0.06 上升到 1990 年的 0.15 以上，老年人口的相对贫困率从 1980 年初期的 0.12 上升到 1980 年末期的 0.4。[①] 1997 年，新工党开始执政，颁布了《我们国家的新动力：新的社会契约》绿皮书，在"以工作代替福利"救助理念的影响下，颁布了一系列促进工作、缓解贫困的政策，开始大力帮助贫困对象通过实现就业增加收入而脱离贫困。自 1997 年开始，英国的贫困率开始逐步降低。根据世界银行的数据显示（见图 2-1），英国的贫困率自 2004 年开始长期维持在 0.3 的水平，2008 年金融危机后，略有上升，自 2012 年开始逐年下降，到 2019 年贫困率只有 0.28。有研究证实，英国贫困人口的下降，得益于物质匮乏的减少和经济负担的减轻，[②] 救助津贴对于减轻经济负担非常重要。

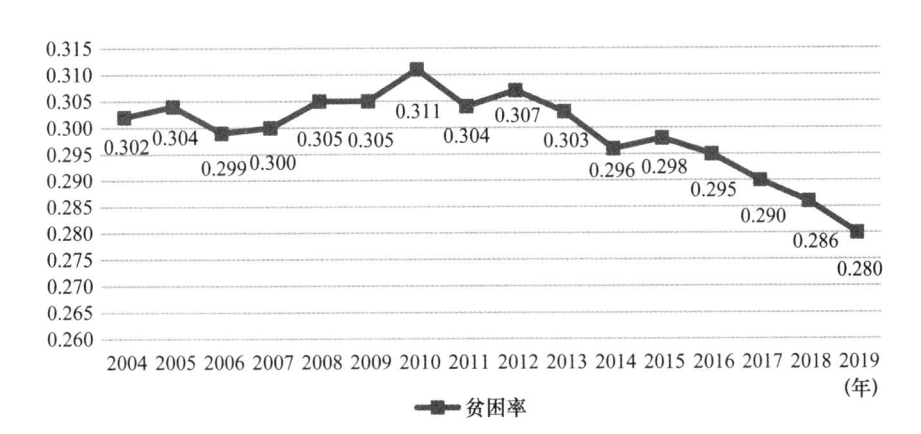

图 2-1　2004—2019 年英国贫困率

资料来源：世界银行网站，https://stats.oecd.org/。

[①] 孙守纪、赖梦君：《英国工党政府养老金制度改革述评：公平和效率的视角》，《社会保障研究》2012 年第 4 期。

[②] Tomlinson, M., Walker, R., & Williams, G., "Measuring Poverty in Britain as a Multi-dimensional Concept, 1991 to 2003", *Journal of Social Policy*, 2008, 37 (4), pp. 597–620.

从基尼系数来看（见图2-2），1979年英国的基尼系数为0.25，到了1990年初期攀升到0.34，增加了36%。① 世界银行数据显示，2004—2009年间，英国基尼系数持续上升，最高在2009年达到了0.37，而后在2010年下降至0.35后，长期维持在0.35—0.36左右。各类救助津贴能够有效帮助贫困对象提高收入，但是在缓解收入不平等方面，可能效果有限。

从改善就业方面来看，1978—1988年，英国失业人口明显减少，就业人口大量增加，失业人数从320多万人降低到200万人以下，《补充救助法》对促进就业有明显的改善作用。另外，根据国际劳工组织的数据，1997年英国失业人口大约200万人，占劳动力总数的7%，这一数字在当时的西欧主要国家中是最低的。而后在"以工作代替福利"政策影响下，英国的失业状况继续改善，英国2004年的就业人口比1997年新增加了近200万人，长期失业人口减少了近3/4，基本上解决了年轻人的长期失业问题。如图2-3所示，自1990年后，英国的失业率总体呈现下降趋势，只在1994年和2008年金融危机后有所上升，总体女性失业率长期低于男性。2021年英国男性失业率下降至4.6%，女性失业率下降至4.2%。2008年，英国工党发表了一份总结报告宣称：在过去的10年中，有180万人通过"新政计划"找到了工作；有30万单亲家庭因找到工作而使60万儿童免于贫困；劳动参与率的提高大幅减少了领取失业津贴的福利者；长期领取失业津贴的青年人已不复存在。② 同时，2010年以来，英国新创造了全日制岗位130万个，减少青年失业者25.3万人，申请求职者津贴的数量减少了54.2万人，③ 以上数据有力证明了英国"以工作代替福利"的一揽子政策执行效果良好，在降低失业率、激励贫困人口就业方面作用显著，有效缓解了社会矛盾，维持了社会稳定。

英国社会救助政策带来的启示主要在于以下两点：

一方面，完备的社会救助立法，是救助政策执行的有效保障。长期

---

① 孙守纪、赖梦君：《英国工党政府养老金制度改革述评：公平和效率的视角》，《社会保障研究》2012年第4期。
② 参见苑仲达《英国积极救助制度及其借鉴启示》，《国家行政学院学报》2016年第4期。
③ 参见苑仲达《英国积极救助制度及其借鉴启示》，《国家行政学院学报》2016年第4期。

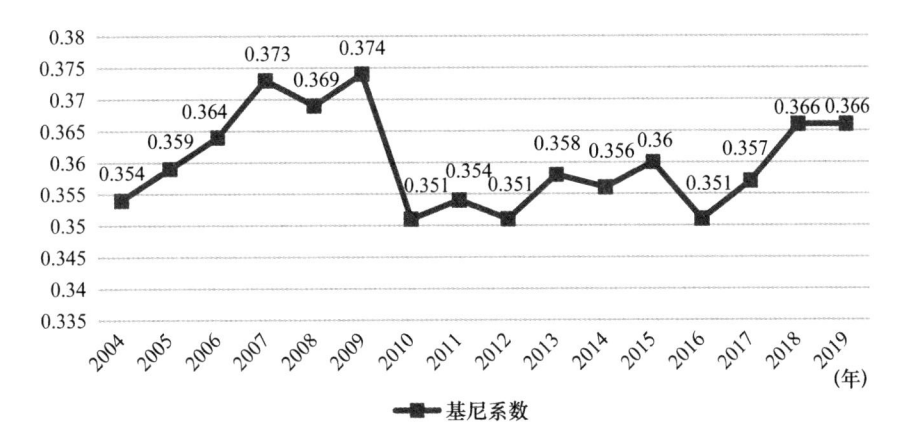

图 2-2　2004—2019 年英国基尼系数

资料来源：世界银行网站，https://stats.oecd.org/。

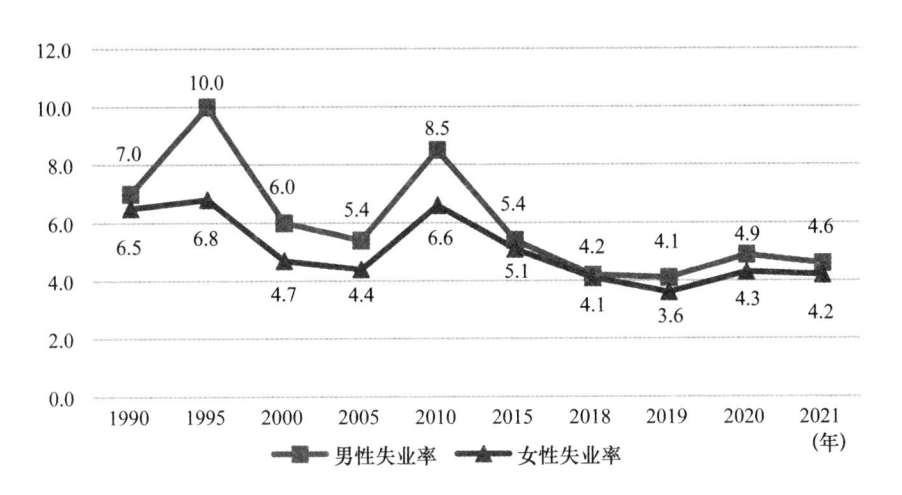

图 2-3　1990—2021 年英国失业情况（%）

资料来源：世界银行网站，https://stats.oecd.org/Index.aspx?QueryId=54744。

以来，英国为缓解贫困问题和保障贫困人口的基本生活，前后出台了新旧《济贫法》《失业工人法》《健康保险法》《国民保险法》《国民救助法》《补充救助法》《社会保障法》等多部法律，为社会救助的体系化、制度化、可持续化提供了重要保障。从立法高度对社会救助进行规定，有以下几点重要作用：第一，从立法层面对贫困者享受社会救助权利进行规定，本身就是对贫困对象生存权、健康权、发展权等合法权益的明确和保障；第二，从立法层面对国家责任、社会责任，以及各部门责任进行明确，有利于推进各主体主动承担救助责任，避免权责不清，同时保障救助政策推行的系统性和协同性；第三，社会救助立法是"有法必依、依法办事"的基础，为通过法律条文对社会救助予以原则性限定和纲领性规范，为救助政策的推进提供了法律依据和实施准绳。社会救助政策在社会保障政策中处于基础性、兜底性地位，社会救助立法中应着重顶层设计，保障救助立法的协调性和开放性，与其他立法和不同制度形成配合，避免冲突，才能真正提升社会救助法治化的能力和水平。

另一方面，坚持积极的救助理念，破除福利依赖。英国通过实施"以工作代替福利"的救助方案，将救助政策与就业制度协同整合，在25年间，有效实现了贫困失业人口的大量减少，形成了积极救助的有效经验。英国在具体政策执行过程中，通过就业能力评估，将有工作能力和无工作能力的救助者划分开，破除了无差别救助的传统救助方式，能够有效化解巨大的财政支出压力。针对有能力救助者，英国专门设置了就业教练提供一对一的就业咨询，根据不同救助对象情况，为有特殊需求的救助对象提供促进就业的"私人定制"方案，保障救助对象就业的持续性和稳定性，帮助救助对象获得稳定收入，减少福利依赖，实现自立。积极的救助理念，在英国的非储蓄型养老金补贴制度中也有体现，通过设置"储蓄补贴"，鼓励救助对象进行储蓄，从而增加资产积累，提高自身的抗风险能力，而不是完全依赖政府，是"输血式"救助与"造血式"救助有效结合的典型。

二 德国的社会救助

德国是现代社会保障制度的发源地，但现代社会救助制度的形成却较晚。作为保守主义模式福利国家的代表，德国社会救助的发展和改革具有一定的借鉴和启示意义。

（一）德国社会救助的演进历程

德国的社会救助最早起源于中世纪由城市、教会以及手工业行会向贫病者提供的慈善救济。19世纪开始的工业革命使德国失业人口大增，贫困人口数量膨胀,弱势群体的生活境况不断恶化,贫困阶层参加工人运动的积极性空前高涨。为了缓和社会矛盾,普鲁士王国于1842年颁行了《普鲁士穷人照顾法》,并在1881年通过了《黄金诏书》,提出为身患重病或因事故致贫的工人和贫困老人提供救助。1919年德国颁布了《魏玛宪法》,将生存权以宪法的形式予以保障。1924年,魏玛共和国颁布了《帝国救济义务条例》和《关于公共救济前提、种类和范围的帝国基本原则》,以法律为后盾,通过地方乡镇组织"救济联合会"并通过设立救济项目的方式解决贫困问题。1949年5月,德国制定了《德意志联邦共和国基本法》,着重强调国家对基本人权的保护。1961年,《联邦社会救助法》(BSHG)颁布,标志着德国现代社会救助制度的确立。该法案明确社会救助的首要目的是"确保受救助者享有符合人类尊严的生活",赋予了公民获得最低生活保障待遇的权利,维护了公民的普遍生存权。[①] 20世纪70年代之后,德国经济逐步衰退,民众的收入水平逐渐下降,失业人口日益增多,社会救助体系的负担也越来越沉重。社会救助制度和其他保险制度成为改革的重点。而后,德国于1996年和1998年又相继颁布了《严重残疾人救助法案》和《寻求庇护者法案》。2002年10月,施罗德再次当选联邦德国总理,并宣布于2003年实施"2010议程"来降低国家提供的服务,强调个人对风险的承担,促使个人承担更多的自我责任。社会救助政策在此期间做了较大调整:第一,针对老年人和在劳动年龄阶段持续失去工作能力的人群建立了社会基础保险制度;第二,对贫困儿童、劳动年龄段暂时丧失工作能力者发放社会救助;第三,针对有工作能力并且处在劳动年龄阶段的人群,在领取1年的失业救济金后,将领取由原来的失业救济金和社会救助金合并的"失业金Ⅱ",并且领取者需要接受较为严格的家计调查。[②] 2005年,《联邦社会救助法》作为《社会法典》的第12部法律并入该法典,共分为18章,分别是总则、社会救助给付、生活救助、年老导致劳动能力下降的基本保障、健康救助、为残疾人提供综合援助、照护救助、克服特殊的社会困难、其他生活救

[①] 李志明、邢梓琳:"德国的社会救助制度",《中国民政》2014年第10期。
[②] 刘涛:《德国社会救助制度改革对我国低保制度的启示》,《社会保障研究》2011年第2期。

助、机构、收入和资产、社会救助实施机构的权限、费用、程序性规定、统计等。① 其中，在第 2 条法规中明确规定了"社会救助是在用尽其他办法仍不能解决生计问题时的辅助手段。具体而言，只有在个人劳动力和财力（如收入和财产）不能满足生活必需且没有可以支取的其他社会保险或没有亲属扶养帮助的情况下才可获得社会救助"。② 由此可见，德国的社会救助制度具有辅助性的特点，主张国家少干预，发挥从属和辅助功能，突出社会成员的互相帮助和家庭重要性，同时强调个人和家庭在自我保障中的责任。③ 除了辅助性原则外，德国社会救助还强调个性化原则和实物优先原则。个性化原则强调根据个人生活状况、需要和特点提供不限于经济救助的各种救助方式。实物优先原则指在社会救助给付方式中，德国主张服务和实物支付始终优先于现金支付。④

（二）德国社会救助的主要内容

德国作为"社会保险国家"，⑤ 其社会保险制度健全，同时有完备的家庭福利政策，通过设置各种津贴、税收抵免、提供服务等方式，帮助民众及其家庭防范绝大部分生活风险，所以社会救助政策作为补充，结构较为简单。德国的社会救助政策主要包括对低收入家庭的生活救助和特殊生活处境下的专项救助两大类。生活救助主要包括生活费用救助，特殊生活处境下的专项救助包括特殊群体生活救助、健康救助、护理救助、特殊社会困难救助、特殊人生境遇救助等。⑥

1. 生活救助

生活救助主要针对依靠自己的资源（收入和资产）和力量（使用

---

① 杨思斌：《社会救助立法：国际比较视野与本土构建思路》，《社会保障评论》2019 年第 3 期。

② 陶梦婷：《国外社会救助立法比较研究》，《社会福利（理论版）》2018 年第 6 期。

③ 喻文光：《德国社会救助法律制度及其启示——兼论我国行政法学研究领域的拓展》，《行政法学研究》2013 年第 1 期。

④ "Grundsätze der Sozialhilfe"，德国劳动和社会事务部网站，https：//www.bmas.de/DE/Soziales/Sozialhilfe/Grundsaetze – der – Sozialhilfe/grundsaetze – der – sozialhilfe.html。

⑤ Seeleib‑Kaiser, M., "A Dual Transformation of the German Welfare State?", *West European Politics*, 2002, 25 (4), pp. 25 – 48.

⑥ 杨思斌：《社会救助立法：国际比较视野与本土构建思路》，《社会保障评论》2019 年第 3 期。

劳动力），以及在他人（例如父母、子女）的帮助下没有办法维持生计的人，为其提供必要的生活支持，包括满足食物、住宿、衣服、个人卫生、家庭用品、取暖等日常生活方面需求，以及合理程度上参与文化生活的需求。基本生活救助主要以现金给付为主，按月支付，居住在庇护所或类似机构需要救助的人也可以申请基本生活救助。基本生活救助不一定需要救助对象自己提交申请，负责的社会福利办公室会主动调查有需要帮助倾向家庭的实际状况，以确定是否有权获得基本生活救助。基本生活救助包括标准基础费用和额外需求补贴两个部分。标准基础费用根据救助对象的年龄、居住情况等，设定了不同的救助标准，具体如表2-6所示。额外需求补贴则包括房租费用、取暖费用和其他特殊需要费用。房租费用额度的核算有明确的限定标准，根据平均租金水平、合适的公寓面积、公寓的设备等因素，负责的社会福利办公室会制定相关的指导方案，确保房租费用限制在合理的范围内。取暖费用也需要社会福利办公室进行核定，取暖能源的平均价格、房屋的隔热性能等是影响取暖费用核算的重要因素。其他特殊需要费用的折算重点考虑不同救助对象因特殊需要而产生的费用，例如严重残疾对象修理治疗器械和设备、租赁治疗器械产生的费用，孕期妇女购买孕期服装、维持孕期营养产生的费用，单亲父母根据儿童年龄和子女人数获得额外补贴费用，特殊病人的特殊饮食需求产生的费用以及残疾对象社区午餐费用等。如果一个救助对象有多项特殊需要，则可以进行额度累计，但总额是有限的，所有额外需求的总和不得超过实际标准需求水平的金额。[①] 确定基本生活救助金额度后，救助对象领取生活救助金的额度，按照补差的方式领取，并要求先用尽自己每月能获得的所有收入，例如各种津贴、来自子女的赡养费、养老金等，即"实际领取救助金=核算救助金额度-实际收入"，其中针对特殊一次性需求产生的费用通常采用一次性支付的方式。

---

① 德国劳动和社会事务部网站，https：//www.bmas.de/SharedDocs/Downloads/DE/Publikationen/a207-sozialhilfe-und-grundsicherung.pdf?_blob=publicationFile&v=3。

表2-6　　　　　　　　2022年德国基本生活救助标准

类型	标准（欧元）
适用于居住在住宅或合住公寓的单身成年人	449
适用于与配偶或伴侣居住在住宅或公寓中的成年人，残疾人居住在特殊形式的住房中	404
适用于居住在住院设施中的成年人	360
适用于15岁到18岁的青年	376
适用于7岁到14岁的儿童	311
适用于不满7岁的儿童	285

资料来源：德国劳动和社会事务部网站，https:///www.bmas.de/SharedDocs/Downloads/DE/regelbedarfsstufen.pdf?_blob=publicationFile&v=4。

2. 健康救助

德国的医疗保障体系健全，法定医疗保险和私人医疗保险共同形成了"双轨运营"模式的全民医保体系。健康救助主要与法定医疗保险相衔接，为没有健康保险（法定或私人）的受益人提供与有法定健康保险的人相同的健康福利保障。接受健康救助的对象会被发放健康保险卡，以使用所需的医疗健康服务。就医生和其他医疗保健服务提供者而言，有关人员表面上是健康保险患者，但实际上不是健康保险成员。需要健康救助的对象必须在接受任何医疗之前向社会福利办公室申请治疗证明（紧急情况或周日和节假日的治疗除外）。然后，保健系统中的主治医生、药房或其他服务提供者直接与社会福利办公室结算产生的医疗费用和材料费用。针对特殊困难家庭，例如高龄、残疾、生育等特殊需求者，救助标准比一般标准要高30%—50%。德国医疗救助内容涵盖了医疗服务的所有内容，例如预防性健康救助、疾病救助、计划生育、孕产救助、需要长期或特殊重症护理救助等。德国医疗救助资金主要来源于政府财政，其中联邦政府承担25%的救助资金，市政府承担75%。[①]

3. 护理救助

德国的护理救助同样被嵌入长期护理保险制度中，作为护理保险制

---

① 薛秋霁、孙菊、姚强：《全民医保下的医疗救助模式研究——英国、澳大利亚、德国的经验及启示》，《卫生经济研究》2017年第2期。

度的辅助，承担起制度托底的责任。与健康救助类似，法定的长期护理保险和商业护理保险形成的"双轨模式"几乎覆盖全民，但是在保险给付之外仍需个人自付很大一部分护理费用，因此仍有部分人因为贫困等原因无法支付护理费用，提出救助申请。护理救助主要体现在资助参保和费用报销环节，即对低收入者的护理保险费进行减免或补助以及对低收入者的长期护理支出进行补助。资助参保环节的费用由护理救助基金承担。在支付护理费用环节，德国护理保险基金给付主要依据被护理者的护理需求等级而定，但有一定的条件限制，即不论出现护理需求的原因，申请者首先必须按规定接受至少六个月的护理观察期，然后证实确实有护理需求时才会被给予护理给付。[①] 护理需求等级的划分在长期护理保险制度引入后经历了数次改革。依据与健康相关的独立性或能力障碍程度，当前德国护理等级主要划分为 5 个等级，具体如表 2-7 所示。通常，只有护理级别在 2—5 级的对象才能获得护理救助，护理级别 1 级的对象仅有权获得护理辅助设备和改善生活环境措施，特殊需要情况下每月最高给予 125 欧元的救济补贴。护理救助主张首先选择家庭护理，应尽可能由与需要护理的人关系密切的人提供护理，例如通过亲属、朋友或邻居等提供护理。国家会为家庭护理的护理者开设免费课程，提供专业护理技能方面的培训，培训也可以在护理需要者的居家环境中进行，例如具体指导特定的护理活动或辅助工具的使用等，以确保他们能够为被护理者提供高质量、高效率的护理服务。在家庭护理的情况下，护理等级在 2—5 级的需要护理者将每月获得寄养津贴，其可以被视为对家庭自配人员的一种补偿。其中，2 级补贴额度为每月 316 欧元，3 级为每月 545 欧元，4 级为每月 728 欧元，5 级为每月 901 欧元。如果护理人员或特殊护理人员为充分保障护理需求而产生的费用，除护理津贴外，还可另外报销。如果家庭成员或其他亲朋好友不能提供家庭护理的，或有时不能提供，或不能充分提供的，则可以选择由专业护理人员定期上门提供相应数量和质量的护理服务。[②]

[①] 刘晓雪：《德国护理救助——制度演变、成效与启示》，《德国研究》2020 年第 3 期。
[②] 德国劳动和社会事务部网站，https:///www.bmas.de/SharedDocs/Downloads/DE/regelbedarfsstufen.pdf?_blob=publicationFile&v=4。

表 2-7　　　　　　　　德国护理救助护理级别认定与救助额度

护理级别	程度	津贴额度
护理级别 1	独立性或能力的轻微损害	—
护理级别 2	独立性或能力的较严重损害	316 欧元
护理级别 3	独立性或能力的严重损害	545 欧元
护理级别 4	最严重的独立性或能力障碍	728 欧元
护理级别 5	对护理有特殊要求的最严重的独立性或能力障碍	901 欧元

注：救助津贴额度为 2022 年 7 月标准。

资料来源：德国劳动和社会事务部网站，https///www.bmas.de/SharedDocs/Downloads/DE/regelbedarfsstufen.pdf?_blob=publicationFile&v=4。

4. 特殊社会困难救助

特殊社会困难救助主要帮助陷入特定社会困难并且无法用自己的力量克服困境的对象。特定社会困难情景一般包括：无家可归、因各种条件而住房不足、暴力经历或处于以暴力威胁为特征的生活环境、从封闭的机构（如监狱）释放后遭遇社会排斥等。特殊社会困难救助主要是为克服特定社会困难而提供的援助，旨在补充其他服务，其目的是避免、消除、减轻和防止困难加剧。特殊社会困难救助主要采取提供服务救助的形式，包括咨询服务、促进社会融入服务、帮助寻找住房、提供培训、提供街头社会工作、帮助寻找工作或保住工作、协助与政府部门打交道等。为克服特定社会困难而提供的救助服务不考虑收入和资产，但如果这些救助服务与其他救助政策相重叠，则需要考虑家计情况。[1]

5. 特殊人生境遇救助

特殊人生境遇救助主要是为处于特殊人生阶段或境遇下的社会成员提供的救助，例如对老年人的救助、盲人救助、丧葬救助和对居住在国

---

[1] 德国劳动和社会事务部网站，https///www.bmas.de/SharedDocs/Downloads/DE/regelbedarfsstufen.pdf?_blob=publicationFile&v=4。

外的德国人救助等。对老年人的救助旨在向老年人提供基于其生活条件的救助，这种救助不与其他社会福利重复。救助方式优先考虑服务救助而非现金或实物捐助。为老年人提供的救助服务以老年人的实际需求出发，主要包括：参加社交、娱乐、文化和教育活动的服务，各种约会或活动的旅行和陪同服务，与亲近的人的接触，家政协助服务，图书服务（包括为视障人士提供的阅读服务）等，其主要目的是帮助老年人尽可能长时间独立生活和自力更生，老年人救助不考虑收入或资产。盲人救助主要以现金支付的形式给予盲人津贴，旨在补偿失明造成的额外费用。盲人救助金的额度取决于法定养老金计划中当前养老金价值变化的时间和程度。2022年，18岁以下盲人救助额度为每月403.89欧元，18岁及以上盲人为每月806.40欧元。如果盲人从长期护理保险基金、私人长期护理保险或家庭护理、日夜或短期护理津贴中已经获得了相关福利，那相关额度的一半将记入盲人救助额度。在养老院住院护理情况下，盲人津贴将全额支付。如果住宿费用全部或部分由其他服务提供者支付，那么盲人救助额度也将相应减少，但最多减少一半。丧葬救助面向生前财产不足以支付举行葬礼的费用，以及遗产继承人也无力支付其丧葬费的对象，政府根据相关法规政策为死者支付"一场简单但有尊严的葬礼"费用。对国外的德国人进行救助需要救助对象在德国拥有常住居所，并且在非常紧急的情况下，才能获得社会救助福利。除了考虑救助对象的收入、资产和赡养费外，还要考虑到在居住国领取社会救助的可能性。

（三）德国社会救助的效果与启示

德国的社会救助制度具有保守主义的特点，其制度完备、覆盖面广的社会保险承担了大部分风险兜底责任。社会救助作为最后的社会安全网，在社会保障体系中居于次级和辅助性地位，只有当被救助者不能自助时，也不能从别人特别是社会福利机构及家庭成员处得到帮助时，政府才会作为"最后的出场人"承担兜底工作。20世纪70年代之后，德国经济逐步衰退，民众收入水平逐渐下降，失业人口日益增多，为社会救助制度带来巨大压力。

从德国社会救助总支出来看（见图2-4），1980—1995年社会救助总支出一直快速增长，从1980年的67.8亿欧元增加到1995年的266.7

亿欧元，增幅接近3倍。其间德国生活救助的受益人数也持续上升，从1975年的100万人增加到1992年的250万人。[①] 1995—2005年间社会救助支出呈现下降趋势，而后2005—2016年又开始持续上升至316.6亿欧元，2017年有所下降，而后又开始增加。人均救助水平变化趋势与总支出大体一致，人均救助水平在2016年达到最高值384欧元，而后下降至311欧元后，近年来逐年增加，人均救助支出总体呈上升趋势，救助水平在不断提高。

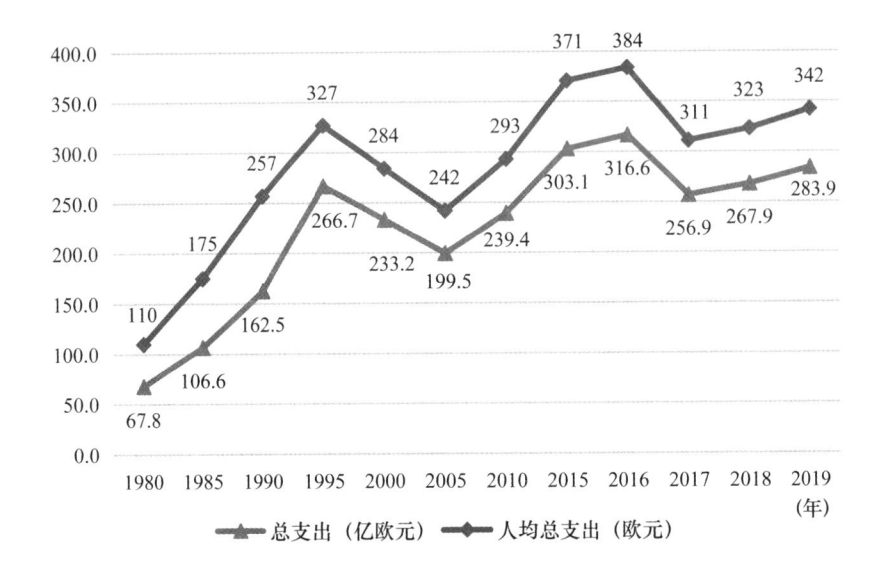

图2-4　1980—2021年德国社会救助支出情况

资料来源：德国联邦统计局网站，https://www-genesis.destatis.de/genesis/online。

从各项救助制度的覆盖面来看（见图2-5），生活救助、护理救助、特殊社会困难救助和特殊人生境遇救助的救助对象人数均总体呈现增加趋势。其中，生活救助的覆盖对象在2015年达到最高值39.8万人，而后开始下降，并在2020年下降至只有21.7万人。护理救助覆盖人数在2014年达到最高值45.3万人，在2017年迅速下降后，近年来又逐渐增加。特殊社会困难救助和特殊人生境遇救助相较于生

---

① 杨海涛：《联邦德国的社会救助制度改革》，《保险职业学院学报》2007年第3期。

活救助和护理救助覆盖面较小，但却十分重要，其覆盖人数近 15 年均稳定增加，从 2005 年的 3.2 万人增加至 2020 年的 6 万人，增加了近 1 倍。社会救助政策覆盖面的扩展，有利于兜底困难对象的生活风险，为其缓解生存压力和解决各项支出压力，但同时也会为财政支出带来巨大压力。考察德国的贫困率变化（见图 2-6），可以发现，近 20 年来德国贫困率一直处于上升趋势，从 2004 年的 12.2% 增加到 2019 年的 18.5%，也就是说，德国的贫困现象并没有得到有效缓解，反而在外部环境干预下有上升趋势，各项反贫困救助政策的实施效果不明显，其主要原因可能是德国社会救助政策首先强调的是个人责任，是用尽其他办法仍不能解决生计问题时的辅助手段，所以一定程度上提高了社会救助政策的申请门槛，导致各项政策的申领率不高，未能有效覆盖所有相对贫困对象。[①]

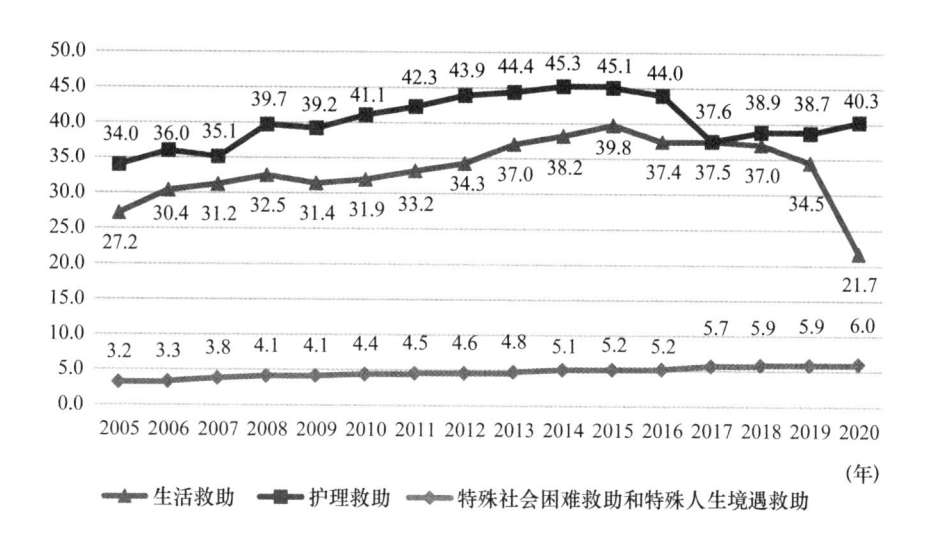

图 2-5　2005—2020 年德国各项社会救助政策覆盖人数（万人）

资料来源：德国联邦统计局网站，https://www-genesis.destatis.de/genesis/online。

德国社会救助制度的发展改革可以带来以下两点启示：

[①] 曹清华：《德国社会救助制度的反贫困效应研究》，《德国研究》2008 年第 3 期。

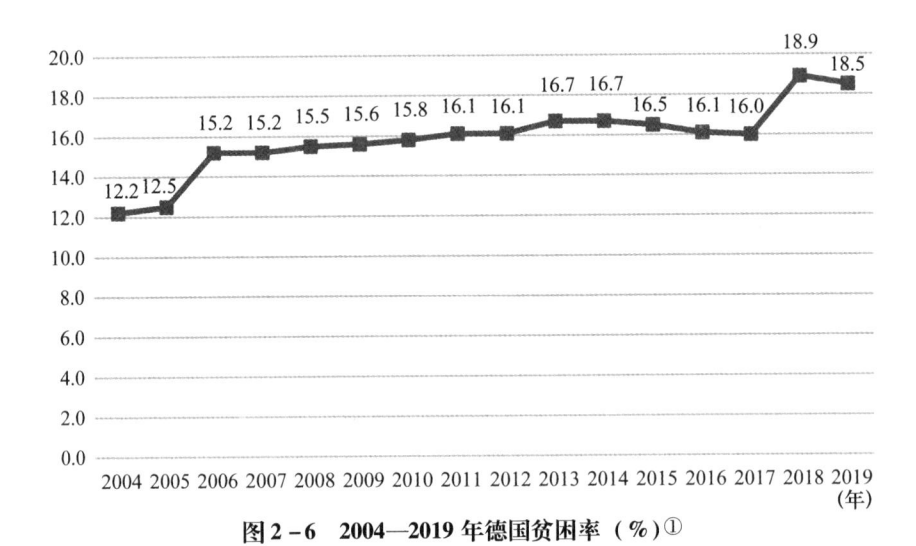

图 2-6 2004—2019 年德国贫困率 （%）[①]

资料来源：世界银行网站，https：//data.worldbank.org.cn/indicator/SI.POV.NAHC? locations = DE。

第一，以需求为本，实施精准救助。在德国的社会救助政策中体现出了较明显的个性化特征，即德国社会救助是根据社会救助的性质、范围、类型及个人的特殊情况，为其提供针对性的现金或服务救助，并且确保救助资源都发放给有需要的人。在确定救助金额度过程中也着重以需求为导向，考虑严重残疾对象、孕期妇女、单亲父母、高龄老人和特殊病人等生活困难对象的各种实际需求，基于需求的基础上对产生的费用进行补贴。同样也正是从需求出发，德国的社会救助政策中体现了明显的服务救助优先的特点，尤其是在特殊社会困难救助和特殊人生境遇救助中，充分考虑到了救助对象多元化、多层次的需求，提供的服务包括了参加社交、娱乐、文化和教育活动的服务、各种约会或活动的旅行和陪同服务、与亲近人接触服务、家政协助服务、为视障人士提供的阅读服务、与政府部门打交道服务等，体现了以需求为中心的救助理念，不仅是解决困难对象的基本生活问题，而是进一步促进其与社会的融合，

---

① 以国家贫困线为标准，低于收入中位数的 60% 为贫困。

避免被社会排斥。随着经济社会的发展,社会救助需求越来越呈现出个体差异化、内容多元化等特征,传统无差别粗放式的社会救助模式或者仅仅依靠资金支持无法有效应对多样化的救助服务需求,服务型救助才是困难对象真正所需。

第二,加强社会救助政策与其他政策的互补衔接。德国的社会救助体系定位于"补缺"角色,主要是其构建了系统和完善的社会保险体系。在德国的护理救助和健康救助政策中可以看出,救助政策与保险政策存在密切的互补关系。例如,健康救助与法定医疗保险衔接密切,接受健康救助的对象会被发放健康保险卡,虽然并不意味着成为医疗保险服务对象,但却可以享受和医疗保险参保对象一样的健康福利保障,并且对于医生和其他医疗保健服务提供者而言,二者并没有服务提供差异,避免了服务歧视造成的福利污名。德国的护理救助与长期护理保险同样密不可分,护理救助中对护理等级的划分与护理保险是一致的,护理保险范围内的护理服务资源也可以运用于护理救助,提高了资源的使用效率。可以看出,德国的社会救助政策与其社会保险制度间存在明显的动态互动关系,救助政策作为对应保险制度的补充,弥补了社会保险制度保障范围外的空缺,承担着兜底的责任。同时,社会保险制度作为社会救助政策的"守门人",可以有效帮助社会救助缓解巨大的支出压力。

三 日本的社会救助

日本是亚洲最先建成完整社会保障体系的国家,也是亚洲先行的工业化国家和福利国家,与中国有着相似的文化背景。了解日本社会救助体系的发展和构成,对于我国社会救助改革发展有一定启示意义。

(一) 日本社会救助的演进历程

日本的社会救助也被称为公共扶助(Public Assistance),其社会救助制度最早自 1868 年明治维新时期开始逐渐建立。1874 年,日本政府制定了《恤救规则》,对失去家庭抚养者实施由国家进行的最低限度的贫困救助。明治维新之后,日本工业化推动经济高速发展,《恤救规则》不再能满足国民的救助功能,国内贫困问题显著。为了缓解社会矛盾,1929 年,日本政府制定了《救护法》,但由于当时国家财政原因,该法并未付诸实施。1932年,《救护法》才被正式颁布并执行,该法对救护的对象范围、救护者的权利、国家的救助义务、救护机关及其实施、救护设施、救护种类和方法、救护费用等方面做出规定。在该法实施一年后,社会救助受助人数就从1931年的3万人增加到了17万人。[1] 第二次世界大战之后,日本国内存在大量失业者和生活贫困者,1946年10月,日本颁布实施了《生活保护法》(旧《生活保护法》),从立法上规定了国家有责任对所有生活处于贫困状况的国民提供适当的保护,以帮助贫困和弱势群体摆脱生存危机。但由于政治家们对生存权、国家责任、无差别平等原则等问题认识的局限性,使得旧《生活保护法》在实施过程中,产生了诸多问题。1950年5月,日本政府对《生活保护法》进行全面修改,颁布了新《生活保护法》,明确了四项基本原则:(1)向所有贫困公民提供社会救助是国家的责任;(2)所有公民只要符合该法规定的要求,都可以无差别和平等地获得社会救助;(3)国家保障一个人能够维持健康和有尊严生活的最低生活水平;(4)社会救助的提供是有要求的,即生活在贫困中的人应利用其资产、能力和其他一切可用于维持最低生活水平的东西。[2] 至此,日本形成了较为完善和成熟的社会救助制度,主要内容包括了教育救助、就业救助、住房救助、生活救助、生育救助、医疗救助、护理救助和殡葬救助八个方面。[3] 而后,日本通过政令省令形式对该法实施细则进行了多次修订。2013年,为应对经济危机后受助对象和救助费用的激增,日本政府通过了《生活保护法修正案》和《生活窘迫者自立援助法案》,重点对救助申请条件、抚养义务、不当救助惩戒、保障受助者就业自立等方面做了强调和说明。2018年,《生活保护法》和《生活窘迫者自立援助法》再次修订,修订内容包括:向受助家庭子女提供教育扶助、常见慢性病预防工作强化、医疗费用合理化、贫困对象免

---

[1] 吕学静、王争亚、康蕊等:《中日社会救助制度比较研究》,首都经济贸易大学出版社2017年版,第18页。

[2] 日本国立社会保障·人口问题研究所:"Population and Social Security in Japan",https:///www.ipss.go.jp/s-info/e/pssj/pssj2019.pdf。

[3] 吕学静:《日本社会救助制度的最新改革及对中国的启示》,《苏州大学学报》(哲学社会科学版)2016年第3期。

费低额住宿机构的规制强化和独居生活困难者的生活扶助等。①经过漫长发展，日本社会救助制度为贫困人口织起了安全兜底网，为日本社会经济发展提供了稳定器的作用。

（二）日本社会救助的主要内容

日本社会救助制度包括生活救助、教育救助、就业救助、住房救助、生育救助、医疗救助、护理救助和殡葬救助八大种类。根据其制度特征，在此主要对其生活救助、医疗救助和护理救助进行具体阐述。

1. 生活救助

生活救助作为日本八类救助的核心，是社会救助制度中最为基本的救助制度，也是覆盖人数最多的救助制度。日本生活救助的救助对象主要针对因生活窘迫而不能维持最低限度生活水平的国民，根据困窘程度进行必要的支持，目的是保障困难对象基本生活的同时并促进其自立。日本生活救助主要是以家庭为单位进行的，救助费用根据地区、家庭经济状况和成员构成等情况不同，通过差额补贴的形式进行救助，主要以现金支付为主，也有实物给付和收容服务。为了激励有劳动能力的救助对象积极寻找工作，提高其就业积极性，《生活保护法修正案》规定，在领取政府生活救助金期间，如果救助对象参加工作，并获得收入，将减少其领取的救助金，但是减少的救助金将由地方自治体保管，当救助对象摆脱生活窘迫的状态后，这些救助金还是会由政府发放给救助对象。生活救助的基本救助金一般包括6个部分，即基本救助金 = A + B + C + D + E + F，其中 A 为基本额、B 为加算额、C 为住宅基本救助金、D 为教育基本救助金、E 为介护基本救助金、F 为医疗基本救助金。根据 2022 年 4 月日本劳动厚生省公布的救助标准，A 类基本额的补助标准 = ["生活补助标准（第 1 类 + 第 2 类）① × 0.855"或"生活扶助基准（第 1 类 + 第 2 类）②"中较高值] + 被救助对象的加算额度 A。具体如表 2 - 8 所示。

---

① 王海燕：《日本社会救助》，中国劳动社会保障出版社 2022 年版，第 33—34 页。

表2-8 2022年4月日本基本救助金基本额计算标准

（单位：日元/月）

年龄	标准金额① 生活补助标准（第一类）						基准金额②					
	一级地-1	一级地-2	二级地-1	二级地-2	三级地-1	三级地-2	一级地-1	一级地-2	二级地-1	二级地-2	三级地-1	三级地-2
0–2	21,820	20,830	19,850	18,860	17,890	16,910	44,630	43,330	41,190	41,190	38,340	36,940
3–5	27,490	26,260	25,030	23,780	22,560	21,310	44,630	43,330	41,190	41,190	38,340	36,940
6–11	35,550	33,950	32,350	30,750	29,160	27,550	45,640	44,320	42,140	42,140	39,220	37,780
12–17	43,910	41,940	39,960	37,990	36,010	34,030	47,750	46,350	44,070	44,070	41,030	39,520
18–19	43,910	41,940	39,960	37,990	36,010	34,030	47,420	46,030	43,770	43,770	40,740	39,250
20–40	42,020	40,140	38,240	36,350	34,460	32,570	47,420	46,030	43,770	43,770	40,740	39,250
41–59	39,840	38,050	36,250	34,470	32,680	30,880	47,420	46,030	43,770	43,770	40,740	39,250
60–64	37,670	35,980	34,280	32,590	30,890	29,200	45,330	44,000	41,840	41,840	38,950	37,510
65–69	37,670	35,980	34,280	32,590	30,890	29,200	45,330	44,000	41,840	41,840	38,950	37,510
70–74	33,750	32,470	30,710	29,530	27,680	26,620	40,920	39,730	37,780	37,780	35,160	33,870
75~	33,750	32,470	30,710	29,530	27,680	26,620						

续表

人数	递减率①						递减率②					
	一级地-1	一级地-2	二级地-1	二级地-2	三级地-1	三级地-2	一级地-1	一级地-2	二级地-1	二级地-2	三级地-1	三级地-2
一个人	1.0000	1.0000	1.0000	1.0000	1.0000	1.0000	1.0000	1.0000	1.0000	1.0000	1.0000	1.0000
两个人	1.0000	1.0000	1.0000	1.0000	1.0000	1.0000	0.8548	0.8548	0.8548	0.8548	0.8548	0.8548
三个人	1.0000	1.0000	1.0000	1.0000	1.0000	1.0000	0.7151	0.7151	0.7151	0.7151	0.7151	0.7151
四个人	0.9500	0.9500	0.9500	0.9500	0.9500	0.9500	0.6010	0.6010	0.6010	0.6010	0.6010	0.6010
五个人	0.9000	0.9000	0.9000	0.9000	0.9000	0.9000	0.5683	0.5683	0.5683	0.5683	0.5683	0.5683

→生活补助标准（第一类）①

人数	标准金额①						基准金额②					
	一级地-1	一级地-2	二级地-1	二级地-2	三级地-1	三级地-2	一级地-1	一级地-2	二级地-1	二级地-2	三级地-1	三级地-2
一个人	45,320	43,280	41,240	39,210	37,160	35,130	28,890	27,690	27,690	27,690	27,690	27,690
两个人	50,160	47,910	45,640	43,390	41,130	38,870	42,420	40,660	40,660	40,660	40,660	40,660
三个人	55,610	53,110	50,600	48,110	45,600	43,100	47,060	45,110	45,110	45,110	45,110	45,110
四个人	57,560	54,970	52,390	49,780	47,200	44,610	49,080	47,040	47,040	47,040	47,040	47,040
五个人	58,010	55,430	52,800	50,210	47,570	44,990	49,110	47,070	47,070	47,070	47,070	47,070

→生活补助标准（第一类+第二类）① →生活补助标准（第一类+第二类）②

数据来源：日本劳动厚生省网站，https://www.mhlw.go.jp/content/000776372.pdf。

如表 2-8 所示，第一类和第二类生活补助标准根据救助对象所在地区、年龄、家庭人数不同而有差异。可以看出，第一类生活补助标准，针对未成年保障对象（0—18岁），随着救助对象年龄的递增，领取的第一类基本救助金也随之增加；成年后，随着救助对象年龄的递增，领取的第一类基本救助金随之减少。可见，第一类生活补助标准的设定着重于对未成年人的基本生活进行保障。同时，人数对第一类生活补助标准的额度也有着一定影响。第二类生活补助标准，主要根据地区和家庭人数来划分标准，地区经济发展水平越高，地区所划分的级别越高，家庭人数越多，每月获得的第二类救助金越多。

加算额（B）是根据家庭成员不同组成情况，在基本救助标准上追加补助额度。具体如表 2-9 所示。加算额主要根据家庭残疾对象、家庭儿童数量和家庭儿童住院情况等进行针对性补贴。同样，加算额也因救助对象所在地区不同而异。此外，受助对象或家庭在遭遇生育、丧事等情况，还会追加一定数额的补助金。住房补贴标准（C）主要依旧地区发展水平，地区划分级别越高，该地区的救助对象获得的救助金越多。教育抚恤标准（D）主要依据学生就学阶段进行补贴，从小学、初中到高中递增。护理扶助标准（E）按照救助对象居家护理等方面费用计算每月平均金额来确定。医疗补助标准（F）按照救助对象当地诊所诊费的月平均金额来确定。

表 2-9   2022 年 4 月日本基本救助金计算标准 （单位：日元/月）

加算额（B）					
地区		一级地	二级地	三级地
残疾人	符合残疾程度等级表一、二级的人员等	26810	24940	23060
	符合残疾程度等级表三级的人员等	17870	16620	15380
母子家庭等	一个孩子的情况	18800	17400	16100
	两个孩子的情况	23600	21800	20200
	三个儿童及以上增加金额	2900	2700	2500
抚养儿童的			10190（每个儿童）		
3 人以下家庭，未满 3 岁儿童住院等			4330（每个儿童）		
4 人以上的家庭，有 3 岁以下儿童的			4330（每个儿童）		
有第 3 个孩子以后的"3 岁至小学生结业前"儿童的情况			4330（每个儿童）		

续表

住房补贴标准（C）			
实际支付的房租、地租	一级地	二级地	三级地
	53700	45000	40900
教育抚恤标准（D）			
标准额数	小学生	初中生	高中生
	2600	5100	5300
护理扶助标准（E）			
用于居家护理等的平均每月护理费			
医疗补助标准（F）			
平均每月用于诊疗的医疗费			

数据来源：日本劳动厚生省网站，https://www.mhlw.go.jp/content/000776372.pdf。

2. 医疗救助

日本是世界公认的以较少医疗卫生费用支出实现了较高国民健康水平的国家。基于"全民皆保"的社会保障理念，日本较早建立了具有发展型救助特征的现代医疗救助制度。日本医疗救助制度是日本社会救助制度的重要组成部分，当生活困难对象产生医疗费用或因医疗支出陷入生活窘迫时，由政府指定医疗机构提供医疗救助。① 因为最低生活保障金领取者被排除在国民健康保险之外，因此大多数最低生活保障金领取者的医疗费用全部由医疗补助负担。同时，医疗救助也适用《残疾人综合支援法》等公费负担医疗的人，和受雇人保险的被保险人或被扶养人各制度未给付的部分。② 给付方式主要是实物给付，为救助对象提供医疗服务，当实物不能给付或给付不适当时，以及为实现保护的目标有必要时，可以进行现金给付。③ 根据《生活保护法》第15条规定，医疗救助的范围包括六大类：一是诊疗费，二是药剂或治疗材料，三是医疗处置费、

---

① Yuda, M., & Wouwe, J. V., "The Medical Assistance System and Inpatient Health Care Provision: Empirical Evidence from Short-term Hospitalizations in Japan", *PLoS ONE*, 2018, 13 (10).
② 日本厚生劳动省："医療扶助におけるオンライン資格確認について"，https://www.mhlw.go.jp/content/12002000/000705795.pdf。
③ 吕学静、王争亚、康蕊等：《中日社会救助制度比较研究》，首都经济贸易大学出版社2017年版，第162页。

手术费及其他治疗和理疗费,四是居家疗养的管理和因疗养所需要的援助以及其他护理,五是医院或诊疗所的住院和因疗养所需的援助及其他护理费,六是移送费。[①] 日本医疗救助申请流程主要如图 2-7 所示,包括申请、发放救助意见书、审议审查、发放医疗券、医疗费用支付等程序,日本还专门成立了医疗救助审议会,以确保政府部门在实施医疗救助过程中能够做出正确和专业的医疗判断,保障救助内容的合理性。此外,需要特别说明的是,日本医疗救助名义下的诊疗、药品制剂、医疗处理、理疗等费用都是通过医疗券的形式发放,医疗券按月发放,医疗券上需注明支付金额,由福利事务所盖章后方可生效。根据救助对象的医疗需求,在申请医疗券的同时,还可以申请理疗券以及定点药局的药品券。

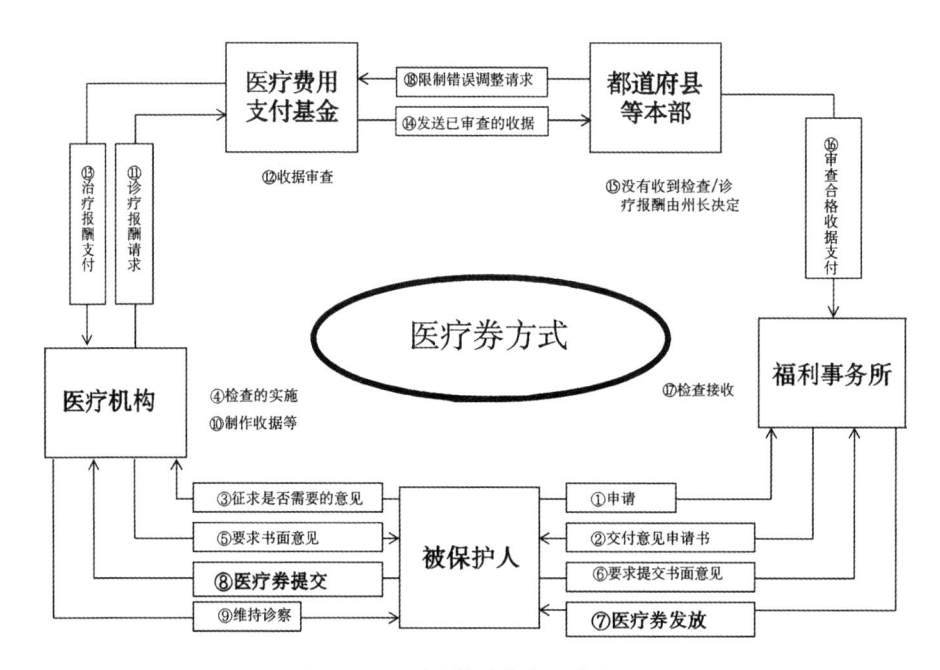

图 2-7 医疗救助办事程序流程

资料来源:日本厚生劳动省:"医療扶助におけるオンライン資格確認 について",https://www.mhlw.go.jp/content/12002000/000705795.pdf。

---

① 吕学静、王争亚、康蕊等著:《中日社会救助制度比较研究》,首都经济贸易大学出版社 2017 年版,第 162 页。

3. 护理救助

护理救助以实现尊严生活为目标,为所有因生活窘迫而无法维持基本生活并且有照护需求的对象提供护理救助。日本《生活保护法》规定,护理救助主要按实物给付进行,但当不能给付、给付不适当时,以及为实现保护的目的有必要时,可以进行现金给付。在护理救助制度中,优先护理保险的给付,其次是残疾人自立援助给付,最后才是护理救助本身的给付,三种不同的给付方式恰好对应了三种受助者类型:一是护理保险的被保险者,二是非护理保险的被保险者,且适用残疾人自立援助给付政策,三是非护理保险的被保险者,且不适用残疾人自立援助给付政策。[1] 日本护理救助也是与护理保险高度协调配合的政策。日本护理保险根据收入水平将参保对象划分为 6 个等级,其中第 1—3 等为低收入者,低收入者可以根据他们的收入情况按一定比例缴费,不足部分则由最低保障金予以补足。随着的收入等级的提高,缴费比例也相应提高。护理救助提供的服务主要包括预防服务和护理服务,预防服务包括家访护理、门诊康复服务和在护理机构的短期停留。护理服务包括家居服务,例如家务助理服务和日托服务、房屋护理设施改造、夜间家访、居家疗养管理指导、护理用具出租、痴呆症病人日间护理,以及小型多功能家居护理服务等。可见,日本的护理救助也注重促进家庭医疗和护理的配合协作。[2] 支付流程方面(见图 2-8),当生活窘迫对象通过指定护理救助服务机构获得护理救助服务后,要向国民健康保险团体联合会申请费用支付,护理给付等审查委员会审查后,将结果告知都道府县知事,由其确定最终的护理救助服务费,由国民健康保险团体联合会进行支付,再由都道府县知事将最终的支付记录转送到福利事务所。

(三)日本社会救助的效果与启示

自 20 世纪 80 年代以来,日本的相对贫困率一直稳步上升,如图 2-9 所示,1985 年至 2015 年,日本的相对贫困率增加了将近 4 个百分点,使日本成为经合组织国家中贫困率最高的五个国家之一。在 20 世纪末,

---

[1] 王海燕:《日本社会救助》,中国劳动社会保障出版社 2022 年版,第 140—141 页。
[2] 日本厚生劳动省:"介護保険制度の概要",https://www.mhlw.go.jp/content/000801559.pdf。

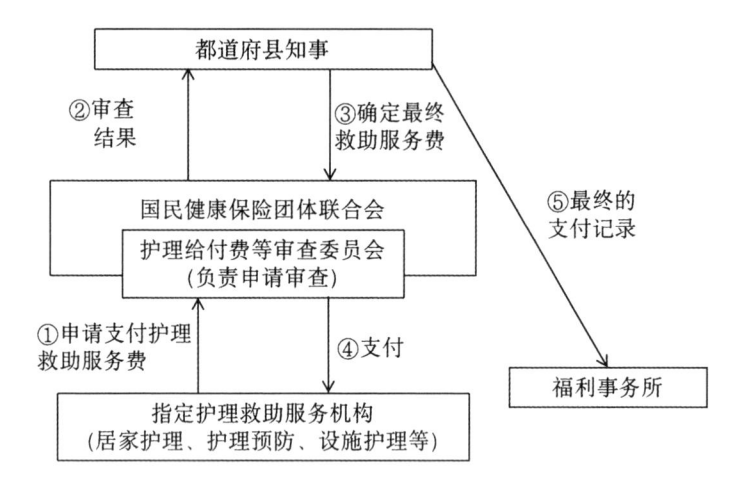

图 2-8 日本护理救助服务费支付流程

资料来源：王海燕：《日本社会救助》，中国劳动社会保障出版社 2022 年版，第 152 页。

日本政府终于认识到了日益严峻的相对贫困问题。2009 年，厚生省公布了相对贫困率，并开始大量实施帮助穷人的措施。2013 年日本政府通过了《生活保护法修正案》和《生活窘迫者自立援助法案》，及时应对了经济危机后受助对象和救助费用的激增，避免引发更大的财政危机。同时，两部法案的颁布也一定程度上缓解了相对贫困的上升趋势，使得 2015 年的相对贫困率下降到了 15.7%。2012 年后，日本相对贫困的增长趋势明显放缓，但仍处于较高水平。

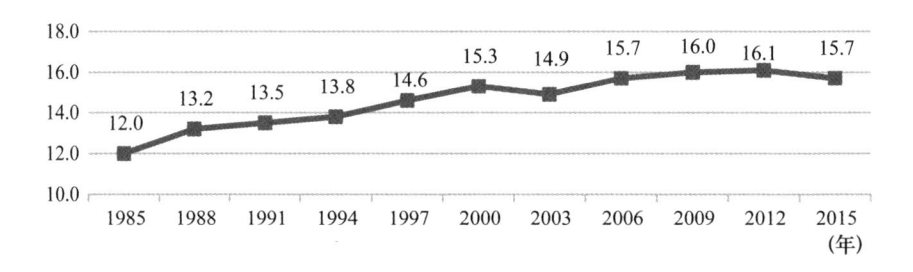

图 2-9 日本相对贫困率变化趋势（%）[1]

资料来源：日本国立社会保障·人口问题研究所："Population and Social Security in Japan"，https:///www.ipss.go.jp/s-info/e/pssj/pssj2019.pdf。

---

[1] 相对贫困率是按低于家庭收入中位数 50% 的人口百分比计算的。

从日本社会救助覆盖面来看，根据日本国立社会保障人口问题研究所发布的数据（见图2-10），从1994年到2016年，日本社会救助覆盖人数总体上呈现逐年递增的趋势，2016年总计有214.5万人获得了社会救助，与1994年的88.5万人相比增加了126万人。从救助率来看，2016年享受社会救助政策的人约占总人口的1.7%，较2000年的0.8%增加了0.9%。可见，日本社会救助逐步有效扩大了政策覆盖范围，将更多符合条件的困难群体纳入了兜底保障范围，使得安全兜底网发挥了更大作用。日本社会救助体系内容丰富，包括八个方面，可以帮助困难对象应对基本生活、教育、医疗、照护、就业、生育、住房、丧葬等多方面的风险。从八项救助政策的覆盖范围来看（见表2-10），各项政策从1990年至2016年均大致呈现逐年扩大的趋势。其中，生活救助是所有救助政策中覆盖人数最多的政策，2016年生活救助政策覆盖人数190.73万人，其次是住房救助覆盖183.01万人，医疗救助覆盖196.95万人，照护救助覆盖34.81万人，教育救助覆盖13.41万人，丧葬救助和生育救助覆盖人数较少，分别为0.34万人和0.01万人。从各项救助政策支出情况来看（见表2-11），医疗救助是支出额度最高的项目，2016年为18164.7亿日元，并且呈现逐年增长趋势。生活救助支出额度次之，2016年为11807.1亿日元，2012年后呈现逐年减少的趋势，主要原因还是2013年《生活保护法修正案》的发布，将申请条件进一步限制，并且强化了扶养人的扶养义务。在接受生活救助之前，需要履行扶养义务，如果没有履行，则要求抚养人提供未履行理由和报告，这一措施也进一步完善了家计调查程序，为家计调查工作提供了法律保障。日本是老龄化非常严重的国家，根据日本内阁府发布的《令和3年版高龄社会白书》，2020年日本65岁以上人口达3619万人，占总人口比例为28.8%，老龄化率位居世界第一位。[1] 数据显示，日本2015年65岁及以上老人接受社会救助的比例为2.9%，其中男性为3.1%，女性为2.7%，[2] 自2010年以来男女比例均有

---

[1] 日本内阁府："令和3年版高龄社会白书"，https：//www8.cao.go.jp/kourei/whitepaper/w-2021/zenbun/03pdf_index.html。

[2] 日本国立社会保障·人口问题研究所："Population and Social Security in Japan"，https///www.ipss.go.jp/s-info/e/pssj/pssj2019.pdf。

所上升，并且在所有接受救助的家庭类型中，老年家庭所占比例最大，日本的社会救助政策为缓解老年贫困发挥了重要作用。

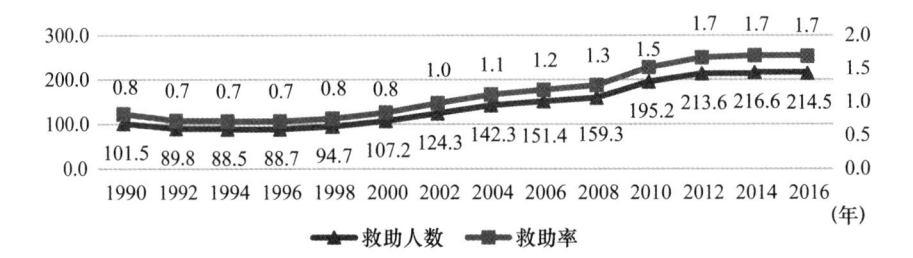

图 2-10　1989—2016 年日本社会救助受助情况（万人，%）

资料来源：日本国立社会保障·人口问题研究所网站，https：//www.ipss.go.jp/ssj-db/ssj-db-top.asp。

表 2-10　　　　1990—2016 年日本各项救助政策覆盖人数　　　　（万人）

年份	生活救助	住房救助	教育救助	照护救助	医疗救助	就业救助	丧葬救助	生育救助
1990	88.96	73.01	13.58	—	71.13	0.19	0.11	0.01
1992	78.05	64.65	10.38	—	66.22	0.16	0.12	0.01
1994	76.56	64.46	9.24	—	67.06	0.13	0.12	0.01
1996	76.62	64.86	8.50	—	69.51	0.12	0.13	0.01
1998	82.19	70.71	8.63	—	75.34	0.09	0.14	0.01
2000	94.30	82.41	9.69	6.68	86.42	0.07	0.15	0.01
2002	110.55	97.55	11.42	10.60	100.29	0.07	0.18	0.01
2004	127.35	114.33	13.20	14.72	115.45	0.11	0.20	0.01
2006	135.42	123.31	13.71	17.22	122.62	3.35	0.23	0.01
2008	142.22	130.49	13.47	19.56	128.18	3.74	0.26	0.01
2010	176.73	163.48	15.55	22.82	155.37	5.29	0.30	0.02
2012	192.82	181.26	15.90	26.98	171.62	5.83	0.32	0.02
2014	194.70	184.36	14.85	31.04	176.34	5.60	0.32	0.02
2016	190.73	183.01	13.41	34.81	176.95	5.04	0.34	0.01

资料来源：日本国立社会保障·人口问题研究所网站，https：//www.ipss.go.jp/ssj-db/ssj-db-top.asp。

表2-11 1990—2016年日本各项救助政策支出情况 （亿日元）

年份	生活救助	住房救助	教育救助	照护救助	医疗救助	生育救助	就业救助	丧葬救助
1990	4400.0	1025.9	99.6	—	7379.0	1.4	4.3	17.6
1992	4319.1	1048.0	80.8	—	7537.0	1.3	3.7	20.1
1994	4585.0	1206.5	73.9	—	7945.9	1.4	2.8	23.4
1996	4888.3	1376.3	69.4	—	8772.9	1.4	2.7	26.1
1998	5578.6	1615.2	73.9	—	9658.6	1.7	1.7	30.9
2000	6410.0	2006.8	83.5	143.3	10711.0	2.2	1.7	34.2
2002	7602.0	2521.4	97.7	291.2	11622.2	2.3	2.6	42.1
2004	8401.3	3072.7	113.4	418.8	13028.6	2.5	3.2	49.2
2006	8638.3	3438.7	119.0	502.1	13500.0	2.6	76.4	56.2
2008	8964.7	3814.4	118.5	562.5	13392.9	3.1	86.1	63.4
2010	11551.8	4996.1	199.2	659.0	15701.3	5.3	108.8	74.9
2012	12458.4	5651.4	204.1	754.2	16758.7	5.3	118.3	77.7
2014	12204.8	5852.8	193.8	831.8	17535.6	4.5	113.7	73.4
2016	11807.1	5945.9	176.3	877.0	18164.7	3.9	100.5	77.6

资料来源：日本国立社会保障·人口问题研究所网站，https://www.ipss.go.jp/ssj-db/ssj-db-top.asp。

日本社会救助体系的发展实践可以带来以下三点启示：

第一，坚持社会救助与社会经济发展相协调，及时改革救助政策。在日本社会救助政策发展实践中，政策改革的原因主要是覆盖对象持续扩大和救助水平较高，带来了巨大的财政压力。众所周知，日本是世界上人口老龄化最严重的国家之一，老龄贫困群体已经成为救助对象中不可忽视的部分，早在1990年，救助群体中的老年人占比就已经超过了30%，加上战后日本大量的失业人口和生活贫困对象，以及经济危机后日本经济陷入长期乏力状态，社会救助受助人数急剧增加，2012年救助人数达到213.6万人，突破了1951年204.6万人的峰值并持续攀升。[1]2015年，日本作家藤田孝典撰写的《下流老人》一书聚焦生活在社会底层的贫困老人，这部分规模庞大的贫困老人收入极低、存款不足、生活

---

[1] 王海燕：《日本社会救助》，中国劳动社会保障出版社2022年版，第29页。

质量低下，让人唏嘘的是有些贫困老人甚至不惜犯罪以求进监狱养老。为了应对严重的老年贫困问题，日本各项社会救助政策支出持续增加。为了削减不断攀升的财政压力，2012年日本推出《社会保障制度改革推进法》，提出"尽快实施社会救助制度改革"，并于2013年推出《生活保护法修正案》和《生活窘迫者自立援助法案》，2018年再次修订《生活保护法》，重点对申请条件进一步严格化，对扶养人义务进行强化，对不正当受助对策进行完善，增加处罚金额度和完善救助金退还政策。同时，为了限制高额的医疗救助费，对医疗过程中通用药品的使用，医疗券的审批审查都进行了强化，正因为这一系列的改革措施，帮助日本有效应对了救助支出持续扩大带来的财政危机。

第二，由物质救助转向提升受助者的脱困能力。在旧《生活保护法》的内容中，重点对国家责任进行了强调，但对于如何帮助贫困者自立尚无明确规定。在旧《生活保护法》的实施过程中，日本社会救助也尽量避免救助对象养成依赖的观念。因此，1949年日本政府在《关于加强改善生活保护制度的劝告》中，指出必须帮助救助对象实现自立。在新《生活保护法》中，重点强调了帮助享受最低生活保障的国民实现自立。生活保护制度中的生活保护，不仅是单纯经济上的给付，而且更注重提供服务，使受救助者自立。为了避免救助对象产生懒惰心理，日本规定有劳动能力的对象如果能够工作，并在他生活的地方有一份适当的工作，他必须先尝试工作，才能接受社会救助。日本的就业救助范围包括了就业所必需的资金、工具费或者材料费、就业培训费等，还为失业救助者提供就业技能培训、创业费用、就业奖励费用等激发其自强自立性的激励政策，促进被救助对象实现自立。从日本的医疗救助中也可以看出，其秉承积极救助理念，重视受助者人力资本恢复和能力提升，强调疾病的预防，最大限度帮助促进救助对象实现自立，最终重新融入劳动力市场。

第三，加强不同部门间的协调配合。为了确保各项救助制度能够有效实施，在完善救助政策内容的同时，也要确保救助行政管理部门与实施部门之间的密切配合。以日本医疗救助为例，实施医疗救助时，不仅要确保福利事务所与医疗救助申请者之间的良好关系，还要确保与相关医疗机构之间的良好沟通。如果福利事务所和医疗机构之间的关系处理不当，很可能会影响医疗救助申请者获得医疗救助，因此，福利事务所必须加强与医疗救助申请者以及医疗服务机构之间的沟通，做好相关指导与合作。同时，日本规定，医疗科经办人员需要具备医疗专业知识，在都道府县一级主管部门最少配备一名以上专业人员，他们除了负责相关的医疗救助业务之外，还要在社会救助实施过程中，就如何更好地实施医疗救助做出专业的医疗判断。医疗救助审议会也会对政府部门在实施医疗救助过程中是否做出专业的医学判断进行监督，以确保救助内容的合理性。医疗救助并不是独立的救助政策，不能脱离其他专业救助而独立存在，所以福利事务机构还必须与其他社会救助机构密切沟通。由上可见，一项救助政策的落地执行，需要各个部门各司其职、环环相扣才能实现社会救助的协同高效。

第二节　发展中国家社会救助的经验和启示

消除贫困一直是世界各国努力的目标。为了实现这一目标，发展中国家也在逐渐探索建立与其经济发展水平相适应的社会救助体系，不断编密织牢社会救助兜底安全网。在此过程中，形成了具有特色、效果较显著的减贫经验。本部分选取了巴西和印度两个具有代表性的发展中国家，分析其社会救助的发展历程和主要内容，以期从其经验中获得相关启示。

一　巴西的社会救助

巴西位于南美洲南部，在拉美国家中经济实力居首位，是南半球最大的发展中国家。同时，巴西也是世界第四大农产品出口国，属于中等收入国家。20世纪80年代，巴西曾是世界上贫富差距最大的国家之一，面临着经济建设与社会发展严重不协调、区域发展不平衡、贫困与失业问题严峻等困境，而如今巴西作为新兴经济体，其社会救助被普遍认为是巴西促进减贫和缓减不平等的重要制度安排，其经验值得被其他国家关注和借鉴。

（一）巴西社会救助的演进历程

1974年，巴西成立了社会保险和社会援助部，在20世纪70年代，巴西专门设立了社会援助现金津贴，额度大约是最低工资的一半，主要覆盖城市和农村没有保险的70岁及以上的老年人，以及没有其他收入来源的残疾人。1988 年，巴西将"零饥饿计划"作为国家减贫战略目标写入宪法，该宪法提出了一项基本原则，即政府有责任确保所有公民享有最低收入保障，而不论其缴纳社会保险的能力如何。[1] 当时政策法规重点关注点是饱受贫困和剥夺之苦的老年人和残疾人，对贫困儿童的关注不足。该基本原则被视为巴西社会救助的起点，确定了以公民身份为基础的社会救助，为巴西社会救助体系的建构奠定了基础。[2] 宪法颁布后，巴西进行了一系列的立法和政策整合，最终形成了 1993 年《社会救助法》（LOAS），该法律在统一社会救助体系之下界定了政府机构在实施社会救助中的角色。《社会救助法》主张将社会保护作为一种机制，以防止因老年、疾病、逆境和贫困等造成的各种形式的社会排斥，同时规定设立社会救助理事会，专门负责政策的标准化、监测和评估，同时设立了统一社会救助系统（SUAS）。在《社会救助法》的推动下，1996 年巴西开始实施持续福利金计划（beneficio de prestacao continuada，BPC）。持续福利金计划是一个覆盖绝对贫困老年人和残疾人的非缴费型养老金，是"终生月度养老金计划"（这是军事统治者在 20 世纪 70 年代引入的一种高度限制性的社会救助方案）的延伸。计划规定向 70 岁及以上（2003 年降至 65 岁）以及家庭人均收入低于最低工资的 1/4 的残疾人每月转移支付一份最低工资。每两年对领取持续福利金的资格进行一次评审，计划由巴西社会发展部负责。[3] 为了解决农村工人的贫困问题，2004 年巴西推出了农村社会福利计划（PSR），主要针对从事农业生产的非正规工人，规定年满 55 岁的女性和年满 60 岁的男性将有资格每月领取一份相当于最低工资的养老金，该计划主要由巴西劳动和社会保障部负责。

20 世纪 90 年代后期，巴西开始采取具有前瞻性的社会救助政策，即有条件的现金转移支付计划（CCT），将社会救助政策的重点转向儿童的

---

[1] Barrientos, A., "The Rise of Social Assistance in Brazil", *Development and Change*, 2013, 44 (4), pp. 887–910.

[2] Beltrao, K. I., Pinheiro, S. S., & Oliveira, F. E. B. D., "Population and Social Security in Brazil: an Analysis with Emphasis on Constitutional Changes", IPEA Working Paper No. 862, 2002, Available at SSRN: https://ssrn.com/abstract=304684.

[3] Barrientos, A., "The Rise of Social Assistance in Brazil", *Development and Change*, 2013, 44 (4), pp. 887–910.

教育和健康问题，以投资于人力资本发展。2003年巴西出台"家庭补助金计划"（BFP），将学校津贴计划、粮食救济金计划、膳食计划、燃气救济补助和杜绝童工计划等十几个直接转移支付计划整合在一起，目标是向1100万极端贫困家庭提供转移支付。[①] 2019年5月，巴西政府推出了一项名为"进步计划"（Plano Progredir）的项目，通过与生产部门的企业和机构建立伙伴关系，致力于为低收入家庭创造就业机会，帮助他们克服贫困。在"进步计划"网站上，加入Bolsa Família项目（为贫困家庭提供的保障项目）以及Cadastro Único（低收入家庭注册系统）的贫困对象可以注册课程学习，上传简历并参与和该项目合作的食品工业、卫生和建设等领域企业的空缺职位选拔。"进步计划"共为巴西国民免费提供超过4万个岗位的远距离职业资格课程（EaD），并且鼓励低收入人群申请小额信贷，以便进行自主创业。[②] 2020年，为了应对新冠疫情带来的不利影响，巴西政府还推出一项"紧急救助金"计划，用来帮扶贫困居民和因疫情失业的低收入群体。

（二）巴西社会救助的主要内容

在巴西社会救助体系中，持续福利金项目（BPC）、农村社会福利计划（PSR）、家庭补助金计划（BFP）作为其主要构成，在促进减贫和缓减不公平方面发挥了突出作用（如表2-12所示）。

表2-12　　　　　　　　巴西主要社会救助项目

	持续福利金（BPC）	农村社会福利（PSR）	家庭补助金（BFP）
目标人群	极端贫困家庭中的老年人和残疾人	缺乏教案能力的农村非正式就业工人	极端贫困家庭
资格	人均收入低于最低工资1/4的家庭中的65岁及以上老年人、残疾人	在农业、渔业、矿业中长期从事（≥15年）非正式就业年满55岁的女性和年满60岁的男性	人均月收入≤70雷亚尔的家庭，以及人均月收入≤140雷亚尔的有子女家庭

---

① Barrientos, A., "The Rise of Social Assistance in Brazil", *Development and Change*, 2013, 44（4）, pp. 887-910.

② "巴西政府为低收入家庭提供在线专业培训"，巴西华人网，https://www.brasilcn.com/article/article_25195.html。

续表

	持续福利金（BPC）	农村社会福利（PSR）	家庭补助金（BFP）
月收益	最低工资（545雷亚尔）	最低工资（545雷亚尔）	极端贫困家庭的最高福利金额为242雷亚尔；一般贫困家庭获得的最高额度为172雷亚尔
覆盖人口	310万人	780万人	1230万人
占GDP的比	0.6%	1.4%	0.4%
负责部门	社会发展部 社会保障部	社会保障部	社会发展部 联邦储备银行

注：数据均为2009年数据。

资料来源：Soares, S. S. D., "Bolsa Família, its Design, its Impacts and Possibilities for the Future", Working Paper 89, 2012, https：//ipcig.org/sites/default/files/pub/en/IPCWorkingPaper89.pdf。

1. 持续福利金（BPC）

持续福利金是巴西实施的第一个非缴费型养老金项目，于1993年通过，1996年开始正式实施。1988年宪法是BPC项目开展的基础，宪法第203条规定：保护家庭、产妇、儿童、青少年、老年人和残疾人，不论他们对社会保障的贡献如何。持续福利金项目主要针对的是贫困老年人和残疾人，并且不要求他们参与劳动力市场。[1] 当老年人年满70岁，或残疾人的人均家庭收入低于最低工资的1/4时，家庭被视为无条件提供赡养费，每月可获得由政府提供的最低工资福利。2003年，随着《老年人法》的颁布，持续福利金的资格年龄降低到了65岁。持续福利金项目由巴西社会发展和反饥饿部（MDS）通过国家社会援助秘书处（SNAS）负责协调、监管、融资、监测和评估，社会保障部通过国家统计局负责资金的运作、发放、维持和审查，同时还要负责残疾人或老年申请人的资格认定。[2] 持续福利金项目对受助人资格的审查较为严格，参加持续福利

---

[1] Jaccoud, L., Hadjab, P. D. E., & Chaibub, J. R., "The consolidation of social assistance in Brazil and its challenges, 1988 – 2008", Brasilia：International Policy Centre, 2010, Working Paper NO. 76.

[2] Costa, N. do R., Marcelino, M. A., Duarte, C. M. R., & Uhr, D., "Proteção social e pessoa com deficiência no Brasil," *Ciência & Saúde Coletiva*, 2016, 21（10）, pp. 3037 – 3047.

金项目的申请者需要接受一系列的资格审查，首先就是通过家计调查以证明申请人足够贫困。申请人必须主动申报自己的家庭收入情况，包括工资、养恤金、养恤金福利、佣金、自营职业收入、其他收入、非正规市场收入、遗产收入等，如果家庭中有其他成员参加了其他社会保障计划（非社会救助计划），或者已经享受到了失业保险，则将失去领取持续福利金补助的资格。残疾人的残疾认定由国家社会保障研究所（INSS）的社会工作者和医学专家进行评估，制度规定每两年进行一次系统的重新评估，以核实残疾人是否有资格继续获得持续福利金补助。有数据显示，在2004至2014年，申请持续福利金的残疾人总数495.6万人，其中63%被驳回，申请持续福利金的老年人总数270万人，其中26%被驳回，[①] 以上说明持续福利金项目对受助对象的审批还是较为严格的。从项目覆盖对象来看，在持续福利金实施的头七年（1996—2003年），持续福利金覆盖更多的主要是残疾人，但在接下来的十年中，老年人加入持续福利金项目的比例大幅增加，2009年达到49%，2003年出台的《老年人法》在这一增长中起到了关键作用，同时老年人资格年龄的降低也推动更多贫困老年人加入持续福利金项目。尽管持续福利金的审核较为严格，但其待遇水平较高，给付额度为法定最低工资的全额，2014年，持续福利金直接向残疾人和老年人转移金额约为350亿雷亚尔。[②]

2. 农村社会福利计划（PSR）

1988年巴西宪法强调了解决巨大城乡差异的必要性，试图通过向农业工人提供社会保障来解决这一问题。为此，巴西政府于2004年推出了农村社会福利计划。农村社会福利计划的缘起可以追溯至1963年巴西政府设立的农业工人救济基金（FUNRURAL），主要为农业工人提供医疗保险和养老金，但其覆盖人数和转移支付水平非常有限。农村社会福利计划以政策明文规定的形式将从事农业的非正规工人纳入社会保险计划的覆盖范围，至此所有农村工人均在保障范围之内，但却推迟实施了针对

---

① Costa, N. do R., Marcelino, M. A., Duarte, C. M. R., & Uhr, D., "Proteção social e pessoa com deficiência no Brasil", *Ciência & Saúde Coletiva*, 2016, 21 (10), pp. 3037 – 3047.

② Costa, N. do R., Marcelino, M. A., Duarte, C. M. R., & Uhr, D., "Proteção social e pessoa com deficiência no Brasil", *Ciência & Saúde Coletiva*, 2016, 21 (10), pp. 3037 – 3047.

非正规工人的缴费要求。根据农村社会福利计划要求，能够证明曾经在采矿、农业或渔业从事非正式岗位就业的，年满55岁的女性和年满60岁的男性将有资格每月领取一份相当于最低工资的养老金。该法规要求，向社会保险缴费10年的人才有资格申领这份养老金，但实施该法规的起始时间推迟10年（至2005年），让非正规工人有机会、有动力开始缴纳社会保险，但在实际操作中，缴费的要求并未被执行。因此，该计划被称为"部分缴费"。

3. 家庭补助金计划（BFP）

巴西家庭补助金计划的起源是学校津贴计划。1995年，在巴西的坎皮纳斯市、巴西利亚联邦特区和里贝朗普雷图市均分别独立实施了有条件现金转移项目，尽管支付额度和转移价值各不相同，但这个计划仅限儿童年龄在15周岁以下的贫困家庭，并要求这些家庭必须满足送子女入学的条件。[①] 1996年，巴西诞生了第一个全国性有条件的现金转移支付（CCT）项目，即杜绝童工计划（PETI），它主要针对7至15岁从事危险工作的儿童，要求他们必须停止工作并进入学校学习，出勤率必须大于75%，如满足条件其家庭将会得到救助金，农村地区是25雷亚尔，城市地区是40雷亚尔。该计划还为儿童提供课后补习教育。在接下来的几年里，巴西CCT项目快速发展。2001年，巴西教育部推出了助学金计划，主要针对6至15岁的儿童，要求出勤率必须大于85%，每个家庭每名儿童将获得每月15雷亚尔的救助金，但每个家庭最高每月不超过45雷亚尔。同年，巴西卫生部则推出了粮食救济金计划，以准妈妈和婴儿为对象，旨在降低营养不良率和婴儿死亡率，要求孕妇进行产前检查和为0—6岁的儿童接种疫苗。2003年，巴西矿业和能源部开始实施燃气救济补贴，用于补偿贫困家庭因燃气价格自由化所遭受的损失。同年，新宣誓就职的卢拉政府推出了第五个有条件现金转移支付计划，以消除饥饿和保障公民获得食物的权利为目标，为穷人家庭提供固定的每月50雷亚尔救助金，这些救助金只能用于购买食品，但并未设置其他行为限制条件，

---

① Soares, S. S. D., *Bolsa Família, its Design, its Impacts and Possibilities for the Future*, International Policy Centre for Inclusive Growth, Working Paper 89, 2012, https://ipcig.org/sites/default/files/pub/en/IPCWorkingPaper89.pdf.

其领取期限一般为6个月，最多可延长至12个月。由上可见，巴西的有条件现金转移支付项目种类繁多，但每个项目都有自己的执行机构、融资计划、信息系统以及福利和资格水平，不同机构之间缺少交流，也基本没有任何相互联系。一个家庭可以接受多个救助方案，而处于相同经济条件的家庭也有可能得不到任何援助。

2003年10月，巴西政府将其中四个有条件现金转移支付计划进行了整合（消除童工计划于2005年整合），设立了家庭补助金计划，并新建了社会发展和零饥饿部，由下属的国民收入秘书处（SENARC）负责管理该计划。[1] 巴西家庭补助金计划将贫困家庭区分为了贫困家庭和极端贫困家庭。根据家庭收入及其人员构成，每个家庭获得金额不等的基本福利和可变福利，如表2-13所示。以2011年的标准为例，人月收入不超过70雷亚尔的家庭可获得每月70雷亚尔的基本救助金，15岁以下的儿童还将获得额外每人32雷亚尔（最多5人），16—17岁的青年的额外金额为每人38雷亚尔（最多2人），所以极端贫困家庭的最高福利金额为242雷亚尔。针对月收入在71—140雷亚尔之间的一般贫困家庭，没有基础补助，但可获得儿童补助和青少年补助。因此，一般贫困家庭获得的最高额度为172雷亚尔。当然，领取家庭补助金的前提是，包括儿童、孕妇或哺乳母亲在内的所有家庭（无论是贫困家庭还是赤贫家庭）都必须遵守正常接受教育、产前护理、健康检查、疫苗接种、生长监测等限定条件，主要包括参与计划的家庭必须保证6—15岁的儿童在校出勤率达到85%，16—17岁的儿童必须达到75%；14—44岁女性定期接受体检；母亲必须接受婴儿疫苗接种日程；孕妇必须接受产前检测和常规产前护理；7岁以下儿童要进行儿童发育监测；可能成为童工的儿童和青少年要参加社会矫正教育等。[2] 如果不遵守上述限制条件，会收到警告，或者导致暂停支付救助金。更为严重可能被取消救助资格，取消后如果仍然符合政

---

[1] Soares, S. S. D., *Bolsa Família, its Design, its Impacts and Possibilities for the Future*, International Policy Centre for Inclusive Growth, Working Paper 89, 2012, https://ipcig.org/sites/default/files/pub/en/IPCWorkingPaper89.pdf.

[2] Langou, G. D., "Validating One of the World's Largest Conditional Cash Transfer Programmes: A Case Study on How an Impact Evaluation of Brazil's Bolsa Família Programme Helped Silence its Critics and Improve Policy", *Journal of Development Effectiveness*, 2013, 5 (4), pp. 430-446.

策条件，可以在6个月后重新申请。① 家庭补助金一般优先选择发放给照顾子女和管理家庭的妇女，其次是父亲或者家庭中其他成年人。家庭补助金计划每两年进行一次资格审核，以确定是否能够领取救助补贴。②

表2-13　　　　　　　家庭补助金计划受益资格与水平　　　　　　（雷亚尔）

日期	2004年1月	2007年7月	2008年6月	2009年7月	2011年3月
法令	Lei 10.836	第6157号法令	Lei 11.692 第6491号法令	第6917号法令	第7447号法令
极端贫困线	50	60	60	70	70
贫困线	100	120	120	140	140
可变福利	15（0—14岁）	18（0—14岁）	20（0—15岁） 30（16—17岁）	22（0—15岁） 33（16—17岁）	32（0—15岁） 38（16—17岁）
基本福利	50	58	62	68	70

资料来源：Soares, S.S.D., *Bolsa Família, its Design, its Impacts and Possibilities for the Future*. International Policy Centre for Inclusive Growth, Working Paper 89, 2012, https://ipcig.org/sites/default/files/pub/en/IPCWorkingPaper89.pdf。

家庭补助金计划由联邦政府和市政当局共同管理。在联邦一级，社会发展与反饥饿部下属的国民收入秘书处主要负责制定方案执行的规范和条例、与各州和各市的沟通协调、确定每个家庭的补助标准、确定限制条件、确定限制条件的监测方式以及对不遵守行为的制裁、确定覆盖范围目标与确定方案预算、制定市政目标和限制、与联邦政府其他部门进行沟通协调、监测方案执行情况和定期评价等。市政当局主要负责家庭信息的登记，将信息输入统一注册系统，并收集联邦政府监测卫生和教育条件遵守情况的信息，市政当局还负责向家庭提供所需的保健和教育。联邦储蓄银行负责维护社会计划登记系统、发放家庭补助金等。卫生部、教育部主要负责协调履行各自职能，包括监测家庭遵守条件的情

---

① Barrientos, A., "The Rise of Social Assistance in Brazil", *Development and Change*, 2013, 44（4）, pp.887-910.
② Bastagli, F., *From Social Safety Net to Social Policy? The Role of Conditional Cash Transfers in Welfare State Development in Latin America*, International Policy Centre for Inclusive Growth, Working Paper No.60, 2009, http://www.ipc-undp.org/pub/IPCWorkingPaper60.pdf.

况、监测市政府的方案执行情况。①

家庭补助金计划最重要的创新之处在于提出减贫与投资人力资本发展相结合的发展型社会救助政策。一方面，其打破了传统福利模式，对有劳动能力的贫困家庭提供现金补助，达到短期内消除贫困的效果；另一方面，通过设定条件引导受助家庭投资于人力资本，从而在长期内打破贫困代际传递的恶性循环。

（三）巴西社会救助的效果与启示

20世纪80年代，巴西曾是世界上贫富差距最大的国家之一，而目前巴西的减贫经验，尤其是其有条件现金转移支付政策（CCT）吸引了其他众多发展中国家的关注和学习。虽然巴西社会救助体系远未完善，依然面临诸多挑战和变数，但其减贫方案在减少贫困和缓解不平等方面取得了一定成效。

首先，社会救助推动巴西贫困率不断下降，就业情况不断改善。依照巴西国家贫困线标准，巴西贫困率由2001年的24.7%下降到2014年的7.4%，13年间有2900万巴西居民脱离贫困，但2017年年底，巴西仍然有1500万贫困居民。从基尼系数来看，巴西的基尼系数由2001年的0.59下降为2014年的0.52，下降幅度较慢，但是整体呈现下降趋势。巴西的基尼系数仍然高于国际标准0.4，存在收入分配不公。② 从失业率来看，根据巴西国家地理统计局（IBGE）数据，2018年巴西全年平均失业率为12.3%，较2017年的12.7%降低了0.4个百分点。巴西失业率自2018年1月达到13.1%的顶点以来，一直持续下降，2018年11月降至11.6%。非正式就业包括临时工、自营企业者的增加是巴西失业减少的主要原因，数据显示，巴西自由职业者数量大约有2400万人。不过失业率水平虽有所降低，但2018年年底巴西失业人数仍高达1280万人，

---

① ILO., *Cash Transfer Programmes, Poverty Reduction and Empowerment of Women: a Comparative Analysis: Experiences from Brazil, Chile, India, Mexico and South Africa*, Working Paper No.4, 2013, https://www.ilo.org/gender/Informationresources/WCMS_233599/lang--en/index.htm.

② 朱胜：《国外就业促进与社会政策的减贫经验——以巴西、美国和英国为例》，中国国际扶贫中心，2020年。

12.3%的失业率也处于较高水平。[1]

其次,社会救助覆盖面向弱势群体不断拓展。巴西三个主要的社会救助计划,持续福利计划主要瞄准农村老年人和残疾人,农村社会福利计划瞄准农村非正式就业工人,家庭补助金计划瞄准极端贫困人口,特别是贫困儿童、妇女及其家庭。综合三个社会救助计划,巴西逐步建立起了覆盖全部贫困人口和脆弱人群的救助式扶贫体系。数据显示(见图2-11),持续福利金计划和农村社会福利计划的覆盖群体不断扩展,1995年持续福利金计划累计覆盖对象120万人,2009年已经增加至320万人。农村社会福利计划的覆盖对象数量也从1995年的640万人增加到了2009年的790万人。家庭补助金计划是世界上规模最大的有条件现金转移方案之一,覆盖对象最多。2010年家庭补助金覆盖了1240多万家庭,4870万受益者,占巴西人口的25.4%。[2] 根据巴西公民事务部的数据,2021年1月家庭补助金计划已经覆盖约1460万个家庭,平均资助水平为87.5雷亚尔。[3] 有研究表明,农村社会福利计划累计使400万巴西农村人口脱离贫困,同时进一步帮助家庭增强了支付能力,并刺激了农村地区的经济活动。[4] 如果巴西没有家庭补助金、持续福利金和农村社会福利这三大救助计划,巴西贫困人口的数量将从11%上升到23%,贫困人口的比例将从30%上升到42%。[5]

最后,巴西的社会救助政策推动了各类弱势群体生存状况的改善。对于老年群体,巴西通过引入非缴费型养老金计划,对所有达到受益资

---

[1] 陈朝先、刘学东编:《拉丁美洲和加勒比经济发展分析与展望(2019)》,社会科学文献出版社2020年版,第118页。

[2] Langou, G. D., "Validating One of the World's Largest Conditional Cash Transfer Programmes: A Case Study on How an Impact Evaluation of Brazil's Bolsa Família Programme Helped Silence its Critics and Improve Policy", *Journal of Development Effectiveness*, 2013, 5 (4), pp. 430 – 446.

[3] Corrêa, J. P., Marcel, D. T. V., Ricardo, D. S. F., & Betarelli Junior, A. A., "Focus on Cash Transfer Programs: Assessing the Eligibility of the Bolsa Família Program in Brazil", *Quality & Quantity*, 2022, pp. 1 – 25.

[4] Barrientos, A., "The Rise of Social Assistance in Brazil", *Development and Change*, 2013, 44 (4), pp. 887 – 910.

[5] Vaitsman, J., Andrade, G., & Farias, L. O., "Social Protection in Brazil: What Has Changed in Social Assistance after the 1988 Constitution", *Cien Saude Colet*, 2009, 14 (3), pp. 731 – 741.

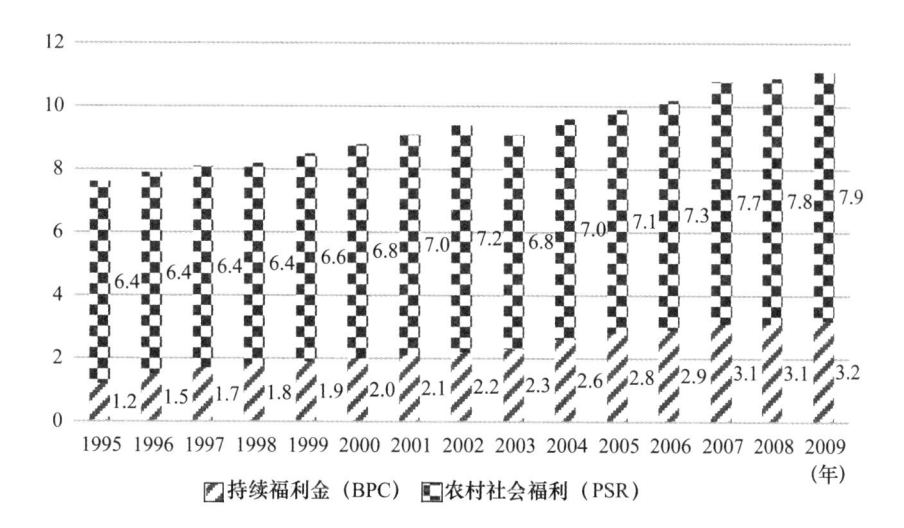

图 2-11　1995—2009 年巴西 BPC 计划与 PSR 计划覆盖人口数量（百万人）

资料来源：中国国际扶贫中心：《巴西社会救助蓬勃兴起》，http://rscn.iprcc.org.cn/dp/api/images/Uploads/2015/0810/55c84346a724d.pdf。

格年龄的老年群体提供基本的或最低的养老金给付，从而构筑了一道老年收入保障的安全网，能够防止老年群体陷入贫困并有助于打破跨代贫困的恶性循环，特别是在人口老龄化、农村老年人口增多、平均预期寿命上升的趋势下，非缴费型养老金制度是老年群体必要的保障安全网，是维持老年生活水平的有效手段。通过转移支付，巴西的老年贫困率由 52% 下降到 6%。[①] 对于儿童、青少年和妇女群体，巴西通过有条件的现金转移支付项目，有效改善了其生活状况。有数据表明，2019 年 11 月，6—15 岁儿童的入学率达到 94.9%，16—17 岁的青年的入学率为 85.2%，儿童和青少年的教育状况得到显著改善。同时，2019 年 12 月，对 7 岁以下儿童和 14—44 岁妇女的健康监测率达到 79.7%，其健康状况得到有效

[①] Dethier, J. J., Pestieau, P., & Ali, R., *Universal Minimum Old Age Pensions: Impact on Poverty and Fiscal Cost in 18 Latin American Countries*, World Bank Policy Research, Working Paper No. 5292, 2010, Available at SSRN: https://ssrn.com/abstract=1601133.

关注和改善。①

巴西社会救助实践与改革主要可以带来以下两点启示：

第一，通过设置救助条件提升贫困群体的人力资本。人力资本的提升才是贫困人口摆脱脱贫和预防返贫的根本。但是对于贫困对象来说，由于认知能力的限制，其并不清楚知道如何才能提升自身或者家庭的人力资本，或如何利用政策提升可持续生计。同时，即使是政府广泛提供的教育、健康和营养服务，也并不一定意味着穷人可以普遍获得或接受服务，因为贫困群体各方面的条件限制，使用这些服务的直接和间接成本可能令其望而却步。② 所以，有条件的现金转移支付项目（CCT）被视为提升贫困群体人力资本的有效途径，因为可以帮助其消除教育、健康和营养服务获得的障碍。现金转移支付项目通过对救助对象领取救助金设定教育、健康和营养等方面的附加条件，只有满足这些条件后，救助对象才可以获得救助金，以激发贫困者的内生动力。此外，现金转移支付项目能够有效帮助贫困对象改变行为方式，引导其去改善自身及其家庭儿童的生活状况。巴西家庭补助金计划的实施，进一步证实了现金转移支付项目能够有效帮助提高儿童的教育水平，降低辍学率以及童工现象，促进妇女和婴幼儿保健，改善疫苗接种情况等，总体上帮助家庭提高了人力资本，有助于打破贫穷的代际传递。但需要指出的是，现金转移支付项目并不是贫困群体的万能良药，因为过多的限制条件又可能将部分穷人排斥在救助政策之外，因此现金转移支付项目条件的设置和配套措施必须尽量减少排斥的风险。

第二，注重救助政策的家庭导向与性别差异。在巴西家庭补助金计划（BFP）中，家庭导向和对女性赋予的特点较为明显。③ 家庭补助金计划明确规定了家庭补助金一般优先选择发放给照顾子女和管理家庭的妇

---

① Corrêa, J. P., Marcel, D. T. V., Ricardo, D. S. F., & Betarelli Junior, A. A., "Focus on Cash transfer Programs: Assessing the Eligibility of the Bolsa Família Program in Brazil", *Quality & Quantity*, 2022, pp. 1-25.

② Levasseur. K., Paterson. S., & Moreira. N. C., "Conditional and Unconditional Cash Transfers: Implications for Gender", *Basic Income Studies*, 2018, 13 (1), pp. 1-9.

③ Barrientos, A., "The Rise of Social Assistance in Brazil", *Development and Change*, 2013, 44 (4), pp. 887-910.

女,其次是父亲或者其他成年人。在家庭分工中,女性一般承担着照顾子女的重任,将救助金发放给女性,有利于救助金在家庭内部的分配,以更可能多得使用在儿童身上。同时将救助金优先发放给女性,也是对女性的经济赋权,能够进一步推动女性拥有更大的决策权,以及帮助女性实现自我价值感的提升。[1] 但需要注意的是,家庭补助金计划的这一设置,在加强传统的母亲角色的同时,却未能鼓励父亲承担更多的父母和家庭责任,同时对母亲更大的经济权益也意味着更大的家庭责任,而可能会导致女性牺牲投入劳动力市场的时间或机会。这些因素都需要被综合考量,才能真正实现对女性赋权以及促进性别平等。

二 印度的社会救助

印度是世界人口数量第二多的国家,仅次于中国。根据2011年印度第十五次人口普查,印度总人口超过12亿人,2015年印度人口超过13亿人,[2] 预计2023年超过中国,成为世界第一人口大国。[3] 作为同样的人口大国,借鉴了解印度的社会救助实践,对中国具有一定的启示意义。

(一)印度社会救助的演进历程

1947年印度独立,并于1950年颁布了宪法。印度宪法第41条明确规定了公民享有工作权、受教育权和享有公共援助的权利——国家应在经济能力与经济发展限度内,制定有效规定确保工作权、受教育权及在失业、年老、疾病、残疾和其他困难情形下享受公共援助的权利,[4] 公民的社会救助权利被宪法确定并保障。印度制定了针对生活困难对象的消费补贴政策,针对弱势群体的直接转移支付政策、定向就业政策(PWPs)等,其共同构成了印度的兜底社会安全网。消费者补贴政策自1951年开始,主要包括食品与营养安全计划,计划的内容包括两种基本

---

[1] Sugiyama, N. B., & Hunter, W., "Do Conditional Cash Transfers Empower Women? Insights from Brazil's Bolsa Família", *Latin American Politics and Society*, 2020, 62 (2), pp. 1 – 22.

[2] 吕昭义主编,林延明副主编:《印度国情报告(2016)》,社会科学文献出版社2017年版,第36页。

[3] 《钱小岩 2023年印度将成世界人口第一大国,是机遇还是挑战?》,2023年1月6日,https://www.yicai.com/news/101643173.html。

[4] 李超民编著:《印度社会保障制度》,上海人民出版社2016年版,第39—40页。

食品（大米和小麦）和四种日用品（白糖、食用油、汽炭、煤油）。针对弱势群体的直接转移支付政策，主要针对的是残疾人、盲人、孤寡老人、遗属等生活困难对象。定向就业政策（PWPs）则主要针对的是农村就业人口，一到农闲，印度农村失业现象很严重，通过这项政策，农民可以获得收入和一定的食品营养补贴。[①]

一直以来，印度的贫困问题非常严重，20世纪80年代，印度有超过50%的人每天生活在1.9美元的贫困线以下。同时，由于生育率和死亡率下降，印度人口一直在老龄化，并且老年贫困问题十分严重，印度2/3的老年人生活在乡村，其中近一半是贫穷的。[②] 因此，印度的减贫方案的重点逐渐转向为老年人提供社会救助，帮助其织牢安全网。20世纪70年代中期，政府开始对丧失劳动力的农村老人发放津贴。同时，为了应对更加广泛的贫困问题，为社会弱势群体提供安全网，印度政府推出了一系列社会援助计划，向家庭提供最低限度的支持。1995年，印度政府推出了国家社会援助计划（National Social Assistance Programme，NSAP），该计划由三个部分组成，分别是国家老年养老金计划（NOAPS）、国家家庭福利计划（NFBS）和国家产妇福利计划（NMBS）。[③] 这些计划包括为65岁以上的贫困老人每月提供70—300卢比的养老金，为因灾难丧失收入来源的家庭发放一次性10000卢比补助，为生育两个孩子以下的19岁以上的生活困难孕妇每次生产补贴500卢比等。[④] 2000年，印度推出安娜善尔娜计划，为没有被国家老年养老金计划覆盖的老人，每月提供10公斤的粮食救助，实际保障水平大约为每人每月100卢比。为了进一步提高农村贫困对象的生活水平，解决他们的可持续生计问题，2005年印度政府开始实施全国农村就业保证计划（MGNREGS），为每个符合条件的农村家庭每年提供100天的有收入工作，这一计划覆盖了大约33%的农村

---

① 李超民编著：《印度社会保障制度》，上海人民出版社2016年版，第46—47页。
② Unnikrishnan, V., & Imai, K. S., "Does the Old-age Pension Scheme Improve Household Welfare? Evidence from India", *World Development*, 2020, 134, 105017.
③ 赵忻怡、杨伟国、李丽林、董仟禧：《印度养老保障制度及其启示》，《南亚研究季刊》2021年第4期。
④ 张文镝："简论印度农村的社会保障制度"，《当代世界与社会主义》2008年第6期。

家庭。① 为了进一步扩大特殊弱势群体的救助保障，2009 年，印度政府还分别推出了英迪拉·甘地全国鳏寡养老金计划（Indira Gandhi National Widow Pension Scheme，IGNWPS）和英迪拉·甘地全国残障养老金计划（Indira Gandhi National Disability Pension Scheme，IGNDPS），向生活在贫困线下的 40—64 岁的丧偶妇女和 18—64 岁的严重伤残人群提供每月 200 卢比的现金救助。②

（二）印度社会救助的主要内容

1. 国家老年养老金计划（IGNOAPS）

"国家老年养老金计划"全称"英迪拉·甘地国家老年养老金计划"（Indira Gandhi National Old Age Pension Scheme，IGNOAPS），最早成立于 1995 年，是一项针对贫困家庭老年成员的无条件现金转移计划，是印度全国社会救助计划的重要组成部分。③ 国家老年养老金计划在最初阶段，受益人必须是 65 岁及以上的人，而且是没有固定收入来源或家庭支助的生活贫困对象。中央政府向符合条件的受益人提供 75 卢比的现金转移支付。2003 年，国家老年养恤金转入国家计划，这使州政府在执行过程中具有灵活性，但中央政府继续协助该方案。2007 年，国家老年养老金计划改名为英迪拉·甘地国家老年养老金计划，并正式启动，同时提高了对受益人的中央援助资金，从 75 卢比增加到 200 卢比。第二轮改革发生在 2011 年，在 2011 年印度农村发展部发布的一份备忘录中，该方案的年龄资格标准从 65 岁降至 60 岁，同时对 80 岁以上领取者的现金转移支付从 200 卢比增加到 500 卢比。④ 从覆盖范围来看，印度老年人口的增加使得国家老年养老金计划迅速扩展。1996—1997 年，国家老年养老金计划覆盖了 438 万人，到 2002—2003 年，国家老年养老金计划已经覆盖了 670 万受益人，2012—2013 年间，该计划涵盖的受益人数量增加了两倍

---

① 韩克庆："就业救助的国际经验与制度思考"，《中共中央党校学报》2016 年第 5 期。

② 何晖、芦艳子："创新与治理：印度社会养老金制度的改革与前瞻"，《湘潭大学学报（哲学社会科学版）》2020 年第 2 期。

③ Unnikrishnan, V., *The Welfare Effects of Social Assistance Programmes for Women in India*, Manchester: The University of Manchester. GDI Working Paper No. 41, 2020.

④ Unnikrishnan, V., & Imai, K. S., "Does the Old-age Pension Scheme Improve Household Welfare? Evidence from India", *World Development*, 134, 105017, 2020.

多，达到2200万人。① 国家老年养老金计划覆盖范围的持续拓展为缓解印度农村贫困发挥了重要作用。据相关数据统计，在受益人中，65—74岁的赤贫老年人占72.79%，社会底层人群占83.79%，文盲对象占84.41%，没有任何工作的人群占68.2%，农村妇女占40%—60%，并且其中1/3的妇女生活孤苦，另外1/3没有任何收入来源。② 从计划支出来看，2007—2008年间，国家老年养老金计划累计拨款290亿卢比，2011—2012年间，国家老年养老金计划的支出拨款增加了1.4倍，达到了420亿卢比。③ 通过实施国家老年养老金计划，印度政府在全国基本实现了两项政策目标：一是把社会救助计划与全国的减贫目标结合起来，有效缓解了国内的贫困和不平等问题；二是把这项政策与其他社会政策结合起来，与贫困人口医保政策、就业政策以及其他福利政策有效结合在一起，起到了稳定社会发展的重要功能。

2. 全国医疗保险计划（RSBY）

印度存在严重的二元经济结构，有高达93%的非正规就业人员长期游离于社会保障制度之外，他们及其家属享受不到基本的医疗保障，承受高昂的医疗保障支出，得不到有效的医疗服务，承受了严重的社会和心理负担，健康整体状况不断恶化。④ 在这一背景下，印度中央政府针对贫困线下人口，于2007年制定并出台了非组织部门的医保计划"全国医疗保险计划"（Rashtriya Swasthya Bima Yojana，RSBY）。在2008年4月1日计划正式启动时，全国医疗保险计划有两个主要目标：一是增加困难非正规就业者获得优质保健的机会；二是减少其住院费用的自付支出，免去贫困家庭由于住院导致的债务危机。⑤ 全国医疗保险计划现已在印度28个邦和联邦领土实施。2013至2014年，受益妇女达1200万人，占总

---

① 印度政府公开数据网，https://data.gov.in/catalog/expenditure-and-beneficiaries-under-nsap。

② 何晖、芦艳子：《创新与治理：印度社会养老金制度的改革与前瞻》，《湘潭大学学报（哲学社会科学版）》2020年第2期。

③ 印度政府公开数据网，https://data.gov.in/resources/physical-and-financial-progress-nsap-components。

④ 李超民编著：《印度社会保障制度》，上海人民出版社2016年版，第181—184页。

⑤ ILO. RSBY: Extending Social Health Protection to Vulnerable Population by Using New Technologies. Available at: https://www.social-protection.org/gimi/RessourcePDF.action?id=53143.

人数的33%。截至2014年4月,有3720万个家庭参加了该计划,约716万名住院病人受益于该计划。该方案最初针对贫困线以下的人口,当前逐步向更多类别的无组织工人覆盖,包括街头小贩、家庭佣工、拾荒者、出租车和人力车司机以及矿工等。①

全国医疗保险计划是一种公私合作经营的方案,该方案由中央政府领导,但由印度各邦和联邦领土当局与保险公司、医院(公营和私营)和民间社会组织合作实施。全国医疗保险计划的资金来自中央、地方两级政府财政预算,保险费由中央政府和州政府按75∶25和90∶10的比例分摊,印度东北部地区州政府分摊比例较低。中央政府分担基本年费的75%,再加上办理医保卡的直接费用(工本费)60卢比,总共是625卢比;各邦则分担年费的25%,如果年费超过750卢比,超过的部分也由各邦承担。同时,各邦除了年费和受益人费用之外,还要承担管理费;受益人仅需负担30卢比的注册登记费用。全国医疗保险计划还规定了严格的参保条件,基本条件是生活在贫困线下的职工及其家属(以五口之家为单位),包括职工本人、配偶和三个子女,职工家属包括户主的子女、父母在内,在贫困线下的人数据库内有专门记录。但是,如果户主的父母亲在数据库内独立登记,则需要另外建卡。符合条件者,可加入全国医疗保险计划并申领福利卡。全国医疗保险计划参保程序也较为严格、规范。一般来说,全国医疗保险计划办理参保手续,需经过以下几个程序:首先,录入申请参保家庭的资格条件,各邦政府向承办的特许保险公司提供参保人资料,保险公司制作医保保障卡,而邦政府和保险公司还要共同制定各个村参保程序,各邦监督人员对于整个过程要实地考察、审查参加医保计划的贫困家庭的资料、监督办理过程,贫困家庭的真实经济状况将在本村进行公示。在此过程中,中央政府对于全部办理资料进行审核。在办理全国医疗保险计划过程中,均有政府官员在场监督,每张医保卡收费30卢比,保险公司发卡时,还要向受益人提供相关的医院资料等情况,以便受益人需要就医时查询。受益人参保全国医疗保险计划后,将享受住院费和门诊治疗费用免费,还能享受凭卡看病

---

① ILO. RSBY: Extending Social Health Protection to Vulnerable Population by Using New Technologies. Available at: https://www.social-protection.org/gimi/RessourcePDF.action?id=53143.

和支付医疗费，病人也可提前一天预付医疗费，或者延迟五天支付部分医疗费，每年最高报销交通补贴费1000卢比，每次最高报销100卢比，受益家庭每年享受3万卢比的医疗费免费上限。此外，全国医疗保险计划中详细规定无法享受福利的疾病类型，如自杀、吸毒成瘾的疾病等。①

3. 全国农村就业保障计划（MGNREGS）

印度农村地区的贫困问题十分严重，在印度近2.7亿贫困对象中，就有80.3%的人生活在农村地区。②贫穷和越来越多的失业困扰着边缘农民以及无土地的农业劳动者，造成了劳动力向城市地区的大规模移徙。在此背景下，2005年，印度颁布了《国家农村就业保障法》和《国家农村就业保障计划》，计划规定，每个邦政府应当在每一个财政年度内为该邦所有成年（满18周岁）家庭成员且自愿做无须特殊技能的体力劳动的居民户，提供不少于100天的有薪就业保障，每日工资标准不低于60卢比，并按周支付工资。在任何情况下，不得迟于完成工作任务之日起两周内支付。③其主要目的是帮助农村的贫困劳动者解决就业不足的问题，从而提高他们的收入，使其减少贫困或跨越官方确定的贫困线。同时，该项计划还可以帮助赋予基层治理权力，帮助基层加强基础设施建设，例如农村储水和雨水收集工程、土地平整与改造工程、排洪防洪工程、乡村道路建设工程、植树造林工程、抗旱和灌渠修理工程等。④

在覆盖对象方面，全国农村就业保障计划（National Rural Employment Guarantee Scheme，简称NREGS）第一阶段于2006年2月启动，第一年就覆盖了200个最贫穷的地区，第二阶段覆盖330个地区，最终在2008年4月实现615个地区全国覆盖，在2014—2015财政年度累计向3890万农村家庭的5780万成年人提供了非技术性手工工作岗位。⑤该项

---

① 李超民编著：《印度社会保障制度》，上海人民出版社2016年版，第181—184页。
② ILO. Mahatma Gandhi National Rural Employment Guarantee Scheme. Available at：https：//www.social‐protection.org/gimi/RessourcePDF.action？id＝53846.
③ United Nations Development Programme. , *Social Protection, Growth and Employment: Evidence from India, Kenya, Malawi, Mexico and Tajikistan*, 2013, pp. 235 – 236.
④ 贺永红：《破解无业贫困农民就业难新举》，《中国人大》2011年第7期。
⑤ ILO. Mahatma Gandhi National Rural Employment Guarantee Scheme. Available at：https：//www.social‐protection.org/gimi/RessourcePDF.action？id＝53846.

计划的规模非常庞大，也被称为全世界最大的社会安全网计划。① 农村就业保障计划对妇女就业的促进作用也非常显著，从计划一开始，妇女的参与率就远远超过了规定的 1/3 的最低配额，而且随着时间的推移，这一比例从 2006—2007 年占所有工作日的 41% 增加到 2008—2009 年的 48%，此后大致维持在 50% 左右。② 计划明确要求男女工资平等支付，还要求在工作场所提供基本的儿童保育服务，如果受雇于某一地点的妇女将五名或五名以上的 6 岁以下儿童带到工作地点，则必须指派一名妇女照顾儿童并支付现行工资。③ 2012 年，全国农村就业保障计划的平均工资约为妇女每天 1.46 美元，男性每天 1.52 美元，④ 平均工资差异主要是因为男女工作种类和强度差别造成的。该计划一定程度上推动了农村平等就业，在解决农村女性贫困问题上发挥了积极作用。此外，针对特殊弱势群体，包括残疾人、特定部落群体、处境特殊的妇女（孕妇、哺乳母亲）、65 岁以上老年人、艾滋病毒阳性者、境内流离失所者等对象，该计划也将其纳入在内，并且每个区指定了一名专职官员作为弱势群体的协调员，以支持他们的工作需要，并为他们融入社会创造有利条件。⑤

在政策投入方面，2006—2007 财年，印度中央政府共投入 1100 亿卢比，到 2010—2011 财年时，支付预算达 4010 亿卢比，2012—2013 财年预算支出 3300 亿卢比。该计划的费用主要分为工资成本（60%）和其他费用（40%）。非熟练工人的全部工资费用和非工资费用的 75% 由中央政府承担。此外，中央政府还将承担地市一级的行政费用。工作应在村庄

---

① Liu, Y., & Deininger, K. W., "Poverty Impacts of India's National Rural Employment Guarantee Scheme: Evidence from Andhra Pradesh", 2010 Annual Meeting, July 25 – 27, Denver, Colorado. Agricultural and Applied Economics Association.

② United Nations Development Programme., *Social Protection, Growth and Employment: Evidence from India, Kenya, Malawi, Mexico and Tajikistan*, 2013, p. 242.

③ ILO. Cash Transfer Programmes, *Poverty Reduction and Empowerment of Women: a Comparative Analysis: Experiences from Brazil, Chile, India, Mexico and South Africa*, 2013.

④ ILO. Cash Transfer Programmes, *Poverty Reduction and Empowerment of Women: a Comparative Analysis: Experiences from Brazil, Chile, India, Mexico and South Africa*, 2013.

⑤ Ehmke. *National Experiences in Building Social Protection Floors: India's Mahatma Gandhi National Rural Employment Guarantee Scheme*. International Labour Office Working Papers, 2015.

半径 5 千米范围内进行，否则额外的交通费和生活费用将得到现金补偿。如果在工人申请后 15 天内没有提供工作，州政府将承担 25% 的非工资费用和失业津贴。为保障资金充足，该项计划还设立了国家就业保障基金，向各州提供赠款。同时，在州一级也设立了一个类似的国家基金，该基金将作为一个用于支付开支的救济金，地区、街区和村庄一级同样设立了类似的循环基金。

全国农村就业保障计划的执行具有以下五大特点：第一，每个家庭都被赋予了就业的权利，而且个人申请工作只要经过两个星期，就符合获得工资的资格；第二，计划要求向男性和女性支付同样的工资，工作场所必须提供托儿所等便利设施，为促进国家两性平等和增强妇女权能做出了贡献；第三，支付工资快，工资报酬以现金方式发放或者直接打入银行卡，同时进一步推动了农村贫困人口使用现代化的金融方式；第四，促进各地加快建设水利、支路、改良土壤，推动农民回流本地；第五，政策实施的组织主体是基层地方政府，可以有效保障村级组织能够控制项目进展，同时就业记录公开上网，能够有效促进社会监督，杜绝贪污。[1] 在计划执行过程中，仍然存在工作人员短缺、公众对该计划的认识不足、地方一级缺乏有效的监测和审计机制导致中央政府资金未被充分利用、未按时支付工资以及工作计量混乱等问题，这在一定程度上降低了该计划作为维持生计战略的有效性和可靠性。[2]

（三）印度社会救助的效果与启示

印度的贫困问题和不平等问题突出，社会救助制度兜底责任重大。印度存在明显的城乡二元经济分割，从城乡结构来看，2019 年印度城镇人口数量为 47103.15 万人，农村人口数量为 89538.62 万人，后者占总人口的 65.5%，印度的贫困问题在农村尤为明显。所以，印度的社会救助制度重点聚焦于农村贫困对象，全国医疗保险计划的重要目标人群就包括生活在农村贫困线以下的贫困家庭，为解决农村贫困对象就业困难的

---

[1] 李超民编著：《印度社会保障制度》，上海人民出版社 2016 年版，第 45—46 页。

[2] Shankar, S., & Gaiha, R., "Networks and Anti-poverty Programs: Experience of India's National Rural Employment Guarantee Scheme", *European Journal of Development Research*, 2012, No. 24, pp. 550-569.

定向就业政策（PWPs）和全国农村就业保证计划（MGNREGS）等都主要针对农村困难群体。

基尼系数被广泛应用于衡量收入分配的不平等，世界银行的统计数据显示（如图2-12），2009—2010年印度农村地区的基尼系数为0.291，城市地区为0.382，总体农村收入不平等情况好于城市。同时，从基尼系数发展趋势来看，农村地区的基尼系数在1983—2000年间下降，而后略微上升，在2009至2010年间再次下降，整个期间总体呈下降趋势。而城市的基尼系数一直都是稳步上升趋势。可见，农村的收入不平等问题有所缓解，而城市则不断加剧，这也侧面说明，农村一系列的就业扶贫、现金转移等救助政策，帮助农村贫困对象增加并稳定了收入。另外，根据联合国开发计划署2019年全球多维贫困指数表明，印度通过引入一系列的减贫方案，在2006—2016年十年间使得2.71亿人摆脱了贫困。[①] 印度贫困率从2004年的39.9%下降至2011年的22.5%（按每人每日1.9美元计算）[②]，贫困问题得到较大缓解。

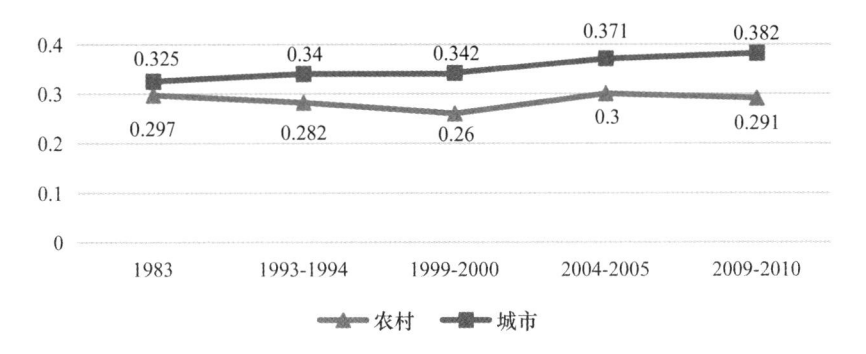

图2-12 印度城乡基尼系数情况

资料来源：Panagariya, A., & Mukim, M., *A Comprehensive Analysis of Poverty in India*. The World Bank Policy Research Working Paper 6714, 2014。

[①] Singh, T., "Economic Growth and the State of Poverty in India: Sectoral and Provincial Perspectives", *Economic Change and Restructuring*, 2022, pp. 1–52.

[②] 世界银行网站，https://data.worldbank.org/indicator/SI.POV.DDAY? end = 2011&locations = IN&name_desc = false&start = 1977&view = chart。

印度社会救助制度在改善贫困对象健康问题方面发挥了积极作用。印度非常重视贫困对象的健康问题，通过建立全国医疗保险计划将贫困家庭中的工人、妇女、老人均纳入计划保障范围，以保障贫困群体与中高等收入人口一样能够获得较好的医疗条件。同时，印度政府在推进医疗保障的同时，还与本国保险企业的发展相结合，建立了较好的公私合作伙伴关系，例如，印度生命保险公司就专门开办了面向低收入和特困阶层的社会保障团体险计划（SSGIS）和农村团体生命保险计划，[①] 进一步拓展了社会力量参与国家保障制度的途径，同时也丰富了帮扶项目的类别。

印度的就业保障政策在帮助贫困对象自立脱困、促进性别平等、增强可持续生计方面发挥了重要作用。数据显示（见图2-13），从1999—2019年间，印度的失业率总体呈下降趋势，从1999年的5.69%下降至2019年的5.27%，而后因疫情因素才再度大幅上升。就业保障政策的实施有效提高了贫困对象的收入水平，并且通过打卡支付的形式，一定程度促进了贫困对象的资产储蓄，以及增强了贫困对象小额贷款的意愿。[②] 有调查显示，高达96%的受益对象认为国家老年养老金计划改善了他们的生活质量，非受益人群中也有59%的人认为该制度起到了很好的反贫困效果。[③] 在促进性别平等方面，印度的社会救助政策非常重视对贫困女性权益的保障，给农村妇女生活带来巨大改变。例如，全国农村就业保障计划明确提出保障男女同工同酬，并设置了妇女参与率最低配额，最终参与就业保障方案的工人中有近一半是妇女，部分邦甚至超过了80%。越来越多的农村贫困妇女在显著改善的工资条件下加入有偿劳动力市场，并且能够拥有选择工作的权利，妇女在家庭和社区中的地位也同步得到提升，妇女们有更多机会去组织活动和增加话语权，实现了赋权的目的。[④]

[①] 李超民编著：《印度社会保障制度》，上海人民出版社2016年版，第360—361页。

[②] Sharma. A., "The Mahatma Gandhi National Rural Employment Guarantee Act (India)", *Successful Social Protection Floor Experience*, 2011, No. 18, pp. 271–289.

[③] 何晖、芦艳子：《创新与治理：印度社会养老金制度的改革与前瞻》，《湘潭大学学报（哲学社会科学版）》2020年第2期。

[④] Dasgupta, S. & Sudarshan, R. M., *Issues in Labour Market Inequality and Women's Participation in India's National Rural Employment Guarantee Programme*, Policy Integration Department International Labour Office Geneva, Working Paper No. 98, 2011.

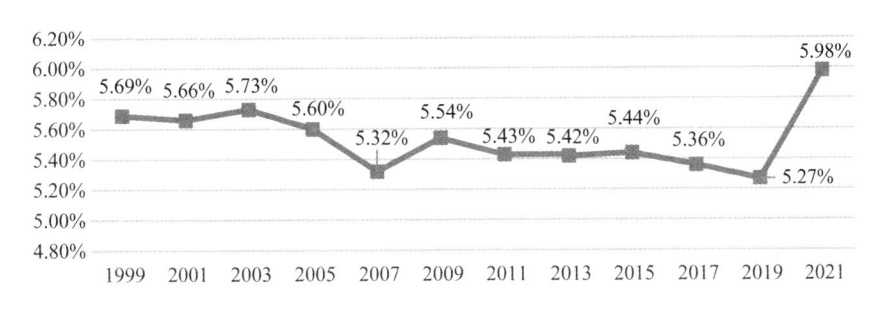

图 2-13 1999—2021 年印度失业率情况

资料来源：Statista 数据库：https://www.statista.com/statistics/271330/unemployment-rate-in-india/。

印度社会救助的实践发展主要可以带来以下两点启示：

第一，虽然经济增长是减贫的一个关键因素，但对于发展中国家，尤其是公共支出能力低的国家而言，经济发展与社会弱势群体的兜底保障同样重要。因此，在制定兜底保障政策时，应该重点关注其与经济政策之间的内部一致性，不能抵消另一类政策的积极影响。应将社会保护与经济政策有机结合起来，充分发挥社会保护政策与能够促进经济增长的政策（宏观经济政策、贸易政策、产业政策等）之间的潜在协同作用。印度实施全国农村就业保障计划，通过以工代赈的方式，在提高农村贫困对象就业收入的同时，还推进了农村基础建设。一方面，农村贫困对象工资水平的提高直接带来了收入的增加，进而提高了贫困农民家庭的购买力，贫困农民有额外的收入购买粮食和其他食品，同时增加了对家庭成员教育和健康方面的投入。[1] 另一方面，就业救助工程大多数是为农村地区的长远发展所规划的建设项目，主要包括植树造林、改良土壤、兴修水利、防洪抗旱等农村基础设施建设方面，集中人力大搞农业基础建设，不仅提高了农村抗击自然灾害的能力，同时有利于提高农业产量，

---

[1] Dasgupta, S. & Sudarshan, R. M., *Issues in Labour Market Inequality and Women's Participation in India's National Rural Employment Guarantee Programme*. Policy Integration Department International Labour Office Geneva, Working Paper No. 98, 2011.

加强了对国土资源的开发、管理和利用,还有利于改善农民的生存环境。①

第二,注重女性贫困群体的就业参与和权益保障,推动性别平等。印度农村就业保障计划注重男女平等,尤其注重女性的参与率,计划规定妇女应优先获得就业机会,要求男女工资平等支付,在安排工作时妇女要至少占1/3的比例。② 由于就业保障计划的工作时间确定(100天)且与家距离近,因此妇女参与的积极性很高,妇女参与率的提升不仅有助于家庭收入的增加,还可以提升妇女在家庭中的地位,有助于男女平等的实现。另外,为了农村就业保障计划的顺利实施,印度联邦政府成立了由官方与非官方人员共同组成的中央就业保障委员会,负责监督计划的执行情况,其中非官方人员构成中明确规定妇女所占比例不得低于1/3,③ 计划还明确要求在工作场所提供基本的儿童保育服务,如果受雇于某一地点的妇女将五名或五名以上的6岁以下儿童带到工作地点,则必须指派一名妇女照顾儿童并支付现行工资,这说明印度赋予了女性更多的参与权和发言权,其对计划的监督权得到了保障和落实,这也有助于推动性别平等。

第三节　国外社会救助的经验与借鉴

一　坚持社会救助与社会经济发展相协调

社会救助与社会经济发展的关系具有相互依赖性。一方面,社会救助有助于经济发展和社会稳定。经济发展离不开劳动力资源,弱势群体是丰富劳动力资源的聚合体,对于经济恢复和发展十分重要。同时,社会救助帮助解决困难对象最关心、最直接、最现实的利益问题,有利于维护社会稳定。另一方面,不适配的社会救助水平会给经济发展带来负面影响。过高水平的社会救助不仅会造成福利依赖,不利于促进就业,

---

① 贺永红:《破解无业贫困农民就业难新举——印度〈全国农村就业保障法〉的制定与实施》,《中国人大》2011年第7期。
② 温俊萍:《印度农村就业保障政策及对中国的启示》,《南亚研究季刊》2012年第2期。
③ 贺永红:《破解无业贫困农民就业难新举——印度〈全国农村就业保障法〉的制定与实施》,《中国人大》2011年第7期。

还会给国家财政带来巨大的支出压力，形成福利刚性，抑制经济发展，而低水平的社会救助又不能满足困难对象的救助需求，难以达到反贫困的效果，影响经济正常发展。所以，不论是发达国家还是发展中国家，都十分重视社会救助政策随经济发展和社会变化而相应调整。例如，英国为了缩减福利开支，就实施"以工作代替福利"的政策改革，通过促进就业的方式，达到反贫困和促发展的双重目的。巴西和印度，作为发展中国家，贫困问题较为突出，社会救助兜底责任重大，更要注重各项救助政策在覆盖对象、保障水平和政策目标的适度型和准确性。其中，巴西的经验就是通过设置有条件现金转移支付项目的方式，破除了无差别普惠的救助方式，力求使每一笔社会救助支出都达到应有的政策效果。印度通过实施全国农村就业保障计划，采取"以工代赈"的方式，不仅提高了农村贫困对象的就业收入，还推进了农村基础设施建设。所以，在社会救助政策发展改革中，应始终坚持社会救助与社会经济发展形势相协调，通过优化制度建设来降低社会救助的福利刚性，增强制度弹性，使社会救助制度与社会经济发展形成良性互动关系，避免救助政策成为短期的政策工具，而是长期稳定且有弹性的制度安排。

二 坚持以需求为导向，实现精准施策

坚持需求导向是构建解决相对贫困长效机制的前提基础，是新型社会救助体系的大势所趋。构建解决相对贫困的长效机制，必须坚持需求导向，因户因人施策，促进救助服务供给的精准化。在中国社会主要矛盾变化的新时代背景下，人民对美好生活的需求和标准越来越呈现出多样化、多层次、多变性的特点，既有物质文化等"硬需要"，又有尊严、权利等"软需要"。困难群体除了物质困难外，还存在精神贫困、思想贫困、机会贫困、能力贫困等隐性贫困现象。所以，救助服务供给必须以救助对象的实际需求为基础，准确把握困难群体的多元需求，并围绕其需求来完善和调整救助覆盖和服务机制，这样才能最大限度地保障救助精准，提高救助效率。除了满足困难对象的经济需求外，还需要进一步满足精神慰藉、社会融入、能力提升、自我实现等多元需求。社会救助的形式，也要从单一的、短期的物质救助转变为"物质+服务"的综合型救助。在德国的社会救助政策中体现出了明显的以需求为本的特征，强调个性化的救助方案,针对不同特殊困难对象的现实需求,提供以服务为主的救助支持,确保救助资源都发放给最有需要的人。同时,需要强调是,这种需要是随着社会经济发展而动态变化的,所以还必须对救助对象的需求进行动态监测,根据其所处的特殊困难境遇或者不同的生命周期,提供差异化的减贫政策。例如,针对特定人群制定特定的政策,针对不同发展水平的地域精准施策,以及针对同一群体不同的需求提供差异化的救助服务等,不断构建社会救助体系的新格局。

三 坚持发展型救助理念,实现助人自助

在积极福利观的影响下,从"输血式"救助发展为"造血式"的积极救助一直是各国社会救助改革的方向。公民在普遍享有国家提供的社会福利的同时,也应当最大限度地发挥自我能动性,积极参与劳动过程,承担一定的义务。忽视福利享有者的责任和义务,极易造成社会成员对福利的过分依赖和经济发展的低效率。在发达国家和发展中国家的社会救助改革实践中,都可以看出对工作福利或以工代赈的重视,对社会救助对象的类别划分更为精细,救助方式更为多元,即除了现金给付外,辅之以就业服务援助、机会提供等救助方式,寻求"他助"与"自助"的结合。例如,英国就对救助对象按照是否具有就业能力严格区分,针对具有工作能力的救助对象专门设置了"就业教练",提供一对一的就业咨询和促进就业的"私人定制"方案,来促进困难对象积极早日融入劳动力市场,减少福利依赖,实现自立。同时英国的"储蓄补贴"也体现了资产建设的理念,激励贫困对象实现资产积累,提高自身的抗风险能力。德国的社会救助体系作为社会保险的补充,通过为就业者提供完善的保险体系,化解各种生活风险,使社会救助政策与社会保险政策紧密衔接,保障有劳动能力的贫困者不会轻易失去自立能力。日本则出台了《生活穷困者自立支援法》来促进贫困者走向"自助",更好地融入社会。可见,发展型救助理念是社会救助体系成熟完善的标志。授人以"鱼"不如授人以"渔",社会救助要具备积极的、发展的功能,社会救助服务要从"保生存"转向"促发展",在满足受助者的基本生活需要并使其适度共享经济社会发展成果之外,还要通过提供促进就业、资产建设、投资人力资本、提高受教育水平等多种服务型救助措施,以能力救助优先,

辅之以物质救助和生计救助，坚持救助前移政策取向，促进受助者能力和素质的整体提升，以充分发挥社会救助兜底保障和促进发展的双重功能，实现困难对象的全面发展。

四 加强社会救助与其他政策间衔接互动

社会救助与社会保险和社会福利之间，以及社会救助体系内部各项社会救助政策间，都有着密切的联系。在社会保障制度分化日益细致的今天，各项社会保障的分制度和分项目不再仅仅是界限分明的孤立存在，而是处于一种复杂的动态竞合关系，这当中既存在着制度间的竞争关系，更存在着制度间相互整合的关系。一方面，社会救助政策是社会保险制度的补充和兜底，社会救助作为社会保障的"最后一道安全网"，是在用尽其他保障措施仍不能保障可能对象基本需求时的最后手段，如果社会保险制度保障功能缺失，将直接对社会救助体系造成巨大冲击。另一方面，当前各国的社会救助体系都是由分工不同的救助政策或项目组成，由于救助对象的困难情况不同，可能需要多个救助政策或项目相互衔接以共同发挥作用。为了使社会救助避免重复和无序，破除"救助叠加"和"悬崖效应"，应加强社会救助与其他政策间衔接互动，增强社会救助系统内部协同性和外部统一性。其中，内部协同性旨在明确基本生活救助、专项社会救助、急难社会救助与其他救助的边界定位，可以避免在救助内容上的交叉重叠，和认定对象上的交叉捆绑，做到精准救助和高效救助；外部统一性则旨在加强救助各项目与其他社会保障制度的有效衔接和协调发展，有利于形成制度合力，提升救助效率和制度效益，同时体现制度的包容性与开放性。

五 充分调动社会力量积极参与社会救助

社会救助是实现国家治理现代化的重要组成部分，是满足人民美好生活需要的重要制度保障。构建以政府为主导，多元主体共同参与的相对贫困治理格局是社会救助体系创新的发展路径。在许多国家社会救助发展的初始阶段，政府还没有承担起兜底责任，民间的慈善团体、教会组织、职业行会等主体在贫困救济中发挥了重要作用。而后，在社会救助体系逐渐完善过程中，为了减轻政府的兜底压力，也为了充分调动社会的救助资源,各类救助主体、社会力量在救助帮扶中仍然承担了重要角色。以德国为例,为了避免政府机构的官僚主义和低效率,德国政府把福利救助工作大量外包给私营机构,包括各类救助协会、慈善基金和私人救助企业,使得社会救助产业迅速发展,能为救助对象提供更加优质和多样化的救助服务。政府承担着社会救助的主要责任但绝不是全部责任,慈善组织、社会组织、爱心企业、社会工作者、志愿者等均是社会救助力量的重要组成部分。要实现社会救助领域的多元合作共治格局,还需进一步拓宽社会力量参与社会救助的渠道,通过设立社会救助服务项目、打造特色救助品牌等方式激发社会力量共同参与社会救助的活力。[1] 同时,要加强社会工作力量的全域介入,发挥其在需求调查和分析、资源链接和个性化服务等方面的优势,有针对性地开展个性化和专业化的社会救助行动。[2]

---

[1] 关信平:《"十四五"时期我国社会救助制度改革的目标与任务》,《行政管理改革》2021年第4期。

[2] 彭灵灵:《社会工作参与社会救助的挑战与拓展》,《云南大学学报》(社会科学版)2019年第6期。

第三章

中国兜底社会安全网建设：
社会救助的确立与发展

自中华人民共和国成立以来，我国社会救助制度的发展建设进入了历史新阶段。面对不同时期经济发展水平与国民生活问题，始终坚持保障国民基本生活为目标，社会救助制度经过70多年的发展改革，已经形成了较为完善的社会救助体系。纵观我国社会救助发展演进过程，新中国成立以来的社会救助制度发展大致可分为四个阶段，即应急化（1949—1956年），边缘化（1957—1992年），基础化（1993—2013年）和民生化（2014年至今）。

第一节 应急化阶段（1949—1956年）

中华人民共和国成立之时，连年战乱使得国民经济遭到严重破坏，民生凋敝，社会上充斥着大量的失业人员、灾民、难民、流民、乞丐，无依无靠的老弱病残比比皆是。大量的弱势群体面临着贫困、饥饿、瘟疫以及自然灾害的威胁。这一时期，我国社会救助主要围绕各类困难群体的现实问题，开展各种应急性、临时性、非制度化的救助政策。

首先，针对受灾困难人员解决其基本生存和生活问题。新中国成立之初，水旱灾害频发，1949—1956年七年间就遭受了7次重大自然灾害。例如，1949年我国遭受了遍及长江、淮河、汉水、海河流域16省区的特大洪水灾害，受灾人口达4550万人；1950年华北地区和1952年华东地区发生大旱灾；1953年东北地区、华北地区和1954年江淮流域发生大水灾；1955年南方各省出现罕见的冻害。据统计（见表3-1），1949—1956年，全国累计受灾人口数量达到3.4亿人次，其中1954年最高受灾人数达到6069万人。各类灾害造成了大量的人口死亡，以及数千万人流离失所，食不果腹。为了充饥活命，许多灾民变卖家产，被迫离乡逃生。为了保障人民生命安全、尽快安定人心，1949年11月负责救灾救济的内务部提出了"不许饿死人"和"节约救灾、生产自救、群众互助、以工代赈"的救助方针。1949年12月，政务院通过了《关于生产救灾的指示》，要求灾区各级人民政府把生产救灾作为工作中心，帮助灾民尽快生产自救，在提供款物接济的同时，积极发展农业生产，通过开展节约互助、以工代赈、发放贷款等方式扶助灾民战胜灾荒。据统计，1950年中央人民政府投入灾区的救济粮达8.7亿斤。1952年，中央人民政府拨付救济款10920余亿元（旧币，下同），较1951年增加9%，较1950年增加53%。[①] 为了劝阻灾民外逃，内务部于1949年和1950年先后颁布了《关于加强生产自救劝告灾民不往外逃并分配救济粮的指示》《关于帮助外逃灾民回籍春耕的指示》和《关于帮助灾民外移和回乡生产的指示》，通过分配救济粮的方式减少灾民外逃，以及帮助外逃灾民就地安置，或者对愿意回籍春耕者给予购票优惠等。[②] 针对农村中的老弱妇孺，1953年内务部进一步制定了《农村灾荒救济粮款发放使用办法》，将农村中无劳动能力、无依无靠的孤老残幼定为一等救济户，并规定"一等救济户，按缺粮日期长短全部救济"。为了进一步推进救灾工作的协调开展，各种救灾机构、组织相继建立。其中，内务部民政司的工作之一就是灾荒救济，各大区、省市都设有相应的机构，为灾害救助的开展提供组织保障。1950年2月，政务院政治法律委员会召集内务、财政、水利、农业、交通、卫生、贸易等12个有关部委领导开会，正式成立了以董必武为主任的中央救灾委员会。而后，各级政府分别对应建立了生产救灾委员会，为生产救灾工作奠定了行政基础。同年4月，北京召开了中国人民救济代表会议，成立了中国人民救济总会，作为辅助政府救灾工作的社会团体。

[①] 赵朝峰：《新中国成立初期的灾害救助工作》，《当代中国史研究》2011年第5期。
[②] 华东生产救灾委员会编：《华东的生产救灾工作》，华东人民出版社1951年版，第111页。

表 3-1　　　　1949—1953 年我国受灾人口及城镇失业情况

年份	受灾人口（万人）	城镇失业人数（万人）	失业率（%）
1949	4558	474.2	23.6
1950	2720	437.6	—
1951	3034	400.6	—
1952	2760	376.6	13.2
1953	3435	332.7	10.8
1954	6069	320.8	10.5
1955	3622	315.4	10.1
1956	7434	212.9	6.6

资料来源：受灾人口数据来自高冬梅《新中国 70 年社会救助研究》，人民出版社 2019 年版，第 24 页。失业人口数据来自程连升《中国反失业政策研究（1950—2000）》，社会科学文献出版社 2002 年版，第 61—62 页。

其次，针对失业困难人员解决其基本生活和再就业问题。据统计，失业人口在 1949—1951 年间均超过了 400 万人（见表 3-1），1949 年城镇失业人口高达 474.2 万人，失业率达到了 23.6%，平均每四个职工中就有一人失业。[1] 并且，失业人口类型广泛，不仅包括工人、农民，还包括小商业主、摊贩、商人、知识分子、公教人员等诸多群体。据统计，在 1952 年年底要求就业的 162.2 万人中，失业工人为 78 万人，占 48.1%；家庭妇女、失学青年为 43.8 万人，占 27%；小商业主、行商、摊贩等 10.9 万人，占 6.3%；失业知识分子 10.4 万人，占 6.4%；城市贫民、妓女、乞丐等 15 万人，僧尼道士 0.6 万人，共占 6.41%；旧军官、旧官吏 3.4 万人，占 2.1%。[2] 在 1950 年中共中央《关于举行全国救济失业工人运动和筹措救济失业工人基金办法的指示》中，这样描述失业工人的状况："失业工人的生活极为困难，已连续发生因生活无出路而自杀的现象"。1952 年，上海市登记失业知识分子时发现"有很多人已失

---

[1] 高冬梅：《新中国 70 年社会救助研究》，人民出版社 2019 年版，第 26 页。
[2] 程连升：《中国反失业政策研究（1950—2000）》，社会科学文献出版社 2002 年版，第 69 页。

业十年甚至二十年。因为生活困苦,有的每天只能吃五百块钱的东西"。① 突出的失业问题,不仅严重阻碍了国内经济复苏,更使得国内矛盾迅速激化,群众的失望情绪和不满情绪迅速蔓延,危害社会安定的恶性事件频发。为了安定社会,解决失业人员的基本生活和再就业问题,1950年各地开始建立失业工人救济委员会和劳动介绍所,对失业人员情况进行登记摸底。1950年4月,中共中央做出《关于举行全国救济失业工人运动和筹措救济失业工人基金办法的指示》,提出在"五一"前后开展一场全社会捐助救济失业工人的运动。据统计,截至同年9月,各地工人捐献钱款288万元,粮食3887.4万斤。② 1950年6月,中共中央和政务院发布了《关于救济失业工人的指示》,规定了"以'以工代赈'为主,而以生产自救、专业训练、还乡生产、发放救济金等为补充救助"的救助原则,同月政务院还制定了《救济失业工人暂行办法》,对救济失业工人的方针、政策做出了具体规定。而后,分别在7月和11月,政务院又分别做出《关于救济失业教师和处理学生失业问题的指示》和《关于处理失业知识分子的补充指示》,进一步完善各类人员的失业救济和安置办法。第一,针对失业工人,主要是通过"以工代赈"的形式组织其参与国家市政工程建设进行救济,这种形式主要集中在1950和1951年,根据统计,全国1950年年底参加以工代赈对象12.4万人,1952年年底为6万人,③ 而后因为失业现象的缓解,以及城市建设工程专业技术能力要求的提升,以工代赈的救助形式逐渐结束。第二,针对失业人员中学习能力较强的对象,则主要通过专业培训的方式,让其参加建筑、机械、纺织、税务、医药等技术训练班,使得失业人员掌握一门专业技术,实现再就业。针对失业人员中的手工业者、商贩、工人等,则主要采取生产自救的形式帮助纾困。主要包括:一是从劳动救济部门拨出部分款项贷给手工业生产单位,使其扩大经营,吸纳更多失业人员;二是通过劳动部门与商业部门合作,让一部分失业人员参与城市物资收购、贮运和销

---

① 高冬梅:《新中国70年社会救助研究》,人民出版社2019年版,第27页。这里指人民币旧币,1万元旧币折合1955年3月发行的人民币新币1元。500元旧币换算成新币即5分钱。
② 袁伦渠主编:《中国劳动经济史》,北京经济学院出版社1990年版,第80页。
③ 程连升:《中国反失业政策研究(1950—2000)》,社会科学文献出版社2002年版,第77页。

售，从中获取报酬；三是政府补助生产资金，资助个人独立生产经营。第三，针对家住农村的失业人员，则鼓励其还乡生产。针对自愿还乡生产的失业人员，政府除给予本人及其家属路费支持外，还按救济标准发放3个月的安家费。第四，针对其他没有自救能力的困难失业人员，政府则主要通过直接发放救济金的形式进行救助。根据1950年《失业工人暂行办法》规定，需要救济的失业工人每月发给粮食45—90斤；失业学徒每月30斤；半失业工人，所获工资低于失业工人所领的救济金额而无法维持生活者，按实际情况酌量予以救济。1952年，政务院进一步提高了城市失业人员的救济标准：大城市为每人每月6元，有家属一口者增加至每月9元，家属每增加一人增发2元，最高不超过15元；中等城市为每人每月5元，家属每增加一人增发1.5元，最高不超过12元。根据统计，从1950年7月至1953年年底，政府通过以工代赈救济失业人员280余万人次，生产自救15万余人，参加专业训练15万余人，还乡生产者14余万人，领取失业救济金460余万人次。[①] 通过多种失业救济方式，全国失业情况逐渐向好，失业人口数量持续下降。

最后，针对无就业能力和自救能力的孤老残幼，解决其基本生活问题。据统计，新中国成立后，全国有数百万的孤老病残人员。由于孤老病残人员通常无依无靠，没无劳动能力，其生存状况十分恶劣。为了保障极度困难群众的基本生存和生活需求，1956年全国人大一届三次会议通过《高级农业生产合作社示范章程》，明确规定"吸收老、弱、孤、寡、残疾的人入社。农业生产合作社对于缺乏劳动力或者完全丧失劳动力、生活没有依靠的老、弱、孤、寡、残疾的社员，在生产上和生活上给以适当的安排和照顾，保证他们的吃、穿和柴火的供应，保证年幼的受到教育和年老的死后安葬，使他们生养死葬都有依靠"。[②] 这标志着我国农村五保制度正式确立。

总的来看，社会救助在这一时期体现出较为明显的应急性特征。尽

[①] 程连升：《中国反失业政策研究（1950—2000）》，社会科学文献出版社2002年版，第79页。

[②] 第一届全国人民代表大会第三次会议通过：《高级农业生产合作社示范章程》，《江西政报》1956年第13期。

管这一时期社会救助措施多种多样，但是受制于经济财政支持有限、救助制度体系尚未建立成型、遗留性贫困问题突出等现实因素，国家没有足够能力解决大量贫困对象的生存问题，所以为了尽快稳定新政权，出于"救急不救穷"的理念，社会救助主要针对救灾救荒和失业救济，并且各类救助措施都是应急性、临时性、非制度化的，救助对象、救助手段、救助资金的配置大多都是暂时性的，救助政策主要通过"指示"的形式予以指导，解决的是时下最突出、最紧急的社会问题，达到迅速化解贫困与弱势群体生存危机，稳定社会秩序的目的。

第二节　边缘化阶段（1957—1992 年）

1957 年，社会主义"三大改造"基本完成，原来的私有经济被消灭，公有制经济的主导地位得以确立，困难群众的生活状况有了明显改善。公有制经济主要包括国有经济和集体经济，城市主要是国有经济，农村则主要是集体经济，这也导致社会救助开始呈现城乡二元结构特征。

在农村，1958 年人民公社建立，几乎所有农民都成了社员，农民的生、老、病、死基本上依靠集体经济力量给予保障，集体经济组织承担了社会救助主要责任。农村贫困对象进入公社生产队后，通过从事力所能及的生产劳动，能够获得生产生活资料，从而使大部分农村贫困对象的基本生活得以保障，只有极少数没有劳动能力和生活没有依靠的孤老残幼等需要额外救助。与此同时，农村五保制度的逐步建立和推广，使得鳏寡孤独和没有劳动能力贫困对象的生活问题得以基本保障，孤寡老人和孤儿都可以享受到"五保"救助，即保吃、保穿、保医、保住、保葬（保教）。1958 年 12 月，八届六中全会通过了《关于人民公社若干问题的决议》，进一步提出"要办好敬老院，为那些无子女依靠的老年人（五保户）提供一个较好的生活场所"。[①] 1960 年 4 月，第二届全国人大二次会议通过《1956 年到 1967 年全国农业发展纲要》，明确提出"农业合作社对于社内缺乏劳动力，生活没有依靠的鳏寡孤独的社员，应该统一筹划，指定生产队或者生产小组在生产上给予适当的安排，使他们能

[①] 《关于人民公社若干问题的决议》，《法学研究》1958 年第 6 期。

够参加力能胜任的劳动；在生活上给予适当的照顾，做到保吃、保穿、保烧（燃料）、保教（儿童和少年）、保葬，使他们生养死葬都有指靠"。① 农村的五保制度是该时期农村最为突出和重要的社会救助制度，"五保"之外的困难农户，则主要依靠集体经济组织进行兜底救助。1957—1965 年间，自然灾害仍然频发，包括了 1958 年黄河流域洪涝灾害、1959—1961 年三年大旱灾、1963 年东北地区洪涝灾害等，受自然灾害影响的农村贫困对象数量大增，使得灾害救助成为该阶段农村兜底保障的重点。国家一方面通过生产自救的方式组织农民恢复生产，另一方面则加大救助资金投入，保障灾民的基本生活。根据数据统计，1960—1963 年国家共拨付农村社会救济款和灾民生活救济款 23 亿元，超过了 1950—1959 年农村救灾救济款的总和。②

在城市，由于全国掀起了全民办工业的热潮，并且国有制经济下绝大多数城镇人口进入了全民所有制和集体所有制单位中就业，城市就业问题得以大幅解决。在 1957—1965 年间，城市救助主要针对孤老病残人员和特殊困难人员的基本生活，救助方式主要包括定期定量救助和临时救助两种。定期定量救助标准方面，1953 年内务部在第三次全国社会救济工作会议上公布了城市社会救助标准：以户为单位，按家庭人口数量递增，大城市每户每月一般不超过 5—12 元，中小城市每户每月一般不超过 3—9 元。1956 年，考虑到简单按城市大小划分救济标准的不合理性，内务部提出应以能够维持基本生活为原则，不再规定统一的救济标准。各地根据实际情况，把救助对象划分不同类型，按类型调整救助标准。在救助对象方面，定期定量救助的对象主要包括：（1）城镇享受商品粮待遇人口中的孤老病残人员；（2）在 20 世纪 60 年代初调整国民经济期间的精简退职老弱病残职工；（3）特殊救济对象。临时救助则主要针对遭遇到临时性、突发性变故导致生活出现暂时困难的居民家庭。③ 1958 年，"大跃进"时期，城市社会救助领域提出了"实现城市无贫民"的口

---

① 《1956 年到 1967 年全国农业发展纲要》，《土壤通报》1960 年第 3 期。
② 刘喜堂：《建国 60 年来我国社会救助发展历程与制度变迁》，《华中师范大学学报（人文社会科学版）》2010 年第 4 期。
③ 刘喜堂：《建国 60 年来我国社会救助发展历程与制度变迁》，《华中师范大学学报（人文社会科学版）》2010 年第 4 期。

号，各层次生产自救厂迅速发展，以钢铁业为中心的城市经济突飞猛进，劳动力需求空前，在1958年年底，50个城市和300个城镇基本实现了"无贫民"目标。[①] 但是，在一段时期后，由于中国遭受到了连续三年的严重自然灾害，加之经济结构的严重畸形，国家和人民都蒙受了巨大损失。1960年后，国民经济开始严重衰退，人民生活水平骤跌。为了缓解城镇粮食的供应压力，1961—1963年，国家开始大力精简城镇就业职工，两年半时间，全国共精简城镇职工2000余万人，精简城镇人口2600余万人。精简职工一部分返回农村，还有一部分则继续留在城镇，成为失业对象，只能寻求政府救助。这一时期，生活困难需要救助的对象迅速增加，精简退职职工，加上被取缔的小商贩、社会闲散人口，成为了社会救助的主要对象。为了解决这些群体的基本生活问题，1962年国务院发布了《精简职工安置办法的若干规定》，针对生活无依无靠的精简职工，由当地民政部门按月发给救济费，救济费标准为本人原标准工资的30%，作为本人的生活费用，他们的家属生活有困难的，另按社会救济标准给予救助。1965年，国务院发布了《关于精简退职老职工生活困难救济问题的通知》，将原来30%的救济标准提高到了40%，同时，凡享受救济费的退职老弱或职工本人的医疗费用，凭医疗单位的收费凭证由民政部门补助2/3，本人负担1/3。据统计，1961—1963年，累计救助人次达到651万，[②] 全国累计有4.66万人享受了原标准工资的40%的救助。[③]

1966年，"文化大革命"兴起后，国民经济遭受巨大破坏，党和国家的各项工作受到严重冲击，1969年内务部被撤销，各地民政部门也相继被冲垮，许多救助工作无法正常开展。但在此阶段社会救助事业并未完全停滞或取消，面对困难群众的贫困问题，城市困难对象的救助工作主要依靠企事业单位组织实施，农村困难对象的救助工作主要依靠生产队给予一定保障。此外，针对遭受重大自然灾害的地区，国家仍然会给予

---

① 孟明达主编，中华人民共和国民政部大事记编委会编：《中华人民共和国民政部大事记（1949—1986）》，中国社会出版社2004年版，第98页。
② 多吉才让：《中国最低生活保障制度研究与实践》，人民出版社2001年版，第56页。
③ 《当代中国的民政》编辑委员会编：《当代中国的民政（下）》，当代中国出版社1994年版，第79—80页。

一定数量的救灾款物进行救助。①

1978年，党的十一届三中全会召开，中国进入改革开放新时期，但由于经济社会转型导致的利益格局变化，以及历史遗留的贫困问题，国内贫困对象数量仍然大量存在。据统计，改革开放初期，我国贫困人口数量大概有7.7亿人，其中农村没有解决温饱、需要救助的贫困人口就达到2.5亿人。②1978年5月，民政部正式恢复成立，同时分别设置了农村社会救济司和城市社会福利司分别主管农村和城市的社会救助工作，各级民政单位也相继建立，为社会救助工作开展提供组织保障。在1978—1992年这一阶段，社会救助工作仍然呈现出城乡二元分治的特征。

在农村，贫困问题较为严重，改革开放初期大约有1/3农村人口处于贫困状态，许多人"缺粮断粮，没有盐吃，没有水喝，没有衣穿，没有房住或住着危房，更别说缺医少药，上学困难了"。③1978年9月，第八次全国民政工作会议在北京召开，提出了农村社会救助的基本方针："依靠群众，依靠集体，生产自救，互助互济，辅之以国家必要的救济和扶持"。可以看出，虽然改革开放后农村社会救助工作得以恢复，但是政策并未发生实质性变化，社会救助仍然处于边缘化范式。并且由于国家财政的限制，农村社会救助执行条件被严格限制，救济款物主要用于灾害救助和扶持贫困户发展生产，对贫困户、精简退职老职工、孤老残幼等主要实施定期定量救助或临时救助。④同时，为了保障五保户的基本生活，这一时期，农村敬老院建设取得了一定成效。据统计（见表3-2），农村敬老院数量从1978年的7175所，增加到了1989年的37371所，增长了4.2倍；在院供养人员从1978年的10.4万人，增加到了1989年的45.3万人，增长了3.4倍；供养人员年人均生活费也从1978年的126元增加到了1989年的548元；敬老院工作人员数量也从1978年1.3万人增加到1989年的9.6万人。截至1989年年底，全国800多个县实现了在乡镇敬老院建设，建设了敬老院的乡镇占全国乡镇的总数的49%。在此期

---

① 钟仁耀主编：《社会救助与社会福利》，上海财经大学出版社2005年版，第38页。
② 高和荣：《建国70年中国社会救助制度的发展与展望》，《济南大学学报（社会科学版）》2019年第2期。
③ 洪大用：《转型时期中国社会救助》，辽宁教育出版社2004年版，第37页。
④ 钟仁耀主编：《社会救助与社会福利》，上海财经大学出版社2005年版，第40页。

间，农村五保对象的供养设施条件不断改善，供养水平不断提高。20世纪80年代初，农村开始推行家庭联产承包责任制，农村贫困问题一定程度得到缓解。1984年年底，按照农民人均年纯收入低于200元的贫困标准，全国农村没有解决温饱的贫困人口为1.28亿人，贫困率为15.1%。[1]但随着家庭联产承包责任制的实行，农村集体的保障功能日益弱化，集体经济的瓦解，这意味着农民需要自掏腰包解决疾病、教育、伤残等带来的经济负担，农村贫困问题仍然十分严峻。与此同时，农村五保对象原来由社队集体分配保障基本生活的模式难以为继，1985年起，全国逐步推行由乡镇统筹解决农村五保制度支持经费的形式，以继续保证五保对象的基本生活来源。1985年农村享受国家定期救济的人数达到百余万人，享受临时救济的人数更多。[2] 与此同时，针对农村贫困人口主要集中在"老、少、边、穷"地区的现状，国家在全国范围内开始开展扶贫工作。1980年，中央财政设立了"支援经济不发达地区发展资金"，用以改善特别贫困地区的经济社会发展现状。1983年，第八次全国民政会议进一步提出将扶贫工作作为民政工作的重要内容。1984年，中共中央、国务院印发了《关于帮助贫困地区尽快改变面貌的通知》，要求通过进一步放宽政策、减轻税收负担、给予优惠、加速商品周转、增加农村贫困地区智力投资等方式，帮助特别贫困地区的人民首先摆脱贫困。[3] 1986年国务院进一步成立了贫困地区经济开发领导小组，并通过专项扶贫贴息贷款的方式，重点扶持集中连片的贫困地区。改革开放以来，随着国内经济的迅速增长以及扶贫工作的持续推进，我国农村地区的贫困状况有了明显改善，到1992年，农村没有解决温饱问题的贫困人口从1978年的2.5亿人减少到了8000万人。[4]

---

[1] 韩广富、刘心蕊：《改革开放以来革命老区扶贫脱贫的历史进程及经验启示》，《当代中国史研究》2019年第1期。

[2] 刘喜堂：《建国60年来我国社会救助发展历程与制度变迁》，《华中师范大学学报（人文社会科学版）》2010年第4期。

[3] 北大法宝：《中共中央、国务院关于帮助贫困地区尽快改变面貌的通知》，https://www.pkulaw.com/chl/a0a5b921f42ca257bdfb.html? way=textSlc。

[4] 高冬梅：《新中国70年社会救助研究》，人民出版社2019年版，第42页。

表 3-2　　　　1978—1989 年农村敬老院建设与发展情况

年份	敬老院数量（个）	敬老院数量增长率（%）	在院人数（人）	在院人数增长率（%）	工作人员数量（人）	供养经费（万元）	年人均生活费（元）
1978	7175	—	104361	—	12545	1313.2	126
1979	7470	4.1	105582	1.2	15360	1824.2	173
1980	8262	10.6	111796	5.9	18366	1775.6	159
1981	8544	3.4	115481	3.3	20529	2066.6	179
1982	10586	23.9	137581	19.1	25175	2704.9	197
1983	14047	32.7	169425	23.1	33503	4168.6	246
1984	20871	48.6	241430	42.5	49963	7127.5	347
1985	27103	29.9	308896	27.9	65034	10102.7	327
1986	32792	21.0	367907	19.1	81045	14666.2	398
1987	35015	6.8	407064	10.6	85779	18524.7	455
1988	36665	4.7	434209	6.7	92300	19111.4	440
1989	37371	1.9	452822	4.3	95547	24820.8	548

资料来源：《当代中国》丛书编辑委员会编：《当代中国的民政（下）》，当代中国出版社 2021 年版，第 94 页。

在城市，1978 年党的十一届三中全会召开后，城市社会救助工作得到较快的恢复和发展。1979 年 11 月，民政部召开全国城市社会救济福利工作会议，对城市社会救助对象进行了界定，主要是"无依无靠、无生活来源的孤老残幼和无固定职业、无固定收入、生活有困难的居民。对中央明文规定给予救济的人员，按规定办理"。城市救助对象范围进一步扩大，将"文化大革命"中受迫害人员、错定成分人员、返城知青、被解散文艺剧团生活无着人员、生活困难的外逃归国人员、刑事犯罪人员家属等 25 类特殊困难群体纳入救助范围。[1] 据统计，1992 年全国城市获得救助的人数为 908 万人，与 1985 年的 376.9 万人相比，增加了 1.4 倍多。[2] 在 1983 年 4 月召开的第八次全国民政会议上，城市社会救助工作方针被进一步总结为"依靠群众，依靠集体，生产自救，互助互济，辅之以国家必要的救济和扶持"，社会救助仍然处于边缘地位。在此阶段，

---

[1] 高冬梅：《新中国 70 年社会救助研究》，人民出版社 2019 年版，第 45 页。
[2] 刘喜堂：《建国 60 年来我国社会救助发展历程与制度变迁》，《华中师范大学学报（人文社会科学版）》2010 年第 4 期。

尽管城市社会救助政策与之前并无太大改变，但救助标准在20世纪80年代先后多次依据经济发展而适时调整。为了切实保障城市困难对象的基本生活，全国各地的民政部门组成调查小组，深入进行居民生活必要开支水平的经济核查，依据核查结果与当地经济发展水平，适时调整调整定期救助标准。例如，北京市就先后4次调整救助标准，一般城市困难对象1982年从每人每月15元调整至20元，1985年增加至25元，1989年又增加至42元；社会孤老则从1982年每人每月18元调整至25元，1985年增加至30元，1989年又增加至52元。① 尽管救助标准有所增加，但社会救助水平仍然较低。从全国来看，1979年全国城市享受定期定量救助的人数24万人，支出社会救助经费1785万元，平均每人每年75元；1989年全国城市享受定期定量救助的人数为31万人，支出社会救助经费8450万元，平均每人每年273元；② 1992年，全国城市定期定量救助经费支出8740万元，救助对象平均每人每年456元，仅为城镇居民人均生活费收入的25%，不到城镇居民人均食品支出的1/3。③ 改革开放后，随着社会流动性的增强，流动人口问题也越来越严重，流动人口中生活困难者逐步发展成为城市中的流浪乞讨人员，居无定所。为了解决这部分生活无着流浪乞讨人员的基本生活问题，1982年国务院发布了《城市流浪乞讨人员收容遣送办法》，将街头乞讨者和"其他露宿街头生活无着落的人"列为收容遣送对象，同时在流浪乞讨人员多的地方，设立收容遣送站，收容遣送站应当安排好遣送对象的生活，加强思想政治教育，及时将流浪对象遣送回原户口所在地。除了贫困问题，继续做好生活困难精简退职职工的救助工作也是这一阶段的重点。受到"文化大革命"影响，生活困难的精简退职职工未能享受到应有的救助，所以经济恢复后，这部分对象寻求救助的呼声强烈。1982年，民政部和财政部发布了《关于做好精简退职老职工生活困难救济工作的通知》，要求做好按原标准工资40%救助的补办工作，对不符合享受40%救助条件但生活却有困难的，

---

① 瞿晓琳：《中国共产党与城市困难群体的社会救助（1992—2012）》，中国社会科学出版社2017年版，第79页。
② 崔乃夫主编：《当代中国的民政（下）》，当代中国出版社1994年版，第80—81页。
③ 钟仁耀主编：《社会救助与社会福利》，上海财经大学出版社2005年版，第39页。

同样给予一定救助。经过两年时间，补办工作基本完成。据不完全统计，全国补办的精简退职职工有 16.54 万人，中央财政拨款 4961 万元。加上 1981 年前正常享受困难职工生活救助的 9.97 万人，和 3296 万元经费，共计有 26.51 万人享受困难职工生活救助，国家财政经费支出 8257 万元。[①]

总的来看，不管是社会主义"三大改造"完成后，还是改革开放初期，社会救助工作一直处于边缘化的地位没有改变，社会救助始终面向的是少数城乡边缘困难群体，以定期定量救助和临时救助为主的城乡分割式救助措施一直持续，并且救助水平较低，财政投入有限。据统计，1992 年全国城镇社会救助费用（包括临时救助）总共只有 1.2 亿元，仅占当年国内生产总值的 0.005%，不到国家财政收入的 0.03%，只覆盖城镇人口的 0.06%。[②] 社会救助在兜底困难群众基本生活方面的主体作用尚未明显体现。

第三节　基础化阶段（1993—2013 年）

党的十四大之后，我国明确了社会主义市场经济的改革方向。在经济转型过程中，社会经济迅速发展，国民生活水平普遍提高。在此阶段，我国的社会救助事业也迅速发展，在救助力度、规模、效果等方面，较之前的时期都有了长足进步。经过 20 年发展，我国社会救助制度从无标准、随意性较大的救助模式，发展为有标准、有体系、系统规范的救助模式，形成了以城乡最低生活保障制度、农村五保制度为核心，各类专项救助、自然灾害救助为补充的社会救助体系，使社会救助在兜底民生中的作用从边缘化走向了基础化。

第一，城市最低生活保障制度的建立与发展。由于传统救助制度的对象瞄准范围集中于"三无人员"，因而难以解决城市新产生的大量失业下岗工人的生活困难问题，城市最低生活保障制度在此背景下应运而生。该制度通过划定一条最低生活保障线，对人均收入低于低保线的家庭提

---

① 瞿晓琳：《中国共产党与城市困难群体的社会救助（1992—2012）》，中国社会科学出版社 2017 年版，第 80 页。

② 郑功成：《中国社会保障 30 年》，人民出版社 2008 年版，第 153 页。

供补差救助，彻底改变了传统定期定量的救助方式。1993年6月，上海市民政局、财政局等部门联合下发《关于本市城镇居民最低生活保障线的通知》（沪民救〔1993〕17号），城市居民最低生活保障制度率先在上海市建立，保障标准为每人每月120元。1993年10月，厦门市也颁布了《城市居民最低生活保障暂行办法》，最低生活保障线确定为民政对象户月人均150元，非民政对象户月人均130元。[1] 在1994年召开的第十次全国民政会议上，民政部高度肯定了上海经验，并提出"对城市社会救济对象逐步实行按当地最低生活保障线标准进行救济"的改革目标，计划在东部沿海地区进行试点。1995年5月，民政部召开了全国城市最低生活保障线工作座谈会，号召在全国推广城市低保制度。在民政部的推动下，越来越多的城市开始建立低保制度，到1997年8月底，全国建立城市低保制度的城市总数已达206个，占全国建制市的1/3。[2] 1996年，国务委员李贵鲜在全国民政厅局长会议上的发言中指出"城市最低生活保障线的制定，既要保证基本生活又要注意和工资的比例，也要因地而行，不能强求发达的地区和不发达地区一个样，保障线的制定也要科学地预测和计算"。[3] 1997年9月，国务院颁布《关于在全国建立城市最低生活保障制度的通知》（国发〔1997〕29号），进一步推动全国城市低保制度的建设进程，同时对救助对象范围、低保标准、资金发放形式等进行了明确规定。同时，建立城市居民最低生活保障制度也被纳入了《中华人民共和国国民经济和社会发展"九五"计划和2010年远景目标纲要》，成为"九五"期间的重要任务。1999年9月，全国668个城市和1638个有建制镇的县人民政府所在地全部建立起了城市居民最低生活保障制度，城市低保制度实现了全国覆盖。同年，国务院颁布《城市居民最低生活保障条例》，将城市居民最低生活保障制度纳入了法制化发展轨道。该条例规定"持有非农业户口的城市居民，凡共同生活的家庭成员人均收入低于当地城市居民最低生活保障标准的，均有从当地人民政府获得基本

---

[1] 民政对象户指无固定职业、没有固定收入、生活有困难的居民户。非民政对象户指家中有在职人员的家庭困难户。

[2] 刘喜堂：《建国60年来我国社会救助发展历程与制度变迁》，《华中师范大学学报（人文社会科学版）》2010年第4期。

[3] 李贵鲜：《在全国民政厅局长会议上的讲话（摘要）》，《社会工作》1996年第1期。

生活物质帮助的权利",这标志着国家救助责任的主体地位开始显现。在此阶段,城市中的"三无"人员被纳入低保制度兜底范围之内。2001年,国务院办公厅发布《关于进一步加强城市居民最低生活保障工作的通知》(国办发〔2001〕87号),对城市低保制度执行过程中重要性认知不足、对象属地管理不规范、财政投入不足、监督管理不规范等问题提出了进一步规范要求。到2002年年底,城市低保保障人数2064.7万人,基本实现了"应保尽保"的目标。[1] 2012年,国务院发布了《关于进一步加强和改进最低生活保障工作的意见》(国发〔2012〕45号),对于最低生活保障制度在实践中存在的对象认定不准确、程序审批不规范、工作机制不健全、工作保障不到位等问题提出了进一步规范的要求。截至2013年,城市最低生活制度覆盖对象2064万人,低保标准占人均可支配收入的比例约为16.9%,基本能够保障城市困难群体的基本生活。

第二,农村最低生活保障制度的建立与发展。在城市最低生活保障制度建立发展过程中,农村地区也开始逐步探索建立低保制度。1992年,山西省左云县率先开展了农村低保制度建设的试点工作。1994年,上海市开始在3个区开展农村低保工作试点。1995年12月,广西武鸣县颁布了《武鸣县农村最低生活保障线救济暂行办法》,这是中国出台的第一个县级农村最低生活保障制度的文件,文件规定一般贫困对象的救助标准为每人每月40元,五保对象每人每月65元。1996年10月,中共中央、国务院颁布《关于尽快解决农村贫困人口温饱问题的决定》,明确提出"把解决贫困人口温饱问题作为首要任务"。1996年12月,民政部发布《关于加快农村社会保障体系建设的意见》,将农村最低生活保障制度作为社会保障制度重大改革工作进行推进。到1997年年底,全国已有997个县市初步建立了农村最低生活保障制度。[2] 2002年11月,党的十六大进一步号召农村有条件的地方建立最低生活保障制度。2004年,中共中央、国务院在《关于促进农民增加收入若干政策的意见》(中发〔2004〕

---

[1] 张浩淼:《中国社会救助70年(1949—2019):政策范式变迁与新趋势》,《社会保障评论》2019年第3期。

[2] 孙聪、王诗剑:《中国农村最低生活保障政策研究回顾》,《中国集体经济》2010年第7期。

1号)中,再次强调"有条件的地方要探索建立农民最低生活保障制度",农村低保制度的进程被推动加快。2006年10月,党的十六届六中全会第一次提出在全国范围"逐步建立农村最低生活保障制度"的要求。2007年7月,国务院颁布《关于在全国建立农村最低生活保障制度的通知》(国发〔2007〕19号),进一步明确了农村低保制度的目标和总体要求,对低保标准、对象范围、审批管理、资金保障、组织领导等内容进行了详细规定,农村低保制度进入全速发展阶段。2007年9月,农村最低生活保障制度在全国31个省(自治区、直辖市)、2777个涉农县(市、区)实现制度全覆盖。到2013年年底,农村低保制度覆盖对象已经达到5388万人,低保标准占人均可支配收入的比例约为25.8%,有效兜底保障了农村困难对象的基本生活。

第三,农村五保制度的发展与完善。为了进一步规范农村五保供养工作,1994年国务院发布了《农村五保供养工作条例》,对供养对象、供养内容、供养形式、财产处理和监督管理等方面做出明确规定,进一步明确了集中供养和分散供养两种供养形式,经费保障方面则规定"五保供养所需经费和实物,应当从村提留或者乡统筹费中列支,不得重复列支;在有集体经营项目的地方,可以从集体经营的收入、集体企业上交的利润中列支"。条例的颁布也标志着农村五保供养工作开始走向法制化管理的道路。而后,由于税费制的改革,为了充分保障农村五保制度的资金来源,2006年新的《农村五保供养工作条例》颁布,重点对五保供养资金进行规定:"农村五保供养资金,在地方人民政府财政预算中安排。有农村集体经营等收入的地方,可以从农村集体经营等收入中安排资金,用于补助和改善农村五保供养对象的生活。中央财政对财政困难地区的农村五保供养,在资金上给予适当补助"。新条例的颁布,意味着农村五保供养实现了由集体福利性质的农民互助互济向政府公共财政保障的重大转变。[①] 除了加强农村五保供养的制度保障,国家同时重视五保供养机构的建设。为改善五保对象的供养条件,2007年民政部开始在全国范围内实施农村供养服务设施建设的"霞光计划",运用政府资金和彩

---

① 高瑾:《我国特困人员供养法律制度历史演进及制度展望》,《上海政法学院学报》(法治论丛)2017年第6期。

票公益金等，对农村集中供养的敬老院和散居集中居住点进行修建改造，进一步提高五保对象的服务条件。在这一时期，全国五保供养机构迅速发展。例如，2006年重庆市开启"五保家园"建设工程，计划每个五保家园投入10万元进行设施改造；石家庄市的敬老院从20世纪80年代的个位数，增加到2011年的164所。① 随着供养设施建设工作的推进，为了加强供养服务机构管理，提高供养服务能力和水平，2010年国务院颁布了《农村五保供养服务机构管理办法》，对农村五保供养服务机构的设施配置、服务对象、供养内容、内部管理、人员配置、经费保障、法律责任等方面做出了更为详细和明确的规定。

第四，专项救助制度的建立与发展。2003年之后，伴随着城乡低保制度的逐步发展完善，除了满足城乡困难群众的基本生活需求，困难群众在医疗、住房、教育和就业等方面的需求也日益突出。继而民政部开始大力推动医疗救助、住房救助、教育救助和就业救助等专项救助制度的建立和发展。

首先，医疗救助逐步建立发展。20世纪90年代"看病难、看病贵"的社会问题开始显现，农村合作医疗制度覆盖和保障作用有限，困难群众的医疗需求尤为突出。2002年10月，中共中央、国务院在《关于进一步加强农村卫生工作的决定》（中发〔2002〕13号）中，明确提出政府应该对农村贫困家庭给予医疗救助资金支持，对实施合作医疗按实际参加人数和补助定额给予资助。2003年，民政部、卫生部和财政部联合下发《关于实施农村医疗救助的意见》（民发〔2003〕158号），医疗救助制度正式在农村建立。该意见对医疗救助的救助对象、救助办法、审批程序、救助服务、基金管理等进行了明确规定。根据规定，医疗救助的救助对象主要包括：农村五保户，农村贫困户家庭成员，以及地方政府规定的其他符合条件的农村贫困农民。与此同时，城市医疗救助制度的建设也开始推进，2005年民政部等部门颁布《关于建立城市医疗救助制度试点工作的意见》（国办发〔2005〕10号），提出对城市低保对象中未参加城镇职工基本医疗保险人员、已参加城镇职工基本医疗保险但个人负担仍然较重的人员和其他特殊困难群众进行医疗救助，同时计划用2—

---

① 高冬梅：《新中国70年社会救助研究》，人民出版社2019年版，第195页。

3年时间，在全国建立起管理制度化、操作规范化的城市医疗救助制度。至此，医疗救助制度开始在城乡全面铺开。为了进一步推进制度建设、规范管理，2009年民政部颁布了《关于进一步完善城乡医疗救助制度的意见》（民发〔2009〕81号），对救助对象的认定、服务内容的完善、补助方案的制定、审批程序的简化、制度的有效衔接等方面都做出了明确规定，以充分保障困难群众基本医疗需求。

其次，住房救助逐步建立发展。我国在1994年发布了《城镇经济适用住房建设管理办法》，构建起了针对中低收入家庭住房困难户的经济适用住房供应体系。1998年，国务院发布《关于进一步深化城镇住房制度改革加快住房建设的通知》（国发〔1998〕23号），指出"最低收入家庭租赁由政府或单位提供的廉租住房"，廉租住房制度被首次提出。2003年，建设部联合多部门出台了《城镇最低收入家庭廉租住房管理办法》（国家税务总局令第120号），廉租住房制度基本建立。2005年，建设部继续下发《城镇廉租住房租金管理办法》和《城镇最低收入家庭廉租住房申请、审核及退出管理办法》，进一步完善了低收入家庭享受廉租住房的制度保障。2007年，国务院发布《关于解决城市低收入家庭住房困难的若干意见》（国发〔2007〕24号），提出了实现符合规定住房困难条件、申请廉租住房租赁补贴的城市低保家庭和县城低保家庭基本做到应保尽保的政策目标，同时将保障范围不断向低收入住房困难家庭扩大。2010年，住建部等部门发布《关于加快发展公共租赁住房的指导意见》（建保〔2010〕87号），为进一步帮助解决困难群众基本住房需要，公共租赁住房政策被纳入了住房救助制度的体系之内。

再次，教育救助不断发展完善。20世纪90年代，"上学难、上学贵"的问题同样显著。2004年，民政部联合教育部发布了《关于进一步做好城乡特殊困难未成年人教育救助工作的通知》（民发〔2004〕151号），具体规定"对持有农村五保供养证和属于城市'三无'对象的未成年人，基本实现普通中小学免费教育；对持有城乡最低生活保障证和农村特困户救助证家庭的子女在义务教育阶段基本实现'两免一补'（免杂费、免书本费、补助寄宿生活费），高中教育阶段要提供必要的学习和生活补助"，以解决城乡特殊困难未成年人上学难的问题。2005年，在中华全国妇女联合会联合中央综治办、共青团中央发布的《关于开展"平安家庭"

创建活动的意见》(妇字〔2005〕23号)中,进一步强调加强对特殊困难学生的教育救助工作,其中包括了吸毒人员、服刑在教人员的子女、有不良行为的闲散青少年、流浪儿童以及流动人口子女等。

最后,就业救助不断发展完善。2005年11月,国务院发布《关于进一步加强就业再就业工作的通知》(国发〔2005〕36号),明确提出对持"再就业优惠证"的就业困难对象(包括:国有企业下岗失业人员、厂办大集体企业下岗职工和国有企业关闭破产需要安置人员中的"4050"人员;享受城市居民最低生活保障、就业确有困难的长期失业人员),将其作为就业援助的重点,提供相应的政策扶持。2007年,我国颁布了《就业促进法》,对就业援助进行了专章规定,针对就业援助对象认定、就业援助措施、就业援助服务等内容进行了明确。2008年2月,国务院发布《关于做好促进就业工作的通知》(国发〔2008〕5号),要求进一步完善面向所有困难对象的就业救助工作。

第五,自然灾害救助制度的发展与完善。一直以来,我国深受自然灾害影响,灾害频发且后果严重。为了进一步规范自然灾害救助工作,保障受灾人员基本生活,明确政府在自然灾害救助中的主体责任,2006年国务院批准了《国家自然灾害救助应急预案》,该预案而后分别在2011年和2016年进行修订,预案对灾害救助中各级政府责任、救灾管理等相关事项进行了规定。2010年7月,国务院颁布了《自然灾害救助条例》,对自然灾害的救助原则进行了明确,即"以人为本、政府主导、分级管理、社会互助、灾民自救",同时对各级政府责任、自然灾害预案、应急救助、灾后救助、救助款物管理、法律责任等内容进行了明确规定,以此建立制度更加完备、机制更加完善的自然灾害救助体系。

此外,城市生活无着的流浪乞讨人员的临时救助方面,由于2003年"孙志刚"事件震惊全国,执行了二十多年的收容遣送制度被废止。2003年《城市生活无着的流浪乞讨人员救助管理办法》颁布,对在城市生活无着的流浪乞讨人员实行临时救助,保障其基本生活权益,同时该办法还对救助站的建立与管理、救助站的服务内容、各级政府责任、救助站工作人员责任等内容进行了明确规定。同年7月,民政部进一步颁布《城市生活无着的流浪乞讨人员救助管理办法实施细则》,对流浪乞讨人员救助的对象认定、救助站设施与服务要求、救助期限、救助形式、受助人员管理等内容进一步明确。至此，也标志着政府对生活无着流浪乞讨人员的救助从强制性收容遣送转变为更加体现"以人为本"的兜底救助，进一步保障了生活无着流浪乞讨人员的基本权益和基本生活。

总的来看，该阶段的社会救助政策开始逐渐制度化和体系化，部分政策以"条例"的形式颁布实施，包括《城市居民最低生活保障条例》《农村五保供养工作条例》《自然灾害救助条例》等，形成了比较全面系统、具有长期执行效力的法规性政策规定。还有部分救助政策以"管理办法"的形式颁布实施，通过行政法规的形式，对救助工作相关事项的开展进行具体规定和约束。其他救助政策多以"通知""意见"的形式颁布，虽然法律位阶较低，但其政策效用具有稳定性和可持续性。社会救助这一时期的地位和作用逐步提升，从边缘地位逐渐向基础地位转变。同时，市场经济转型以来，各项救助政策兜底覆盖范围明显扩大，社会救助支出持续扩大，据统计，2013年包括城乡低保制度、农村五保制度、城乡医疗救助、住房救助、教育救助、城市流浪乞讨人员救助等在内的社会救助支出约占政府财政支出的3%，占国内生产总值的0.7%。[①] 可见，这一阶段社会救助制度在保障困难对象和弱势群体基本生活方面发挥了重要的基础性作用，社会救助已成为我国社会保障体系中具有基础地位的子系统。

第四节 民生化阶段（2014年至今）

党的十八大以来，中国特色社会主义进入新时代，党和政府高度重视保障与改善民生。2014年，国务院颁布《社会救助暂行办法》，标志着以最低生活保障、特困人员救助供养等基本生活救助为基础，以专项救助为支撑，以急难救助为辅助，以社会力量参与为补充的新型救助格局正在形成。社会救助政策的主要目标在于通过综合型、有针对性和积极型的社会救助帮助贫困群体提升生活质量，以实现兜底保障和"弱有所扶"的民生保障目标。在此阶段，在社会救助各领域我国发布了多项专门政策（见表3-3），以保证社会救助体系的平稳运行。

[①] 张浩淼：《中国社会救助70年（1949—2019）：政策范式变迁与新趋势》，《社会保障评论》2019年第3期。

表3-3 民生化阶段社会救助政策颁布情况

类型	发布时间	颁布主体	文件名称及文号
社会救助	2014.2.21	国务院	《社会救助暂行办法》（国务院令第649号）
	2019.3.2	国务院	《社会救助暂行办法（2019修订）》（国务院令第709号）
	2020.6.3	民政部、财政部	《关于进一步做好困难群众基本生活保障工作的通知》（民发〔2020〕69号）
	2020.8.25	中共中央办公厅、国务院办公厅	《关于改革完善社会救助制度的意见》（中办发〔2020〕18号）
	2022.6.2	民政部、财政部	《关于切实保障好困难群众基本生活的通知》
基本生活救助	2016.2.10	国务院	《关于进一步健全特困人员救助供养制度的意见》（国发〔2016〕14号）
	2016.9.17	国务院办公厅	《关于做好农村最低生活保障制度与扶贫开发政策有效衔接指导意见的通知》（国办发〔2016〕70号）
	2016.10.10	民政部	《关于印发〈特困人员认定办法〉的通知》（民发〔2016〕178号）
	2017.9.13	民政部、国务院扶贫办	《关于进一步加强农村最低生活保障制度与扶贫开发政策有效衔接的通知》（民发〔2017〕152号）
	2019.1.16	民政部	《关于进一步加强生活困难下岗失业人员基本生活保障工作的通知》（民发〔2019〕6号）
	2021.4.26	民政部	《关于印发〈特困人员认定办法〉的通知》（2021修订）（民发〔2021〕43号）
	2021.5.10	民政部、财政部、国家乡村振兴局	《关于巩固拓展脱贫攻坚兜底保障成果进一步做好困难群众基本生活保障工作的指导意见》（民发〔2021〕49号）
	2021.6.11	民政部	《关于印发〈最低生活保障审核确认办法〉的通知》（民发〔2021〕57号）

续表

类型	发布时间	颁布主体	文件名称及文号
专项救助	2014.11.13	住房和城乡建设部、民政部、财政部	《关于做好住房救助有关工作的通知》（建保〔2014〕160号）
	2015.4.21	国务院办公厅	《关于进一步完善医疗救助制度 全面开展重特大疾病医疗救助工作意见的通知》（国办发〔2015〕30号）
	2017.1.16	民政部、财政部、人力资源和社会保障部、国家卫生计生委、保监会、国务院扶贫办	《关于进一步加强医疗救助与城乡居民大病保险有效衔接的通知》（民发〔2017〕12号）
	2017.1.26	国务院	《关于印发"十三五"促进就业规划的通知》（国发〔2017〕10号）
	2017.2.4	教育部	《普通高等学校学生管理规定》（2017修订）（教育部令第41号）
	2018.11.16	国务院	《关于做好当前和今后一个时期促进就业工作的若干意见》（国发〔2018〕39号）
	2021.4.14	住房和城乡建设部、财政部、民政部、国家乡村振兴局	《关于做好农村低收入群体等重点对象住房安全保障工作的实施意见》（建村〔2021〕35号）
急难救助	2014.4.24	民政部	《关于开展"救急难"工作试点的通知》（民发〔2014〕93号）
	2014.10.3	国务院	《关于全面建立临时救助制度的通知》（国发〔2014〕47号）
	2015.3.12	民政部、财政部	《关于在全国开展"救急难"综合试点工作的通知》
	2018.1.23	民政部、财政部	《关于进一步加强和改进临时救助工作的意见》（民发〔2018〕23号）
	2019.9.19	民政部、财政部、国务院扶贫办	《关于在脱贫攻坚兜底保障中充分发挥临时救助作用的意见》（民发〔2019〕87号）
社会力量参与社会救助	2017.9.15	民政部、中央编办、财政部、人力资源和社会保障部	《关于积极推行政府购买服务加强基层社会救助经办服务能力的意见》（民发〔2017〕153号）

资料来源：根据政府各网站梳理。

在社会救助制度总体建设方面，2017年习近平总书记在党的十九大报告中强调："新时代我国社会主要矛盾是人民日益增长的美好生活需要和不平衡不充分发展之间的矛盾，必须坚持以人民为中心的发展思想，不断促进人的全面发展、全体人民共同富裕"①，并提出了要"兜底线、织密网、建机制"，完善多层次的社会救助体系，不断推进"弱有所扶"，这明确了社会救助制度在保障和改善民生中的重要作用，肯定了社会救助的基础性制度定位。2020年4月，中共中央、国务院印发了《关于改革完善社会救助制度的意见》（中办发〔2020〕18号），明确了社会救助制度"保基本、兜底线、救急难、可持续"的总体思路，提出了用2年左右时间，健全分层分类、城乡统筹的中国特色社会救助体系的目标，这是继《社会救助暂行办法》后出台的又一项重要政策文件，为社会救助制度的改革完善提供了纲领性指引。2020年新冠疫情暴发，为了减轻疫情对困难群众生活造成影响，2020年和2022年民政部等部门先后发布了《关于进一步做好困难群众基本生活保障工作的通知》（民发〔2020〕69号）和《关于切实保障好困难群众基本生活的通知》，进一步加大对困难对象的兜底保障力度，扩大困难对象兜底范围，充分发挥社会救助兜底线作用，统筹使用各项救助政策措施，做到应保尽保、应救尽救。

第一，夯实基本生活救助制度。特困人员供养制度方面，2016年2月，国务院发布了《关于进一步健全特困人员救助供养制度的意见》（国发〔2016〕14号），将城乡"三无"人员保障制度统一为特困人员供养制度，实现了特困供养制度统一、城乡统筹，标志着我国城乡特困人员保障工作进入新的发展阶段。2016年10月，民政部进一步发布《关于印发〈特困人员认定办法〉的通知》（民发〔2016〕178号），明确了特困对象的认定标准。2021年4月，民政部再次对《特困人员认定办法》（民发〔2021〕43号）进行了修订，适当放宽了特困人员认定条件，重点对认定特困人员无劳动能力、无生活来源、无法定义务人或法定义务人无履行义务能力涉及的部分条款进行了修订完善。最低生活保障制度方面，这一阶段重点加强了低保制度与其他政策的有效衔接。2016年9

---

① 习近平：《决胜全面建成小康社会 夺取新时代中国特定社会主义伟大胜利——在中国共产党第十九次全国代表大会上的报告》，人民出版社2017年版，第19页。

月，国务院办公厅发布《关于做好农村最低生活保障制度与扶贫开发政策有效衔接指导意见的通知》（国办发〔2016〕70号），其中转发了民政部等部门制定的《关于做好农村最低生活保障制度与扶贫开发政策有效衔接的指导意见》，进一步明确了加强农村低保制度与扶贫开发政策衔接的重点任务，从政策、对象、标准、管理等方面提出了加强农村低保制度与扶贫开发政策有效衔接的具体措施。针对衔接工作开展过程中出现的问题，2017年9月，民政部和国务院扶贫办颁布了《关于进一步加强农村最低生活保障制度与扶贫开发政策有效衔接的通知》（民发〔2017〕152号），对建档立卡贫困人口和农村低保对象重合问题、贫困发生率和农村低保覆盖面的关系问题、农村低保标准的合理确定问题、考核评估问题等进行了特别说明。在2019年1月民政部发布的《关于进一步加强生活困难下岗失业人员基本生活保障工作的通知》（民发〔2019〕6号）中，也进一步强调，要加强低保制度与其他制度的有效衔接，形成制度合力，包括"加强最低生活保障、临时救助与其他社会救助制度以及失业、医疗等保险制度的衔接"，"进一步完善最低生活保障与就业联动机制"。随着脱贫攻坚工作的进一步推进，2021年5月，民政部、财政部、国家乡村振兴局印发了《关于巩固拓展脱贫攻坚兜底保障成果 进一步做好困难群众基本生活保障工作的指导意见》（民发〔2021〕49号），提出建设和不断完善基本生活救助标准动态调整机制、低收入人口动态监测预警机制和主动发现快速响应机制，进一步统筹发展城乡社会救助制度，切实做到困难对象应保尽保、应救尽救、应兜尽兜。2021年6月，民政部印发《最低生活保障审核确认办法》（民发〔2021〕57号），进一步规范最低生活保障审核确认流程，并且该文件中不再对城市农村低保进行区分，统一为低保制度，至此最低生活保障制度从城乡分割走向城乡统筹。

第二，健全专项救助制度。医疗救助方面，2015年4月，国务院办公厅发布了《关于进一步完善医疗救助制度 全面开展重特大疾病医疗救助工作意见的通知》（国办发〔2015〕30号），明确提出"各地要在2015年年底前，将城市医疗救助制度和农村医疗救助制度整合为城乡医疗救助制度"，通知还进一步指出要从合理界定医疗救助对象、资助参保参合、规范门诊救助、完善住院救助等方面完善医疗救助制度，同时全面开展重特大疾病医疗救助，包括科学制定方案、合力确定救助标准、明确就医用药范围、加强与相关医疗保障制度的衔接，以最大限度减轻困难群众的医疗支出负担。2017 年，民政部、财政部等多部门联合发布了《关于进一步加强医疗救助与城乡居民大病保险有效衔接的通知》（民发〔2017〕12 号），进一步强调从加强保障对象衔接，加强支付政策衔接，加强经办服务衔接，加强监督管理衔接四个方面强调做好医疗救助和大病保险的制度衔接。住房救助方面，2014 年 11 月，住房和城乡建设部、民政部、财政部发布了《关于做好住房救助有关工作的通知》（建保〔2014〕160 号），进一步对住房救助对象、救助方式、救助标准、实施程序、优惠政策、监督管理等方面做出了明确规定，以切实保障特殊困难群众获得能够满足其家庭生活需要的基本住房。2021 年 4 月，住房和城乡建设部联合多部门颁布了《关于做好农村低收入群体等重点对象住房安全保障工作的实施意见》（建村〔2021〕35 号），进一步扩大了住房安全保障的对象范围，农村住房安全保障对象主要是农村低收入群体，包括了"农村易返贫致贫户、农村低保户、农村分散供养特困人员，以及因病因灾因意外事故等刚性支出较大或收入大幅缩减导致基本生活出现严重困难家庭等"，并逐步建立健全农村低收入群体住房安全保障长效机制。教育救助方面，2017 年教育部对《普通高等学校学生管理规定》进行了重新修订，再一次明确了学校在教育救助中的兜底责任，指出"学校应当按照国家有关规定为家庭经济困难学生提供教育救助，完善学生资助体系，保证学生不因家庭经济困难而放弃学业"。就业救助方面，2017 年 1 月，国务院发布《关于印发"十三五"促进就业规划的通知》（国发〔2017〕10 号），明确指出进一步强化困难群体就业援助，通过实名制动态管理和分类帮扶的方式，对就业困难人员和零就业家庭成员开展就业援助，做到零就业家庭"产生一户、援助一户、消除一户、稳定一户"，确保零就业家庭动态清零。2018 年，国务院进一步颁布了《关于做好当前和今后一个时期促进就业工作的若干意见》（国发〔2018〕39 号），重点强调了"对符合条件的生活困难下岗失业人员，给予临时生活补助。对符合最低生活保障条件的家庭，及时纳入最低生活保障范围"，通过综合施策，帮助困难下岗对象解困脱困。

第三，完善急难救助制度。这一阶段的主要工作包括了建立临时救助制度和开展"救急难"工作。一方面,建立临时救助制度。2014年9月17日,国务院总理李克强主持召开国务院常务会议,决定全面建立临时救助制度,为困难群众兜底线、救急难。2014年10月,国务院正式颁布《关于全面建立临时救助制度的通知》(国发〔2014〕47号),正式在全国范围内建立临时救助制度,填补了社会救助体系的空白,该通知还对临时救助的对象认定、申请受理、审理审批、救助方式、救助标准等内容进行了专章规定。2018年1月,民政部、财政部又发布了《关于进一步加强和改进临时救助工作的意见》(民发〔2018〕23号),要求从明确总体要求、完善政策措施、强化组织保障等方面着力加强和改善临时救助制度,以化解社会成员临时性、紧迫性、突发性的基本生活困难,兜住民生底线。2019年9月,民政部、财政部、国务院扶贫办发布《关于在脱贫攻坚兜底保障中充分发挥临时救助作用的意见》(民发〔2019〕87号),进一步强化临时救助在保障困难对象解决"两不愁三保障"问题中的重要作用,稳步提升临时救助制度的兜底能力。另一方面,开展"救急难"工作。2014年4月,民政部发布了《关于开展"就急难"工作试点的通知》(民发〔2014〕93号),决定在全国开展"救急难"工作试点,要求建立急难对象主动发现机制、"救急难"快速响应机制、"一门受理、协同办理"机制,让突遇不测、因病因灾陷入生存困境的对象得到及时救助,最大限度防止冲击社会道德和心理底线事件发生。2015年3月,民政部、财政部发布了《关于在全国开展"救急难"综合试点工作的通知》,进一步明确了临时救助在"救急难"工作中的功能和作用,同时要求试点地区不断加强相关救助制度的有效衔接,统筹发挥各项制度的功能,推进"救急难"工作全面开展。2015年7月,全国共有11个地级市,288个县(市、区),共计300个单位成为了"救急难"综合试点单位。[①]

第四,促进社会力量参与社会救助。社会力量参与是社会救助的重要补充。2014年,《社会救助暂行办法》对社会力量参与社会救助进行了专章规定,明确了社会力量参与社会救助的主要方式、优惠政策等,进

[①] 北大法宝:《民政部办公厅、财政部办公厅关于确定全国"救急难"综合试点单位的通知》,https://www.pkulaw.com/law? isFromV5 = 1。

一步推动政府通过向社会力量购买服务的方式促进社会力量发展,同时弥补政府救助的短板。2017年9月,民政部等多部门联合印发了《关于积极推行政府购买服务 加强基层社会救助经办服务能力的意见》(民发〔2017〕153号),对购买主体、购买内容、承接主体、购买机制、经费保障、绩效评价、监督管理等方面进行了明确规定,以积极推行和规范政府购买服务行为,不断提高基层社会救助经办服务能力,努力为社会救助对象提供及时、高效、专业的救助服务。

总的来看,《社会救助暂行办法》颁布以来,我国的社会救助制度立足新发展阶段,形成了政府主导、社会参与、制度健全、政策衔接、兜底有力的综合型社会救助体系,各项社会救助政策从二元分割走向城乡统一,从碎片分散走向高效衔接,实现了社会救助制度从基础化向民生化的重要转变。在此阶段,困难认定标准更加多维,各类救助对象困境成因更加复杂,救助需求更加多样,这就要求社会救助政策思维和手段进行适应性的调整,需要通过更加综合型、有针对性和更具发展理念的社会救助政策帮助困难群体提升生活质量,推动社会救助体系朝着分层分类、统筹协调、协同多元的方向转型升级,从而进一步织密织牢民生兜底保障"安全网",实现增进民生福祉、改善人民生活的民生保障目标。

第四章

中国社会救助在兜底安全保障方面的成绩、经验和问题

社会救助是社会保障体系的重要组成部分，是一项保民生、促公平、托底线、救急难的基础性制度安排，对于保障困难对象基本生活、促进社会公平、维护社会稳定发挥着至关重要的作用，更是解决绝对贫困和全面建成小康社会的坚实底板和关键制度。充分发挥社会救助兜底民生功能是坚持"以人民为中心"发展思想的重要体现。当前，我国已经进入中国特色社会主义新时代，在全面建成小康社会的基础上向第二个百年奋斗目标迈进，回顾过去社会救助事业发展的经验、成效和问题，对于新发展阶段进一步推动社会救助事业高质量发展具有重要意义。

第一节 成绩

民生无小事，枝叶总关情。社会救助事关困难群众基本生活和衣食冷暖，应对的是困难群众最关心、最直接、最现实的民生保障问题。作为兜底民生的"最后一道安全网"，社会救助制度发挥了消除贫困、改善民生、兜牢底线的功能，为消除绝对贫困、打赢脱贫攻坚战、全面建成小康社会做出了突出贡献。党的十八大以来，以习近平同志为核心的党中央始终坚持"以人民为中心"的发展思想，高度重视社会救助的兜底保障作用。2014年，《社会救助暂行办法》的出台，标志着我国社会救助开始迈向体系化。当前，以最低生活保障、特困人员供养等基本生活救助为基础，以医疗救助、住房救助、教育救助、就业救助等专项救助为

支撑，以临时救助、受灾人员救助等急难救助为辅助，以社会力量参与和其他救助为补充的新型救助格局已经初步形成（见图4-1）。各项救助制度分工明确、职能清晰、互为补充，在兜住民生底线过程中取得了长足发展和突出成效。

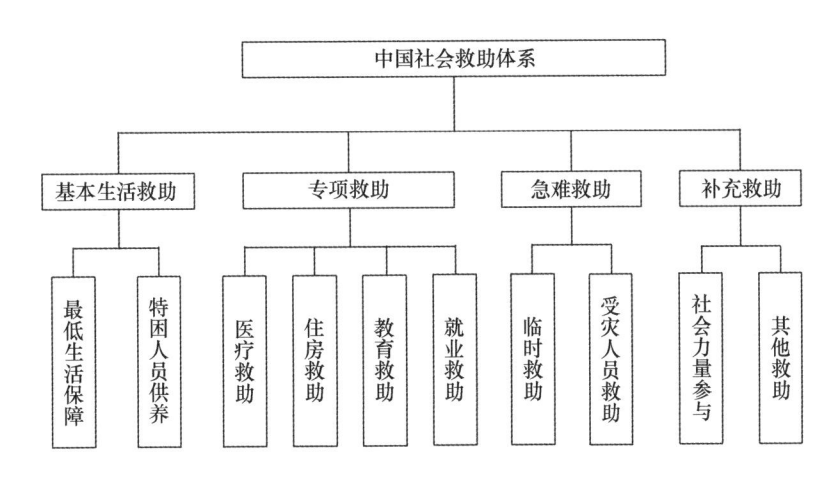

图4-1 中国社会救助体系构成

一 基本生活救助化解了困难群众生活之忧

基本生活救助是我国社会救助制度中最核心和最重要的内容，主要包括城乡最低生活保障和特困人员供养制度，重点解决的是生活最困难群众的基本生活问题，化解困难群众的生活之忧。基本生活救助制度作为兜底民生的底线性制度安排，是守住困难群众基本生活的最后防线。近年来，基本生活救助的主要成效体现在兜底范围持续扩大，实现困难对象应兜尽兜，制度兜底能力持续增强，城乡保障差距不断缩小。

（一）兜底范围持续扩大，实现困难对象应兜尽兜

1. 最低生活保障制度

最低生活保障制度是国家对共同生活的家庭成员人均收入低于当地最低生活保障标准，且符合当地最低生活保障家庭财产状况规定的家庭，给予最低生活保障。最低生活保障制度自1993年开始率先在上海施行，

1999年在全国城市范围内建立，而后2007年在全国农村范围建立，困难群众兜底范围逐步扩大，成为社会救助体系中的基础性制度之一，其重要作用不可替代。从城乡社会救助制度兜底对象覆盖范围发展来看，如图4-2所示，城市低保制度保障人数在1996年建立之初只有84.9万人，低保受助率约为0.23%，[1] 2009年城市低保制度保障人数达到最大值2345.6万人，受助率增加到3.64%；农村低保制度保障人数建立之初的2007年只有3566.3万人，受助率约为4.9%，2013年农村低保制度保障人数达到最大值5388万人，受助率增加到8.56%。城市低保制度保障人数自2010年开始逐年下降，2021年下降至737.8万人，受助率下降到0.82%；农村低保制度保障人数自2014年开始逐年下降，2021年下降至3474.5万人，受助率下降到6.82%。可以看出，城乡最低生活保障制度自建立之初都经历了一段时间的快速增长期，所有家庭人均收入水平低于低保标准的家庭都实现应保尽保，纳入低保制度保障范围，包括生活困难的下岗职工、退休人员、失业人员、无就业能力的残疾人等，通过现金补贴的方式，切实解决困难群众生活燃眉之急、后顾之忧。城乡低保制度保障人数下降的主要原因包括经济发展与最低工资提高使得人们收入水平提高、低保专项清查剔除错保对象、其他保障制度的完善等，但城乡最低生活保障制度兜底困难对象基本生活的政策目标从未改变。例如，在脱贫攻坚时期，最低生活保障制度就是"五个一批"工程中的重要内容，为了竭尽全力"兜"住最困难群体，低保政策不断按需扩面，将未脱贫建档立卡贫困户中靠家庭供养且无法单独立户的重度残疾人、重病患者等完全丧失劳动能力和部分丧失劳动能力的贫困人口，参照"单人户"纳入低保范围，兜住其最基本生活，做到不落一人。脱贫攻坚完成后，针对低收入家庭，尤其是低保边缘家庭中的重度残疾人、重病患者，同样可以参照"单人户"的形式纳入低保，实现"应保尽保、应兜尽兜"。[2]

---

[1] 受助率=城乡低保保障人数/城乡户籍人口数。
[2] 《民政部、国家发展和改革委员会关于印发〈"十四五"民政事业发展规划〉的通知》，中华人民共和国民政部网站，https://xxgk.mca.gov.cn：8445/gdnps/pc/content.jsp？mtype=4&id=14980。

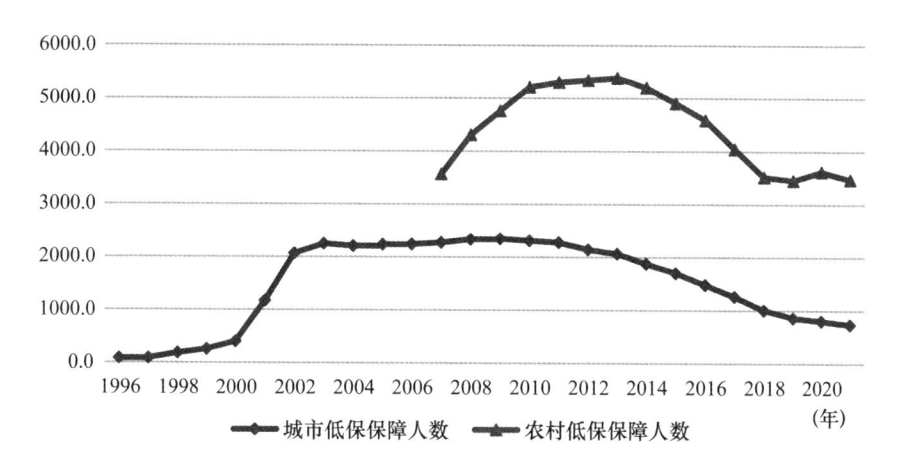

图 4-2　城乡最低生活保障制度保障人数（万人）

资料来源：各年度民政事业发展统计公报。

2. 特困人员供养制度

特困人员供养制度是国家对无劳动能力、无生活来源且无法定赡养、抚养、扶养义务人，或者其法定赡养、抚养、扶养义务人无赡养、抚养、扶养能力的老年人、残疾人以及未满 16 周岁的未成年人，给予特困人员供养。特困人员供养的内容包括：提供基本生活条件、对生活不能自理的给予照料、提供疾病治疗、办理丧葬事宜、给予住房救助、给予教育救助等。[1] 从 20 世纪 50 年代开始，我国分别在城市和农村建立起城市"三无"人员供养制度以及农村"五保"供养制度，维护特困人群的基本生活。1999 年，城市最低生活保障制度正式在全国建立，城市"三无"人员被纳入城市低保保障范围。按照 1994 年颁布、2006 年修订的《农村五保供养工作条例》，农村的"三无"人员纳入"五保"供养制度，实行保吃、保穿、保住、保医、保葬（未成年人保义务教育）的五保供养。2016 年，国务院发布《关于进一步健全特困人员救助供养制度的意见》（国发〔2016〕14 号），将城乡"三无"人员保障制度统一为特困人员供养制度。2020 年，中共中央办公厅、国务院办公厅印发《关于改革完善社会救助制度的意见》，进一步将特困救助供养覆盖的未成年人年龄从 16

---

[1] 《关于进一步健全特困人员救助供养制度的意见》，中国政府网，http://www.gov.cn/zhengce/content/2016-02/17/content_5042525.htm。

周岁延长至 18 周岁。从特困供养兜底保障人数来看（见图 4-3），2007 年农村特困供养人数为 531.3 万人，小幅上涨后持续下降，2021 年农村特困供养人数为 437.3 万人，总体变化趋势较为平缓。城市特困供养人数则总体一直处于上升趋势，从 2016 年的 9.1 万人增加到 2021 年的 32.8 万人，年均增幅为 4.74%。按照特困人员自理能力和供养意愿，特困人员可以选择由政府集中供养或者是投亲靠友分散供养的形式。根据《中国民政统计年鉴2021》数据，2020 年农村集中供养人数为 73.9 万人，分散供养人数为 372.4 万人，城市集中供养人数为 11.6 万人，分散供养 19.6 万人，城乡分散供养占比均较大。特困供养人员对象一般包括鳏、寡、孤、独、病、弱等人群，基本上丧失了劳动能力以及经济来源，是困难群众中最困难、最脆弱的弱势群体，只能依靠政府的"兜底"来保障其基本生活。2021 年，为了持续落实特困供养制度，保障困难群众一个不漏纳入救助供养范围，民政部发布了《关于印发〈特困人员认定办法〉的通知》（民发〔2021〕43 号），进一步聚焦特殊群体的特殊困难，适当放宽了特困人员认定条件，切实兜住兜牢最困难群体的基本民生底线，确保实现"应救尽救，应养尽养"。

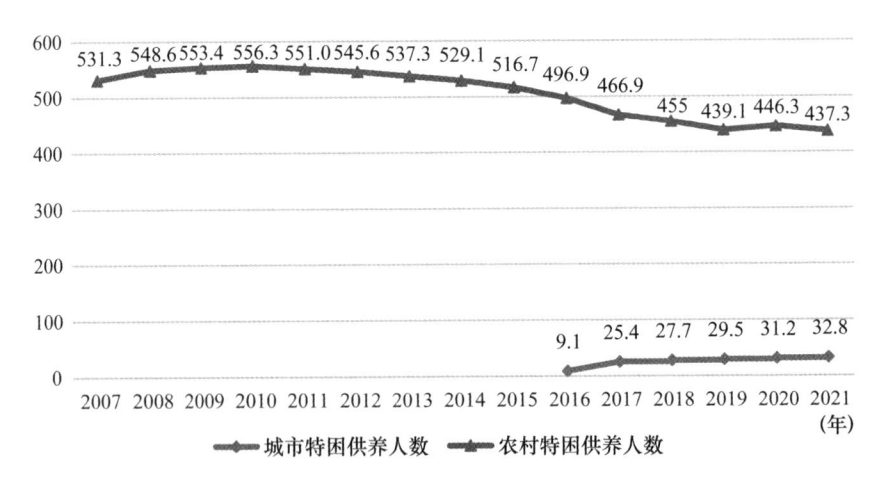

图 4-3 城乡特困供养人数（万人）

资料来源：各年度民政事业发展统计公报。

(二) 制度兜底能力持续增强，城乡保障差距不断缩小

1. 最低生活保障制度

首先，城乡低保制度保障水平方面。最低生活保障制度建立了低保标准与物价上涨挂钩的联动机制，以持续保障制度的兜底能力。《社会救助暂行办法》明确规定了最低生活保障标准，由省、自治区、直辖市或者设区的市级人民政府按照当地居民生活必需的费用确定、公布，并根据当地经济社会发展水平和物价变动情况适时调整。一方面，从城乡最低生活保障标准的增长情况来看（如表4-1所示），城市低保标准从2007年的每年2188.8元，提高到了2021年的每年8536.8元，年均增幅为10.2%；农村低保标准则从2007年的每年840元增加到了2021的每年6362.2元，年均增幅达到了15.6%，农村低保标准增长幅度显著大于城市。另一方面，从城乡低保标准占居民人均可支配收入的比例来看，城镇低保标准占居民人均可支配收入的比例总体呈现出上升趋势，2020年占比达到最高值18.5%，平均占比水平约为16.9%；农村低保标准占居民人均可支配收入的比例同样总体呈现逐年上升趋势，2020年占比达到最高值34.8%，平均占比水平约为27.7%。城乡低保制度的兜底能力均在逐步增强。城乡相比之下，农村低保标准占农村居民可支配收入的比例远远高于城市低保标准占城市居民可支配收入的比例，低保标准占可支配收入比例的增长速度明显大于城市，说明了农村低保制度的兜底能力得到了显著提升，同时农村低保制度兜底能力与城市低保兜底能力之间的差距正在逐步缩小。当前低保标准城乡统筹正在持续推进，经济发展基础较好的东部地区率先进行了城乡统筹探索。2015年上海市最早实现了省市级层面的最低生活保障标准的城乡统一，之后，北京、天津、浙江、江苏、安徽、福建等地区城乡最低生活保障标准也基本实现了"城乡一体、标准一致"（如表4-2所示），[①] 西部地区中部分经济发展较好的地区，例如四川省成都市，也率先实现了低保标准城乡统一。在其他还未实现低保标准城乡统筹的地区，包括西藏、广西、云南、贵州等地的城乡低保标准差距还较大，差值均在3000元/年以上，西藏地区的

[①] 韩克庆：《减负、整合、创新：我国最低生活保障制度的目标调整》，《江淮论坛》2018年第3期。

差距最大为5909.4元，这些地区农村低保的兜底能力还需要持续大幅提升。

表4-1　　2007—2021年中国城乡最低生活保障标准情况

年份	城市低保标准（元/年）	增长率（%）	城镇居民人均可支配收入（元/年）	城镇低保标准占收入比（%）	农村低保标准（元/年）	增长率（%）	农村居民人均可支配收入（元/年）①	农村低保标准占收入比（%）
2007	2188.8	—	13786	15.9	840.0	—	4140	20.3
2008	2463.6	12.6	15781	15.6	987.6	17.6	4761	20.7
2009	2733.6	11.0	17175	15.9	1210.1	22.5	5153	23.5
2010	3014.4	10.3	19109	15.8	1404.0	16.0	5919	23.7
2011	3451.2	14.5	21810	15.8	1718.4	22.4	6977	24.6
2012	3961.2	14.8	24565	16.1	2067.8	20.3	7917	26.1
2013	4479.6	13.1	26467	16.9	2433.9	17.7	9430	25.8
2014	4926.0	10.0	28844	17.1	2776.6	14.1	10489	26.5
2015	5413.2	9.9	31195	17.4	3177.6	14.4	11422	27.8
2016	5935.2	9.6	33616	17.7	3744.0	17.8	12363	30.3
2017	6487.2	9.3	36396	17.8	4300.7	14.9	13432	32.0
2018	6956.4	7.2	39251	17.7	4833.4	12.4	14617	33.1
2019	7488.0	7.6	42359	17.7	5335.5	10.4	16021	33.3
2020	8131.2	8.6	43834	18.5	5962.3	11.7	17132	34.8
2021	8536.8	5.0	47412	18.0	6362.2	6.7	18931	33.6
均值	—	10.2	—	16.9	—	15.6	—	27.7

资料来源：城乡低保标准来自相关年份民政统计年鉴，城镇居民人均可支配收入和农村居民人均纯收入来自相关年份中国统计年鉴。

① 2007—2013年数据为农村居民人均纯收入。

表4-2　　　　2020年全国各地区城乡低保标准

地区	城市低保标准（元/年）	农村低保标准（元/年）	城乡差距（元/年）
全国	8131.2	5962.3	2168.9
北京	14040.0	14040.0	0
天津	12120.0	12120.0	0
河北	8463.6	5496.1	2967.5
山西	7111.2	5312.5	1798.7
内蒙古	8714.4	6249.0	2465.4
辽宁	8030.4	5517.4	2513.0
吉林	6558.0	4371.7	2186.3
黑龙江	7358.4	4655.0	2703.4
上海	14880.0	14880.0	0
江苏	9187.2	9030.5	156.7
浙江	10587.6	10551.5	36.1
安徽	7693.2	7613.6	79.6
福建	8235.6	8171.6	64.0
江西	8498.4	5706.6	2791.8
山东	8797.2	6698.6	2098.6
河南	7006.8	4555.6	2451.2
湖北	7992.0	5967.7	2024.3
湖南	7056.0	5007.6	2048.4
广东	10490.4	8337.3	2153.1
广西	9050.4	5328.4	3722.0
海南	6753.6	5236.8	1516.8
重庆	7440.0	6035.7	1404.3
四川	7362.0	5215.0	2147.0
贵州	7741.2	4620.3	3120.9
云南	7736.4	4591.6	3144.8
西藏	10454.4	4545.0	5909.4
陕西	7600.8	5111.2	2489.6
甘肃	6931.2	4506.5	2424.7
青海	7650.0	4688.8	2961.2
宁夏	7267.2	4660.0	2607.2
新疆	6162.0	4757.6	1404.4

注：港澳台除外。

资料来源：2021年中国民政统计年鉴。

其次，城乡低保制度财政投入方面。财政投入是城乡最低生活保障制度有效运行的根本保障。根据各年度《中国民政统计年鉴》统计数据显示（见表4-3），城市低保制度财政投入在2000年至2013年间持续增长，从2000年的21.9亿元增加到了2013年的756.7亿元，2014年后，城市低保的财政投入持续减少，2020年城市低保财政投入为537.3亿元。农村低保制度财政投入在2007年至2020年间一直持续增加，从2007年的109.1亿元增加到了2020年的1426.3亿元，年均增幅为24.8%。从财政投入总量来看，农村低保财政投入额度在2011年实现了对城市低保的超越，之后，城乡低保财政投入额度的差距一直持续拉大，也侧面说明了城乡低保兜底水平差距的缩小，一定程度上得益于财政投入的充分保障。

表4-3　　　　　　　2000—2020年城乡低保财政投入情况　　　　（单位：亿元）

年份	城市低保制度	农村低保制度	合计
2000	21.9	—	21.9
2001	41.6	—	41.6
2002	108.7	—	108.7
2003	153.1	—	153.1
2004	172.7	—	172.7
2005	191.9	—	191.9
2006	224.2	—	224.2
2007	277.4	109.1	386.5
2008	393.4	228.7	622.1
2009	482.1	363.0	845.1
2010	524.7	445.0	969.7
2011	659.9	667.7	1327.6
2012	674.3	718.0	1392.3
2013	756.7	866.9	1623.6
2014	721.7	870.3	1592.0

续表

年份	城市低保制度	农村低保制度	合计
2015	685.0	911.6	1596.6
2016	687.9	1014.5	1702.4
2017	640.5	1051.8	1692.3
2018	575.2	1056.9	1632.1
2019	519.5	1127.2	1646.7
2020	537.3	1426.3	1963.6

资料来源：各年度中国民政统计年鉴。

2. 特困人员供养制度

首先，特困供养水平持续提升。根据《国务院关于进一步健全特困人员救助供养制度的意见》（国发〔2016〕14号）有关规定，特困人员救助供养标准包括基本生活标准和照料护理标准，由省（区、市）或者设区的市级人民政府确定，并根据当地经济社会发展水平和物价变化情况动态调整。其中，基本生活标准应当满足特困人员基本生活所需，原则上应不低于当地低保标准的1.3倍，部分地区规定不低于当地低保补贴标准的1.6倍；照料护理标准依据特困人员生活自理能力和服务需求分档制定，一般参照当地最低工资标准、日常生活照料费用的一定比例分三档确定。从全国农村特困供养平均水平来看（如图4-4所示），集中供养标准逐年增加，从2007年的每人每年1953元，增加到了2015年的每人每年6025.7元，增幅为208.5%；分散供养标准同样逐年增加，从2007年的每人每年1432元，增加到了2015年的每人每年4490.1元，增幅为213.6%，特困供养制度兜底能力持续增强。由于特困供养标准与当地经济发展水平息息相关，尽管供养水平持续增加，但全国供养标准还存在较大差距。例如，上海市2022年特困供养标准为每人每年22200元，散居和集中供养为统一标准。吉林省吉林市2022年集中供养标准城市为每人每年14400元，农村为每人每年9840元；分散供养标准城市为每人每年9360元，农村为每人每年6396元。吉林市农村特困供养标准仅为上海市的28.8%。

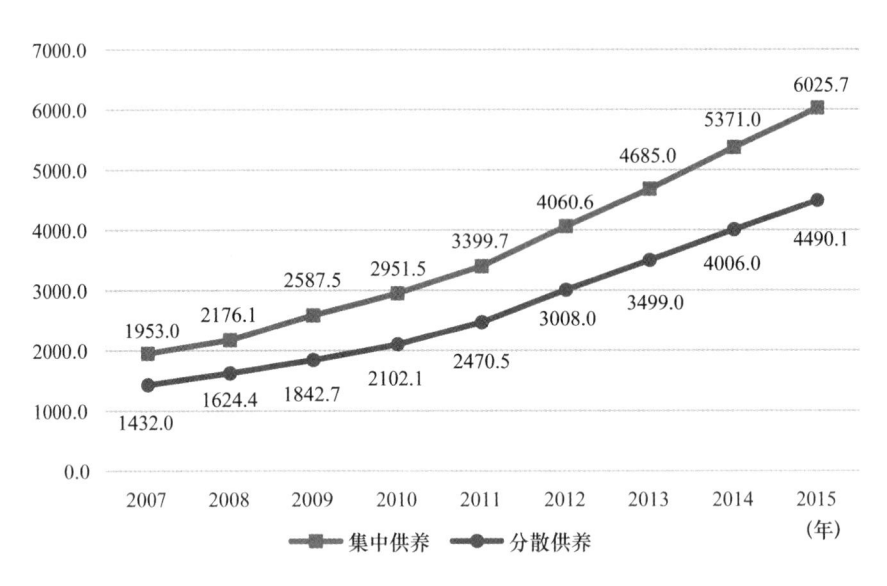

图 4-4 2007—2015 年全国农村特困供养平均水平（元/年）

资料来源：高瑾：《我国特困人员供养法律制度历史演进及制度展望》，《上海政法学院学报（法治论丛）》2017 年第 6 期。

其次，供养服务水平不断提升。在"十一五"时期，为了改善农村特困对象的居住条件，强化供养服务设施的兜底保障能力，我国在全国范围内实施了加强供养服务设施建设的"霞光计划"，目标是建设一批布局合理、设施配套、功能完善、管理规范的供养服务机构。2012 年，为了推进供养服务机构管理规范化，不断提高供养服务水平，民政部制定了《农村五保供养服务机构等级评定暂行办法》，通过登记评定的方式，保障供养服务质量，提升基础设施条件，以全面保障特困供养对象的基本生活。近年来，特困人员供养机构的救助供养能力得到明显提高。根据民政部统计数据（见表 4-4），2020 年全国共有特困供养机构 17153 个，全国面向供养老人的床位数 488.2 万张，其中有 34.2% 的特困供养机构的床位数在 50—99 张，29.3% 的特困供养机构的床位数在 100—199 张，25.5% 的特困供养机构的床位数小于 50 张。2020 年，全国累计有

70.9万特困供养对象入住民政供养机构。① 在加强供养服务设施建设的同时，我国同样注重管理水平和服务质量的提升。根据数据统计（见表3-5），2020年，全国特困人员救助供养机构中专业技术技能人员占比超过了管理人员，共有专业技术技能人员76048人。部分从业人员还具备了社会工作师的专业职业资格，2020年全国特困人员救助供养机构人员中，共有助理社会工作师2083人，社会工作师1684人，尽管有社会工作师资格的专业人员占比还较低，但不断提升供养服务的专业性和可持续性，是未来特困供养工作的发展目标。

表4-4　　　　　　2020年特困人员救助供养机构统计

床位数	0—49张	50—99张	100—199张	200—299张	300—399张	400—499张	500张以上	合计
供养机构数量	4367个	5872个	5021个	1235个	413个	120个	125个	17153个
占比	25.5%	34.2%	29.3%	7.2%	2.4%	0.7%	0.7%	100%

资料来源：2021年中国民政统计年鉴。

表4-5　　　2020年特困人员救助供养机构人员配置情况　　（单位：人）

按职业资格分		按人员性质分	
助理社会工作师人数	社会工作师人数	管理人员	专业技术技能人员
2083	1684	46980	76048

资料来源：2021年中国民政统计年鉴。

最后，特困供养制度财政投入持续增加。如表4-6所示，2007年至2020年，特困供养制度财政投入逐年增加，从2007年的62.7亿元增加到了2020年的468.6亿元，增长了7倍多，年均增幅为17%。不断增加的财政资金投入为城乡特困供养水平的持续提升提供了基础保障，进一步提高了特困供养制度的兜底保障能力。

---

① 2021年中国民政统计年鉴。

表4-6　　　　　　2007—2020年特困供养制度财政投入情况

年份	特困供养制度财政投入（亿元）	增幅（%）
2007	62.7	—
2008	73.3	16.9
2009	87.3	19.1
2010	96.4	10.4
2011	123.5	28.1
2012	144.7	17.2
2013	174.3	20.5
2014	207.7	19.2
2015	208.0	0.1
2016	237.3	14.1
2017	290.5	22.4
2018	306.9	5.6
2019	383.0	24.8
2020	468.6	22.3
均值	204.6	17.0

资料来源：各年度中国民政统计年鉴。

（二）专项救助解决了困难群众的专门问题

基本生活救助解决了困难家庭的基本生存问题，但其就医、住房、就学、就业等方面的困境和问题，还需要通过专项救助制度进一步解决。根据《社会救助暂行办法》，当前我国专项救助制度主要包括医疗、教育、住房和就业救助，主要针对困难对象不同的困难需要和专门问题给予针对性救助帮扶，进一步织密困难对象的兜底保障安全网，确保社会救助政策真正兜住底、兜牢底。

1. 医疗救助

医疗救助制度是指各级政府通过政策支持、财政扶持等方式，对符合国家救助规定的困难群体以及因病致贫群体提供经济支持或者基本医疗卫生服务的基本性制度安排，能够切实满足困难患病群体的就医需求，缓解医疗费用压力，维持基本生活能力，有效保障困难对象的生存权和健康公平权。① 我国城乡医疗救助分别于2003年和2005年在农村和城市开始试点，2008年制度全面建立。经过十多年发展，医疗救助制度在助力脱贫攻坚和全面建设小康社会，防止困难对象因病致贫、因病返贫、因病更贫等方面发挥了重要作用。根据《社会救助暂行办法》和《国务院办公厅转发民政部等部门关于进一步完善医疗救助制度全面开展重特大疾病医疗救助工作意见的通知》（国办发〔2015〕30号）规定，当前我国医疗救助制度的救助对象主要包括最低生活保障家庭成员和特困供养人员，低收入家庭的老年人、未成年人、重度残疾人和重病患者等困难群众，县级以上人民政府规定的其他特殊困难人员也逐步被纳入医疗救助范围，同时强调重点加大对重病、重残儿童的救助力度。医疗救助采取的方式包括：对救助对象参加城镇居民基本医疗保险或者新型农村合作医疗的个人缴费部分，给予补贴；对救助对象经基本医疗保险、大病保险和其他补充医疗保险支付后，个人及其家庭难以承担的符合规定的基本医疗自负费用，给予补助。②

首先，从医疗救助制度财政投入来看，2004—2021年，社会救助财政投入支出逐年增加（见表4-7），2021年医疗救助财政投入资金619.9亿元，较2020年增加了13.4%。其次，从医疗救助覆盖范围来看（见表4-8），医疗救助直接救助对象人数逐年增加，从2009年的1105.6万人，增加到2021年的10126万，人数增加了9倍，覆盖面持续扩张。医疗救助直接救助主要包括住院救助和门诊救助两种方式，根据民政部发布的历年《社会服务发展统计公报》数据，2016—2021年，全国住院救助和门诊救助人均次水平均逐年下降，其中住院救助水平从2016年的1709.1元/人/次，下降至2021年的1074元/人/次；门诊救助水平从2016年的190元/人/次，下降至2021年的99元/人/次。全国平均救助水平下降的原因可能包括医疗保险制度的完善、救助对象医疗费用自付医疗费用降低、报销比例和封顶线限制等。最后，从医疗救助资助参保情况来看，

---

① 郭佩：《我国医疗救助制度的现状、问题与完善对策》，《社会法学研究》2021年第1卷，法律出版社2021年版，第114—128页。
② 《社会救助暂行办法》，中国政府网，http：//www.gov.cn/zhengce/2020-12/27/content_5573738.htm。

医疗救助资助参保对象总体呈现逐年增加趋势，从2009年资助参加城镇居民基本医疗保险与新型农村合作医疗合计4737.6万人，增加到2020年资助参加城乡基本医疗保险合计9984万人，2021年稍有下降至8816万人。可见，医疗救助制度对于切实解决困难对象"基本医疗有保障"问题发挥了重要作用。此外，医疗救助在决战决胜医疗保障脱贫攻坚战和全面建成小康社会过程中也发挥了突出作用。根据国家医疗保险局公布的数据，2019和2020年，中央合计安排了80亿元补助资金专项用于支持"三区三州"等深度贫困地区提高贫困人口医疗保障水平。[①] 2020年还另外安排了15亿元特殊转移支付医疗救助补助资金。2020年，医疗救助累计资助7837.2万贫困人口（包含动态调出）参加基本医疗保险，人均资助178.9元，参保率稳定在99.9%以上。各项医保扶贫政策累计惠及贫困人口就医1.8亿人次，减轻贫困人口医疗费用负担1188.3亿元。[②] 可见，医疗救助制度能够切实帮助困难对象解决因病致贫和因病返贫的问题，进一步提高了困难对象的基本医疗服务受益面和受益水平，发挥了医疗救助托底保障的重要功能。

表4-7　　　　　　　　2007—2020年中国医疗救助财政投入情况

	医疗救助财政投入（亿元）	增长率（%）
2004	3.2	—
2005	7.8	143.8
2006	21.2	171.8
2007	42.5	100.5
2008	86.5	103.5
2009	128.1	48.1
2010	157.8	23.2
2011	216.3	37.1
2012	230.6	6.6
2013	257.4	11.6

---

① 国家医疗保障局：《2019年全国医疗保障事业发展统计公报》，http://www.nhsa.gov.cn/art/2020/6/24/art_7_3268.html。

② 国家医疗保障局：《2020年医疗保障事业发展统计快报》，http://www.nhsa.gov.cn/art/2021/3/8/art_7_4590.html。

续表

	医疗救助财政投入（亿元）	增长率（%）
2014	284.0	10.3
2015	303.7	6.9
2016	332.3	9.4
2017	376.2	13.2
2018	469.7	24.9
2019	502.2	6.9
2020	546.8	8.9
2021	619.9	13.4
均值	254.8	43.5

资料来源：根据各年度《全国医疗保障事业发展统计公报》和《社会服务发展统计公报》数据整理。

表4-8　　　　　　　2009—2021年医疗救助发展情况

年份	直接救助（万人）	资助参保（万人）	救助水平（元/人/次） 住院救助	救助水平（元/人/次） 门诊救助
2009	1105.6	4737.6	—	—
2010	1479.3	6076.6	—	—
2011	2144.0	6379.1	—	—
2012	2173.7	5877.5	—	—
2013	2126.4	6358.8	—	—
2014	2395.3	6723.7	—	—
2015	2889.1	6634.7	—	—
2016	2696.1	5560.4	1709.1	190.0
2017	3517.1	5621.0	1498.4	153.2
2018	5361.0	7673.9	1151.0	106.0
2019	7050.0	8751.0	1123.0	93.0
2020	8404.0	9984.0	1056.0	93.0
2021	10126.0	8816.0	1074.0	88.0

注：2014—2020年直接救助人数为住院救助与门诊救助人数之和。2009—2014年资助参保人数为资助参加城镇居民基本医疗保险与新型农村合作医疗之和，2015—2021年为资助参加基本医疗保险人数。

资料来源：根据各年度《全国医疗保障事业发展统计公报》和《社会服务发展统计公报》数据整理。

2. 住房救助

住房问题是事关民生的重大问题。住房救助是切实保障特殊困难群众获得能够满足其家庭生活需要的基本住房，在住房方面保民生、促公平的托底性制度安排。我国住房救助制度从1994年开始逐步发展建立，经济适用住房制度、廉租住房制度、公共租赁住房制度相继建立，住房救助体系不断完善，住房救助兜底对象范围也不断向低收入住房困难家庭扩大。2014年《社会救助暂行办法》的颁布，进一步明确了住房救助的保障对象、内容、标准和程序。根据2014年住房和城乡建设部、民政部和财政部发布的《关于做好住房救助有关工作的通知》（建保〔2014〕160号）文件指示，当前我国住房救助的对象主要包括符合县级以上地方人民政府规定标准的、住房困难的最低生活保障家庭和分散供养的特困人员。其中，城镇住房救助对象属于公共租赁住房制度保障范围；农村住房救助对象属于优先实施农村危房改造的对象范围。住房救助方式的选择要充分考虑住房救助对象经济条件、住房支付能力等客观条件，通过配租公共租赁住房同时给予租金减免、发放低收入住房困难家庭租赁补贴、农村危房改造等方式实施。[①]

据统计（如图4-5所示），2008—2016年住房救助制度财政投入总体呈现逐年增加趋势，从2008年的231.8亿元增加到2016年的4390.9亿元，增加了18倍。而后住房救助财政投入开始逐年下降，2020年稍有回升，住房救助财政投入资金为3129.3亿元。在财政投入的保障之下，住房救助制度不断发展完善，通过公租房实物保障和租赁补贴，解决了大量困难群众的住房问题。住建部数据显示，到2021年年底，累计有3800多万困难群众住进了公租房，累计2200多万困难群众领取租赁补贴。[②] 同时，各地还加大了对老年人、残疾人、优抚对象、环卫工人等困难群体的优先保障力度，保障城镇困难对象基本实现应保尽保。农村地区，我国从2008年开始启动实施农村危房改造，兜

[①] 《住房城乡建设部、民政部、财政部关于做好住房救助有关工作的通知》，住房和城乡建设部网站，https://www.mohurd.gov.cn/gongkai/fdzdgknr/tzgg/201411/20141117_219558.html。

[②] 《中共中央宣传部举行新时代住房和城乡建设事业高质量发展举措和成效新闻发布会》，住房和城乡建设部网站，https://www.mohurd.gov.cn/xinwen/jsyw/202209/20220915_768000.html。

底解决基本农村困难对象的住房安全问题。脱贫攻坚时期，住房救助制度在解决困难对象"两不愁，三保障"中的住房保障问题发挥了重要作用。在2019年，中央财政单列"三区三州"等深度贫困地区农村危房改造补助资金139.04亿元，对"三区三州"等深度贫困地区4类重点对象危房改造补助标准每户单独提高2000元，将深度贫困地区其他农户存量危房按照户均1万元的补助标准一并纳入支持范围。[1] 自脱贫攻坚以来，累计支持790万户、2568万贫困群众得到危房改造，同步支持1075万户农村低保户、分散供养特困人员家庭、贫困残疾人家庭等边缘贫困群体改造危房，有效缓解了区域性整体贫困问题，[2] 充分保障了困难群众的住房安全。

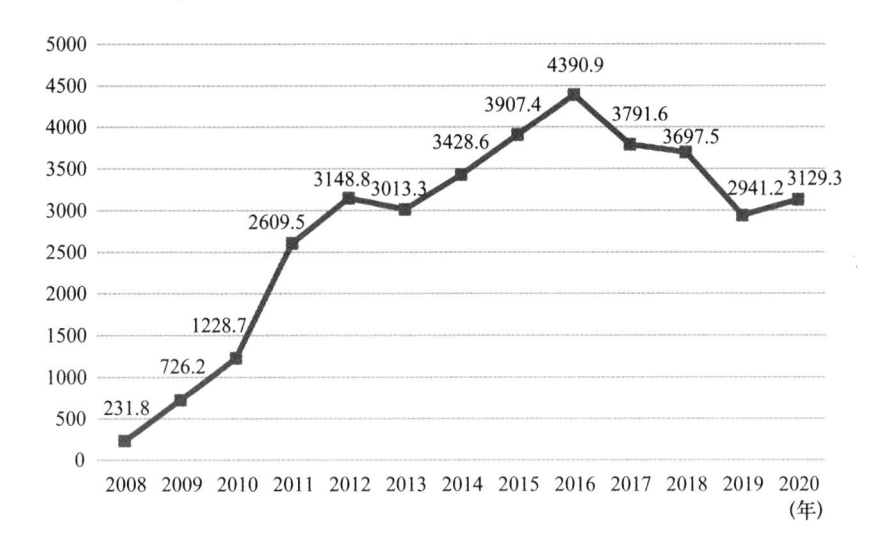

图4-5 2008—2020年住房救助财政投入情况（亿元）

资料来源：各年度《全国财政支出决算表》。

3. 教育救助

对城乡特殊困难家庭中的未成年人实施教育救助，是社会救助的重

---

[1] 苏国霞、刘俊文编：《中国扶贫开发年鉴（2020）》，知识产权出版社2020年版，第154页。

[2] 任欢：《推动公共服务体系建设取得新突破》，《光明日报》2022年1月12日第4版。

要组成部分。教育救助制度在切实解决困难学生上学难问题、保障困难对象基本受教育权方面发挥了重要作用。根据《社会救助暂行办法》，我国教育救助制度是国家对在义务教育阶段就学的最低生活保障家庭成员、特困供养人员给予的专项救助，对在高中教育（含中等职业教育）、普通高等教育阶段就学的最低生活保障家庭成员、特困供养人员，以及不能入学接受义务教育的残疾儿童，根据实际情况给予适当教育救助，我国教育救助的方式主要有"奖、助、贷、勤、补、免"等。

针对不同教育阶段困难家庭学生的不同需求，我国针对性颁布各类教育救助政策（具体如表4-9所示），主要通过减免相关费用、发放助学金、给予生活补助、安排勤工助学等方式，保障困难家庭学生的基本学习和生活需求。从2015—2021年全国学生资助资金投入情况来看（见表4-10），学生资助总额逐年增加，2021年资助总额为2668.3亿元，较上一年增加了10.8%。其中，中央和地方财政投入均逐年增加，中央财政投入从2015年的559.4亿元，增加到2021年的1238亿元，增加了1倍；地方财政投入从2015年的492.5亿元，增加到2021年的769亿元，增加了50%。国家助学贷款总额也持续增加，较充分地解决困难家庭学生的学费压力。此外，学校和社会也是教育救助的重要参与主体，从资金投入来看，学校资助资金从2015至2021年，先增加后减少，社会资助资金则总体呈现下降趋势，具体如表4-9所示。为困难家庭学生发放生活费补贴是教育救助的重要内容，根据《2021年中国学生资助发展报告》数据，2021年，全国共有2166.33万义务教育家庭经济困难学生享受了生活费补助政策，包括寄宿制学生1209.7万人、非寄宿制学生956.6万人，资助金额累计221.13亿元，[①] 充分帮助解决困难家庭学生的教育问题。

---

① 教育部全国学生资助管理中心：《2021年中国学生资助发展报告》，http://www.xszz.edu.cn/n85/n168/c11046/content.html。

表4-9　　中国教育救助政策主要内容

教育阶段		制度文件	具体内容
困难家庭学生的各类教育救助政策	学前教育阶段	2016年《支持学前教育发展资金管理办法》	学前教育发展资金中"幼儿资助"类项目资金用于减免保育教育费、补助伙食费等方式资助家庭经济困难儿童、残疾儿童和孤儿
	义务教育阶段	2015年《关于进一步完善城乡义务教育经费保障机制的通知》	统一城乡义务教育学生"两免一补"政策（免书本费、免学杂费，补助家庭经济困难学生的寄宿生生活费），寄宿生生活费补助资金由中央与地方按规定比例分担
	普通高中阶段	2010年《关于建立普通高中家庭经济困难学生国家资助制度的意见》	资助对象是具有正式注册学籍的普通高中在校生中的家庭经济困难学生。具体资助标准各地结合实际确定，可以分为2-3档
	中等职业教育阶段	2016年《中等职业学校国家助学金管理办法》	资助对象为有中等职业学校全日制学历教育正式学籍的一、二年级在校涉农专业学生和非涉农专业家庭经济困难学生
	综合类	2014年《社会救助暂行办法》	国家对在义务教育阶段就学的最低生活保障家庭成员、特困供养人员，给予教育救助；对在高中教育（含中等职业教育）、普通高等教育阶段就学的最低生活保障家庭成员、特困供养人员，以及不能入学接受义务教育的残疾儿童，根据实际情况给予适当教育救助

资料来源：张浩淼、朱杰：《贫困对儿童的影响及社会保障政策回应——基于三个理论视域的分析》，《治理研究》2021年第3期。

表4-10　　2015—2021年全国学生资助资金投入情况　　（单位：亿元）

年份	资助总额	中央财政投入	地方财政投入	国家助学贷款	学校资助资金	社会资助资金
2015	1560.3	559.4	492.5	219.9	190.4	98.1
2016	1689.0	579.2	530.0	263.2	219.2	97.1
2017	1882.0	616.4	594.2	284.2	257.6	129.7

续表

年份	资助总额	中央财政投入	地方财政投入	国家助学贷款	学校资助资金	社会资助资金
2018	2043.0	675.4	614.7	325.5	292.0	135.4
2019	2126.0	826.9	622.6	346.1	303.3	27.1
2020	2408.2	1089.0	707.9	378.1	196.0	37.3
2021	2668.3	1238.0	769.0	430.9	198.2	32.2

资料来源：各年度《中国学生资助发展报告》。

4. 就业救助

就业是民生之本，也是困难对象获得持续性收入，改善生活的基本前提和基本途径。根据《社会救助暂行办法》规定，就业救助的对象主要针对低保家庭中有劳动能力并处于失业状态的成员，救助措施包括贷款贴息、社会保险补贴、岗位补贴、培训补贴、费用减免、公益性岗位安置等，确保零就业家庭实现动态"清零"。

从国家财政投入来看，2008—2020年，就业救助财政投入逐年增加，只在2016年有所下降，总体从2008年的414.6亿元增加至2020年的938.9亿元，年均增幅为7.4%（见表4-11）。公益性岗位的设置是帮助困难对象解决就业问题的直接途径，公益性岗位补贴标准原则上不高于当地最低工资标准，乡村公益性岗位补贴标准根据劳动时间劳动强度等因素确定，原则上不高于当地城镇公益性岗位补贴水平，补贴期限最长不超过3年。2019年，人力资源和社会保障部、财政部专门出台《关于做好公益性岗位开发管理有关工作的通知》（人社部发〔2019〕124号），对公益性岗位的开发、人员聘任、补贴发放、有序退出等进行规范，杜绝公益性岗位的福利化倾向。截至2019年年底，全国共设置扶贫公益性岗位283万个。[1] 根据《2021年残疾人事业发展统计公报》，2021年全国残疾人通过公益性岗位实现就业14.8万人。[2] 通过就业救助使困难群众

---

[1] 苏国霞、刘俊文编：《中国扶贫开发年鉴（2020）》，知识产权出版社2020年版，第96页。

[2] 中国残疾人联合会：《2021年残疾人事业发展统计公报》，https://www.cdpf.org.cn/zwgk/zccx/tjgb/0047d5911ba3455396faefcf268c4369.htm。

就业是最有效、最直接的脱贫方式，是助力脱贫攻坚和全面建成小康社会的有效手段。根据2021年《国家脱贫攻坚普查公报（第三号）》公布的数据，自建档立卡以来，有家庭成员享受过就业帮扶政策的建档立卡户1390.6万户，占全部建档立卡户的93.8%。其中，参加职业技能培训929.5万户，就读技工学校47.6万户，参加过招聘会或得到过政策咨询、职业指导、岗位信息推荐等就业服务1199.9万户，享受过创业扶持212.5万户，在公益岗位工作过的家庭409.8万户，在扶贫车间工作过的家庭80.5万户，享受过外出务工交通补贴330.9万户，[1] 取得了帮助2/3以上建档立卡贫困人口通过就业成功脱贫的突出成效。[2] 根据人社部统计数据（见图4-6），2014—2021年，通过就业救助年均帮助175.8万就业困难人员实现就业，年均帮助547.9万城镇失业人员实现再就业，有效满足了有劳动能力困难对象的就业需求，提高其可持续升级能力，同时帮助失业对象降低贫困风险。就业帮扶服务和技能培训方面，2020年，人社部组织提供了招聘求职、职业指导、创业服务超1亿人次，全国开展各类补贴性职业技能培训2700万人次，以工代训2209万人，努力实现"培训一人、就业一人、脱贫一户"，成功帮助4.9万户零就业家庭中的5.1万人就业，实现"零就业"家庭基本消除。[3]

表4-11　　　　　　2008—2020年就业救助财政投入情况

年份	就业救助财政投入（亿元）	增长率（%）
2008	414.6	—
2009	511.4	23.3
2010	624.9	22.2
2011	670.4	7.3

---

[1] 国家统计局：《国家脱贫攻坚普查公报（第三号）》，http://www.stats.gov.cn/xxgk/sjfb/zxfb2020/202102/t20210225_1814069.html。

[2] 人力资源和社会保障部：《2020年度人力资源和社会保障事业发展统计公报》，http://www.gov.cn/xinwen/2021-06/04/5615424/files/542bc344000d44c7ae7132a246058c71.pdf。

[3] 人社部：《2020年帮助167万就业困难人员实现就业》，https://baijiahao.baidu.com/s?id=1697638896829399712&wfr=spider&for=pc。

续表

年份	就业救助财政投入（亿元）	增长率（%）
2012	736.5	9.9
2013	822.6	11.7
2014	870.8	5.9
2015	870.9	0.0
2016	785.0	-9.9
2017	817.4	4.1
2018	845.2	3.4
2019	916.2	8.4
2020	938.9	2.5
均值	755.8	7.4

资料来源：各年度《全国财政支出决算表》。

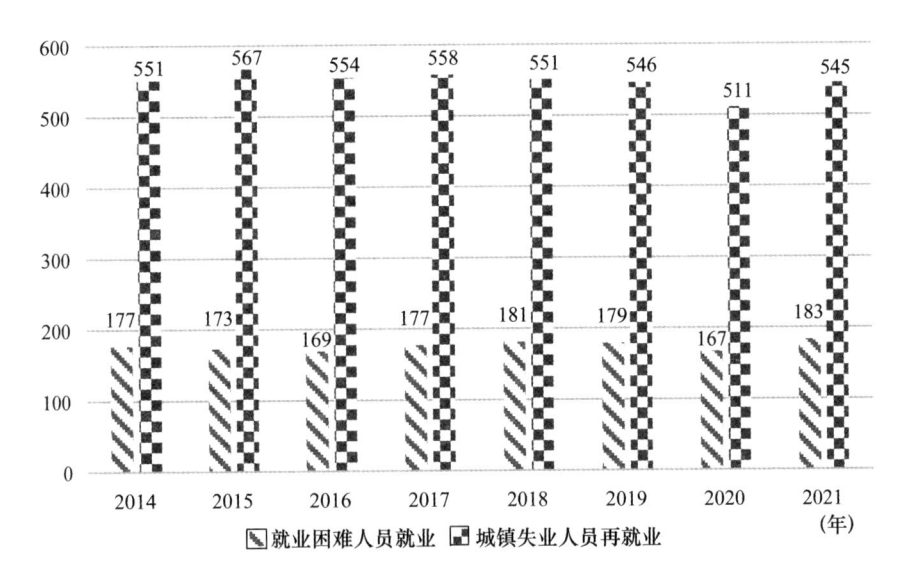

图 4-6 2014—2020 年就业困难人员就业人数（万人）

资料来源：各年度《人力资源和社会保障事业发展统计公报》。

（三）急难救助帮助有效应对突发问题

急难救助主要帮助社会成员在遇到突发事件、意外伤害、重大灾难或事故等灾难性、灾害性、临时性、紧急性困难，导致基本生活陷入困境时，给予过渡性救助，帮助暂时陷入困境的家庭或个人渡过难关。当前我国急难救助主要包括了临时救助和受灾人员救助。

1. 临时救助

临时救助制度是解决城乡居民突发性、紧迫性、临时性生活困难问题，保障困难群众基本生活权益的兜底性制度安排，承担着筑牢社会救助体系最后一道防线的职责任务，发挥着社会救助制度"兜底中的兜底"功能。根据《社会救助暂行办法》，临时救助是国家对因火灾、交通事故等意外事件，家庭成员突发重大疾病等原因，导致基本生活暂时出现严重困难的家庭，或者因生活必需支出突然增加超出家庭承受能力，导致基本生活暂时出现严重困难的最低生活保障家庭，以及遭遇其他特殊困难的家庭，给予的应急性、过渡性的救助。临时救助的对象包括了家庭对象和个人对象。此外，符合生活无着的流浪、乞讨人员救助条件的，由县级人民政府按有关规定提供临时食宿、急病救治、协助返回等救助。我国临时救助制度最早于2007年开始在各地探索建立。截至2013年，全国26个省份制定完善了临时救助政策。[①] 2014年，国务院颁布《关于全面建立临时救助制度的通知》（国发〔2014〕47号），正式在全国范围内全面建立和实施临时救助制度。2018年，民政部和财政部发布《关于进一步加强和改进临时救助工作的意见》（民发〔2018〕23号），进一步将临时救助对象划分为了急难型救助对象和支出型救助对象。根据不同救助对象的困难类型、紧急程度，采取不同的救助程序，例如对急难型救助对象采取"先行救助"的方式，全面突出临时救助"准""简""快"的政策优势，充分发挥了临时救助"托底线、救急难、保民生"的重要作用。

近年来，临时救助制度不断完善发展，通过进一步扩大覆盖范围、提高救助水平、完善设施建设等方式，强化临时救助制度的兜底功能。根据民政部统计数据（如表4-12所示），2016—2021年，临时救助兜底人次总体逐年增加，从2016年的850.7万人次，增加到2020年的1380.6万人次，而后2021年稍有下降，为1198.6万人次，年均救助兜底人次为

[①] 中华人民共和国国务院新闻办公室：《2013年中国人权事业的进展》，《人民日报》2014年5月27日第10版。

1083.6万。需要说明的是，低保和特困对象也可以申请临时救助。据统计，2020年享受临时救助的对象中，低保对象占比33.4%，特困供养对象占比3.7%，其他对象占比62.9%。[1] 临时救助水平方面，救助水平近年来总体变动不大，近六年救助水平平均为1182.7元/人次。资金投入方面，2016—2020年临时救助财政资金投入逐年增加，从2016年的87.7亿元增加到2020年的165.7亿元，2021年有所下降，为138.4亿元，年均财政投入均值为128.5亿元，年均增幅为10.6%。救助机构建设方面（见表4-13），2020年我国设有救助站1555个，为生活无着的流浪乞讨人员提供基本生活保障和服务；设有未成年人救助保护机构252个，为生活无着的流浪乞讨、遭受监护侵害、暂时无人监护的未成年人提供庇护。2007—2020年，临时救助制度救助成年流浪乞讨人员数量先增加后减少，累计为3167.6万人次提供救助服务；2007至2020年，累计为未成年儿童提供救助服务186.9万人次，近年来未成年儿童救助数量显著降低，2020年仅救助未成年儿童3.1万人，说明儿童生活无着的情况显著改善。临时救助制度在助力脱贫攻坚实现全面小康过程中也发挥了重要作用。2019年，民政部、财政部和国务院扶贫办发布了《关于在脱贫攻坚兜底保障中充分发挥临时救助作用的意见》（民发〔2019〕87号），强化了临时救助制度在困难对象兜底保障，助力解决"两不愁三保障"问题中的重要功能。2019年，全国总计对304万建档立卡贫困人口实施了临时救助，在助力脱贫和防止返贫中发挥了重要作用。[2]

表4-12　　　　2016—2021年临时救助兜底情况

年份	临时救助人次（万人次）	人均次水平（元/人次）	财政投入（亿元）	增长率（%）
2016	850.7	1031.3	87.7	—
2017	970.3	1109.9	107.7	22.8
2018	1108	1178.8	130.6	21.3

---

[1] 中华人民共和国民政部编：《中国民政统计年鉴2021》，中国社会出版社2021年版。
[2] 苏国霞、刘俊文编：《中国扶贫开发年鉴（2020）》，知识产权出版社2020年版，第148页。

续表

年份	临时救助人次（万人次）	人均次水平（元/人次）	财政投入（亿元）	增长率（%）
2019	993.2	1421.1	141.1	8.0
2020	1380.6	1200.3	165.7	17.4
2021	1198.6	1154.9	138.4	-16.5
均值	1083.6	1182.7	128.5	10.6

资料来源：2018—2021年《民政事业发展统计公报》和2016—2017年《社会服务发展统计公报》。

表4-13　　　　救助机构与流浪乞讨人员救助情况

年份	救助机构（个）		流浪乞讨人员救助总数（万人次）	
	救助站	未成年人救助保护机构	成年人救助总数	未成年人救助总数
2007	1261	90	154.4	16.0
2008	1334	88	157.3	15.6
2009	1372	116	168.1	16.7
2010	1448	145	171.9	14.6
2011	1547	241	241.0	17.9
2012	1770	261	276.6	15.2
2013	1891	274	348.5	18.4
2014	1949	345	347.5	12.8
2015	1766	275	375.2	16.7
2016	1736	240	333.8	16.7
2017	1623	194	218.9	9.4
2018	1534	176	157.2	7.6
2019	1545	202	133.3	6.2
2020	1555	252	84.1	3.1
合计	—	—	3167.6	186.9

资料来源：《中国民政统计年鉴2021》。

2. 受灾人员救助

受灾人员救助制度是指政府针对遭受自然灾害而造成基本生活困难的对象，提供基本生活救助，以帮助困难对象有效应对突发问题，解决困难对象吃、穿、住、医等临时生活困难的兜底性制度安排。根据《社会救助暂行办法》，自然灾害发生后，县级以上人民政府或者人民政府的自然灾害救助应急综合协调机构应当根据情况紧急疏散、转移、安置受灾人员，及时为受灾人员提供必要的食品、饮用水、衣被、取暖、临时住所、医疗防疫等应急救助。灾情稳定后，受灾地区县级以上人民政府应当评估、核定并发布自然灾害损失情况，在确保安全的前提下，对住房损毁严重的受灾人员进行过渡性安置。自然灾害危险消除后，受灾地区人民政府应急管理等部门应当及时核实本行政区域内居民住房恢复重建补助对象，并给予资金、物资等救助。[①] 根据2015年民政部发布的《受灾人员冬春生活救助工作规程》（民发〔2015〕118号），我国还对受灾人员实施了"冬春生活救助"制度，重点是解决受灾人员因当年冬寒和次年春荒在口粮、衣被、取暖等方面遇到的基本生活困难。

根据民政部统计数据（见表4-14），2010—2015年，我国累计救助受灾群众超过4.58亿人次。从财政支出情况来看（见图4-7），自然灾害生活救助财政支出受当年遭受灾害严重程度影响，2008年由于汶川地震原因，自然灾害生活救助财政支出达到609.8亿元，以充分保障震区受灾人员的日常基本生活。2000—2020年，自然灾害生活救助财政支出累计超过了3000亿元。

表4-14　　　　　　　2010—2015年我国受灾人员救助情况

年份	救助受灾群众（人次）	年份	救助受灾群众（人次）
2010	9000余万	2013	8000余万
2011	7500余万	2014	7500余万
2012	7800余万	2015	6000余万

资料来源：2010—2015年《社会服务发展统计公报》。

---

① 《社会救助暂行办法》，中国政府网，http://www.gov.cn/zhengce/2020-12/27/content_5573738.htm。

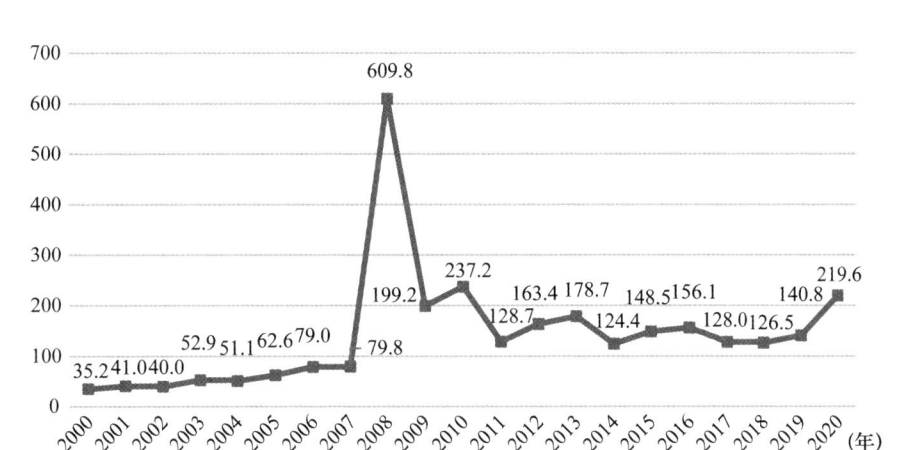

图 4-7　2000—2020 年我国自然灾害生活救助财政支出情况（亿元）

资料来源：《中国民政统计年鉴 2021》。

（四）社会力量参与助力兜底安全网建设

社会力量是政府社会救助制度的重要补充。2014 年《社会救助暂行办法》对社会力量参与社会救助进行了专章规定，国家鼓励单位和个人等社会力量通过捐赠、设立帮扶项目、创办服务机构、提供志愿服务等方式，参与社会救助，县级以上地方人民政府可以将社会救助中的具体服务事项通过委托、承包、采购等方式，向社会力量购买服务，并应当发挥社会工作服务机构和社会工作者作用，为社会救助对象提供社会融入、能力提升、心理疏导等专业服务。[1] 近年来，我国社会力量通过各种途径积极参与社会救助，基本形成了政府主导、部门协作、社会组织和民众全方位参与、有效合力的救助体系，社会力量参与成为了社会救助可持续、优质发展的良性资源。

首先，公益慈善力量是社会救助的重要补充。根据民政部数据，截至 2021 年年底，全国共有经常性社会捐赠工作站、点和慈善超市 1.4 万个。全年共有 2227.4 万人次在民政领域提供了 6507.4 万小时志愿服务。全国社会组织捐赠收入 1192.5 亿元，比上年增长 12.6%。[2] 截至 2022 年

---

[1] 《社会救助暂行办法》，中国政府网，http://www.gov.cn/zhengce/2020-12/27/content_5573738.htm。

[2] 民政部：《2021 年民政事业发展统计公报》，https://images3.mca.gov.cn/www2017/file/202208/2021mzsyfztjgb.pdf。

1月，全国慈善组织数量已达11260家。相较于政府，慈善力量在参与社会救助方面具有筹资能力更强、物资内容更丰富、方法措施更灵活、救助效率更高的独特优势。2018年，中国妇女发展基金会就使用公益金3.06亿元，专门用于农村贫困母亲"两癌"救助。① 其次，公益彩票金也是社会救助资源的重要组成部分。根据民政部统计数据（见图4-8），2012—2021年，民政系统公益彩票金用于社会救助领域资金累计达到208.1亿元，中央转移地方彩票公益金主要被投入改善困难群众生活、扶贫、医疗救助等领域。最后，专业社会工作者参与社会救助有助于提升救助专业性。当前，专业社会工作人员已经成为了社会救助领域救助服务提供、个案帮扶、救助资源链接等方面不可替代的救助力量，有效提高了社会救助体系兜底民生的帮扶力度。根据民政统计数据，截至2021年年底，全国持证社会工作者共计73.7万人，其中助理社会工作师55.9万人，社会工作师17.7万人。② 其中，越来越多的专业社会工作者投身社会救助领域，为困难群众提供各类救助服务。

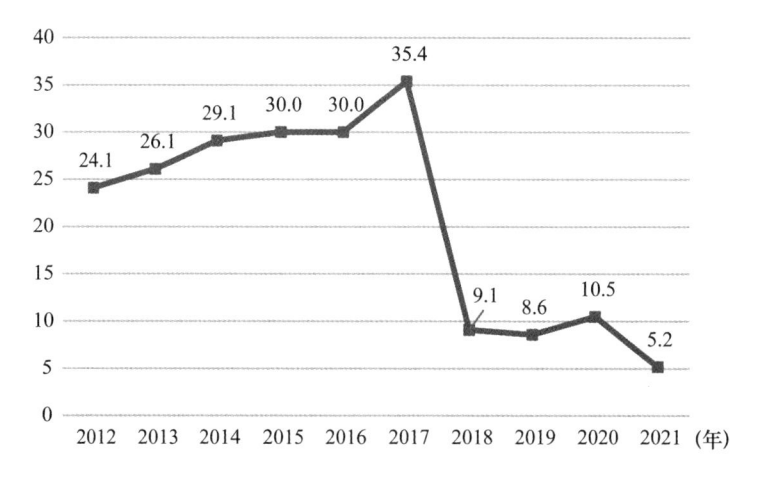

图4-8 民政系统公益彩票金用于社会救助情况（亿元）

资料来源：2012—2017年《社会服务发展统计公报》和2018—2021年《民政事业发展统计公报》。

---

① 杨团主编：《2020中国慈善发展报告》，社会科学文献出版社2020年版，第162页。
② 民政部：《2021年民政事业发展统计公报》，https://images3.mca.gov.cn/www2017/file/202208/2021mzsyfztjgb.pdf。

第二节 经验

（一）坚持党的领导和中国特色社会主义制度，理性渐进推进社会救助改革

社会救助事业关系困难群众的基本生活和衣食冷暖，是保障基本民生、促进社会公平、维护社会稳定的兜底性、基础性制度安排，更是中国共产党始终践行以人民为中心发展思想的根本体现。中国特色社会主义最本质的特征是中国共产党领导，中国特色社会主义制度的最大优势是中国共产党的领导。坚持和完善党的领导，是党和国家的根本所在、命脉所在，也是全国各族人民的利益所在、幸福所在。

新中国成立以来，我国社会救助经历了应急化、边缘化、基础化、民生化的发展阶段，社会救助改革根据所处时期经济、政治和社会发展水平与困难对象现实需要持续推进，尽管不同阶段我国的社会救助改革重心不同，但解决困难对象的民生保障问题一直是党和政府的根本目标。新中国成立初期，百废待兴，民生凋敝，自然灾害频发，党中央提出了"不要饿死一人"的要求。针对战后中国大量的灾民、流民、难民和失业问题，1950年4月，中央人民政府组织召开了中国人民救济代表会议，结合基本国情，确定了"群众互助互济与国家救济相结合"的基本救助原则，[①] 救助方式根据不同的困难对象情况，通过发放救济款物、组织生产自救、发动群众互助等方式，保障困难群众的生存需求。虽然在此阶段，我国社会救助呈现出明显的应急性、临时性、非制度性特征，但党和政府一直把困难群众的基本生活问题放在心上、扛在肩上，并且为进一步建立制度化的社会救助奠定了基础。全面建设社会主义时期，"三大改造"完成，经济开始有序恢复，社会救助开始向长期性救助方式探索。由于二元经济分割的影响，社会救助首先从农村开始改革发展，"五保"制度首先建立，为缺乏劳动力或者完全丧失劳动力、生活没有依靠的老、弱、孤、寡、残疾的对象，在生产上和生活上给以适当的安排和照顾，保证他们的吃、

[①] 刘喜堂：《建国60年来我国社会救助发展历程与制度变迁》，《华中师范大学学报（人文社会科学版）》2010年第4期。

穿和柴火的供应、保证年幼的儿童能够受到教育、保证年老死后能够得到安葬，实实在在为社会最弱势的群体撑起了一把牢固的"保护伞"。伴随着计划经济体制改革，"国家—单位（集体）"保障制度建立，国家和单位（集体）主要对孤老病残人员和特殊困难人员提供定期定量的经常性救助或者临时救助。这一时期，党和政府对社会救助在城市和农村均进行了积极探索，通过分类确定救助对象的方式，农村以"缺乏劳动能力或完全丧失劳动能力，生活没有依靠的老、弱、孤、寡、残疾的社员"为重点对象，城市则重点针对孤老病残人员和特殊困难人员，分别形成了制度化的救助政策安排。改革开放和社会主义现代化建设时期，僵化的体制和经济社会的全面转型被认为是造成贫困和弱势群体的重要原因，于是国家的工作重心转向经济建设。困难群众的救济工作一直是党和政府牵挂的重心，随着民政部的恢复成立，农村社会救济司和城市社会福利司被分别设立，主管城乡的社会救助工作，为社会救助工作的开展和各项政策的制定实施提供了组织保障。1983年召开的第八次全国民政会议，明确新时期我国社会救济工作的基本方针是"依靠群众、依靠集体、生产自救、互助互济、辅之以国家必要的救济和扶持"。随着经济建设的不断推进，我国社会救助事业开始快速发展。针对经济社会转型背景下城市出现的困难群体，逐步建立起低保和其他专项救助制度，在农村则开展了有计划、有组织和大规模的开发式扶贫。而后，为了打破城乡救助制度的壁垒，农村低保和其他专项救助也相继建立，城乡社会救助开始迈向统一。这一时期，我国社会救助项目逐渐丰富、覆盖人群逐渐增多、救助标准不断提高、人民生活不断改善。党的十八大以来，伴随着我国社会主要矛盾的转移，人民群众之间不平衡不充分问题日渐凸显，以习近平同志为核心的党中央继续强调保障和改善困难群体的民生，提出了"精准扶贫"，并在党和政府的领导下取得了脱贫攻坚战的全面胜利，实现了"两不愁三保障"的既定目标，贫困治理的重点转向相对贫困，社会救助体系改革目标持续升级。正如习近平总书记指出的："保障和改善民生是一项长期工作，没有终点站，只有连续不断的新起点。"[①]

[①] 人民日报评论部：《人民日报评论年编2019 人民论坛》，人民日报出版社2020年版，第27页。

为中国人民谋幸福、为中华民族谋复兴，是党和政府的初心使命。我国社会救助制度虽然经历了不同的发展时期，但始终把维护困难群众基本权益作为社会救助的根本出发点和落脚点，在改革创新过程中，从点到面、从小到大快速发展，与时俱进、渐进理性，实实在在帮助群众解决实际困难，取得了长足发展和突出成效，兜住了民生底线，维护了社会公平底线，构成了独具中国特色的兜底性制度安排，是党和政府的先进性与人民性相统一的重要体现。我国社会救助事业在党和政府的领导下，在以人民为中心的发展思想指导下，将在向第二个百年奋斗目标迈进的过程中取得新的成效。

(二) 确保社会救助基础地位，坚持尽力而为与量力而行

社会救助是兜底民生的最后一道安全网，作为一项基础性社会保障制度，社会救助是国家和社会对依靠自身努力难以满足其生存基本需求的公民给予的物质帮助和服务，旨在保证每一位公民都能获得基本的生存权利和发展权利，在促进社会稳定和维护社会公平等方面发挥重要作用。"保基本、兜底线、救急难、可持续"是我国社会救助体系的基本目标，要实现这一目标社会救助既要彰显以人为中心的思想，又要坚持实事求是的精神，坚持"尽力而为、量力而行、适度救助"的基本原则。在保障和改善民生方面，习近平总书记强调要"抓住人民最关心最直接最现实的利益问题，抓住最需要关心的人群，多做雪中送炭的事情"，"既尽力而为、又量力而行，做那些现实条件下可以做到的事情，让群众得到看得见、摸得着的实惠"，[①] "保障和改善民生是一项长期工作，没有终点站，只有连续不断的新起点"。上述重要论述和部署要求，充分体现了中国共产党坚持实事求是、一切从实际出发的思想方法和工作方法，也进一步表明，在我国的民生保障工作过程中应该正确处理"尽力而为"与"量力而行"的关系，把握社会救助的适度性。"尽力而为"重点强调要始终将困难群众的安危冷暖放在首要位置，聚焦困难群众的烦心事、忧心事，尽心尽力解决困难群众急难愁盼问题；"量力而行"则重点强调了社会救助要始终从我国的基本国情出发，认清当前我国社会救助事业仍存在发展不平衡不充分的问题，准确把握"适度"的度至关重要，如

[①] 《中国共产党永远与人民心连心》，《人民日报》2020年9月4日第9版。

果过高就会给社会救助制度带来巨大压力，影响制度的稳定性和可持续性，如果过低则不足以体现社会救助制度的初衷。当前社会救助适度救助主要体现在救助保障范围适度扩大、社会救助水平适度提高、社会救助项目与内容适度拓展等方面。

首先，救助保障范围适度扩大。在 2014 年之前，我国社会救助体系主要以城乡低保、城乡特困对象为兜底对象，专项救助和临时救助为重要补充。2014 年《社会救助暂行办法》出台，标志着以最低生活保障、特困人员救助供养等基本生活救助为基础，以专项救助为支撑，以急难救助为辅助，以社会力量参与为补充的新型救助格局正在形成。2020 年，国务院颁布《关于改革完善社会救助制度的意见》，进一步提出"健全分层分类、城乡统筹的中国特色社会救助体系"。分层分类的社会救助体系就是指"根据群众的困难程度和致困原因，划分出三个救助圈层。其中，最核心的内圈是低保对象和特困人员，这些对象要纳入基本生活救助，给予低保，还有医疗、住房、教育、就业专项救助；向外一圈是低收入家庭和支出型困难家庭，这些对象应该根据他们的实际困难程度，相应给予基本生活救助，主要是专项救助；最外圈层是社会公民，他们因遭遇突发事件、意外伤害、重大疾病等，基本生活陷入困境的时候，要给予急难社会救助，帮助其渡过难关"。[1] 可见，随着社会救助发展，社会救助兜底保障范围进一步扩大，针对不同的困难程度的救助对象给予不同方式的救助手段，专项救助的救助对象逐步与低保脱钩，"低收入"标准在社会救助对象认定中的作用开始凸显。

其次，社会救助水平适度提高。高水平社会救助是一把双刃剑，虽然高水平的救助标准能够有效缓解困难对象的生活风险，但会增强救助对象的福利依赖，造成"养懒汉"的现象，同时给国家财政带来巨大的支出压力；过低的救助水平则达不到救助效果，造成资源浪费。社会救助水平应当保持动态性，根据当地经济社会发展水平和物价变动情况适时调整。[2] 当前，随着社会经济的不断发展，困难对象的生活成本持续增

---

[1] 《如何健全分层分类社会救助体系》，每日经济新闻网，http://www.nbd.com.cn/articles/2020-11-23/1554725.html。

[2] 邓念国：《部分发达国家社会保障体制改革的做法及启示》，《经济纵横》2012 年第 12 期。

加，为了进一步保障困难群众的基本生活，确保困难群众生活水平随着经济社会的发展得到提高，各类救助政策的保障水平适度提高。城乡最低生活保障方面，城市低保标准逐年提高，从 2007 年的每年 2188.8 元，提高到了 2021 年的每年 8536.8 元，年均增幅超过 10%；农村低保标准则从 2007 年的每年 840 元增加到了 2021 年的每年 6362.2 元，年均增幅达到了 15.6%，农村低保标准增加速度显著大于城市，城乡低保保障水平的差距正在逐步缩小。特困供养标准同样适时根据经济社会发展水平和物价变化情况动态调整，要求不低于当地低保补贴标准的 1.3 倍，同时部分地区依据特困供养对象的生活自理能力等级，特困供养也呈现不同标准，进一步体现了分类施策的保障要求，给予不同对象最适度的保障标准。针对孤儿和事实无人抚养儿童，2015 年按照东、中、西部的地区差异，中央财政补助孤儿基本生活费的补助标准分别为每人每月 200 元、300 元和 400 元，2019 年开始孤儿生活补助标准提高 50%，东、中、西部地区分别提高到每人每月 300 元、450 元、600 元。补助标准根据社会经济发展不断调整，以及按照地区差异设置，不仅体现了对满足困难对象日益增长美好生活需要的基本要求，同时也进一步促进了困难群体适度分享改革发展成果。

最后，社会救助项目与内容适度拓展。随着困难对象的救助需求越来越多样化和多元化，社会救助项目与内容也进一步拓展，社会救助体系不再仅仅只满足于困难对象的基本生活需要，也进一步满足其在健康、教育、住房、日常照料、心理慰藉、社会参与、能力提升等方面的多层次需要，救助模式也从以前单一的物质救助向"物质+服务"的综合救助模式转变。结合困难对象需求与社会救助发展实际，各地也在积极开拓创新社会救助项目与服务内容。例如，成都市通过建立社会力量广泛参与的"三级中心，四级网络"社会关爱援助体系，通过专业的需求评估机制，从生理、心理、家庭、社会等方面进行专业化评估，满足救助对象个性化需求，精准对接援助资源。① 西安市碑林区通过创新落实"社会救助大礼包"制度，通过精准需求识别为救助对象提供扶助礼包、成

---

① 张浩淼：《共同富裕背景下社会救助体系创新——基于成都市的实践经验》，《兰州学刊》2022 年第 6 期。

长陪伴礼包、服务救助礼包、养老服务礼包、"美居行动"礼包、心理救助礼包、个案帮扶礼包、分类探访礼包、"掌上办"礼包和生活监测礼包,有效解决困难对象在就业创业、教育资助、就医就诊、康复护理、日常照料、家居保洁、家居环境改造、心理援助、社会融入等多方面的现实需要,[①] 救助项目和服务内容都得到有效拓展,进一步推动促进发展型社会救助体系的形成。

(三) 坚持政府负责,积极调动社会力量

政府是社会救助的第一责任主体。《中华人民共和国宪法》第四十五条明确规定,"中华人民共和国公民在年老、疾病或者丧失劳动能力的情况下,有从国家和社会获得物质帮助的权利。国家发展为公民享受这些权利所需要的社会保险、社会救济和医疗卫生事业"。可见,社会救助权是公民的基本权利,只要公民通过自身努力还是无法脱离生存困境,政府就有责任给予相应的救助。

当前政府在社会救助工作中的主体责任主要包括建立和完善我国社会救助制度、负责实施管理和监督、负责提供救助资金支持、负责宣传教育等。首先,政府有责任从顶层设计的角度,为社会救助制度进行规划、制度设计以及制定相关政策法规。社会救助制度体系的构建和完善是一项庞大和复杂的工程,需要协调各方利益,维护困难对象的基本权益,只有国家和政府才有能力建立社会救助制度,并通过出台相关政策法规的形式,对各项具体政策进行政策设计,明确救助对象和执行细则,从而保障各项社会救助工作能够有法可依,有章可循。其次,政府应该承担社会救助的各项具体实施工作并对执行情况进行监督。主要包括:在各级行政区划建立社会救助相关行政机构为社会救助工作的实施提供组织保障,例如《社会救助暂行办法》中明确规定,"国务院民政部门统筹全国社会救助体系建设。国务院民政、应急管理、卫生健康、教育、住房城乡建设、人力资源社会保障、医疗保障等部门,按照各自职责负责相应的社会救助管理工作";为保障救助工作正常开展提供一系列的配套措施,例如建设社会救助管理信息系统,建立社会救助资金管理机制,

---

① 《西安市民政局 财政局 人力资源和社会保障局关于推行"社会救助大礼包"制度的通知》(碑民发〔2020〕35号)。

建立社会救助其他相关工作机制等；政府还有责任对参与社会救助的其他主体进行有效管理和监督，包括市场主体、社会组织、志愿者等，以保证社会救助活动的规范开展。再次，政府有责任提供资金以支持各项社会救助项目的正常运行。资金充足是实行社会救助的前提，社会救助是无偿救助，不能通过社会共济和风险共担来解决资金问题，政府作为第一责任主体，理应承担起财政支持的主要责任。当前我国的社会救助资金按规定被纳入各级财政预算，并实行专项管理、分账核算、专款专用，这正是政府责任履行的重要表现。最后，政府具有对社会救助工作的宣传责任。政府有责任对公民享有的社会救助权以及对各项社会救助政策进行宣传，让公民能够形成正确的权利意识，提供社会救助是国家应尽的责任和义务，当公民生活遭遇困境且无法自己解决时，是有权利享受国家的相关救助政策。

社会力量是社会救助有力补充，在社会救助体系中起到拾遗补阙作用。政府在积极履行救助责任的同时，积极促进社会力量参与社会救助是提高社会救助效能的重要手段。社会力量长期扎根社会基层，具有密切联系群众、后备力量与资源充足、对接救助对象灵活、供给救助服务专业等优势和特点，能够更容易深入到困难对象中去，准确把握其多元化和多层次救助需求，更有针对性地提供救助措施，及时弥补政府救助方式单一、救助对象有限等方面不足，进一步促进救助内容从物质层面向服务层面拓展，实现社会救助主体多元化、方式多样化和人员专业化。当前我国社会力量参与社会救助的组成主体主要包括公益慈善组织、社会组织、社会工作机构、专业社工和志愿者等，通过设立帮扶项目、创办服务机构、提供志愿服务、慈善捐赠等方式，全方面参与社会救助。此外，政府还可以通过委托、承包、采购等方式，向社会力量购买服务，从而提升我国社会救助的整体水平和综合效益。为了进一步鼓励社会力量积极参与社会救助，例如，西安市碑林区通过细化鼓励措施，针对社会力量的不同主体，明确多形式、有针对性的鼓励措施。一方面，碑林区通过创新"积分制"运作模式，将社会力量参与捐赠赞助、开展救助项目、链接救助资源、开展志愿服务等指标，纳入社会组织等级评估范围，以此培育和提升社会组织能力、深化其在社会救助领域的积极作用；另一方面，通过"爱心余额宝"服务机制，引导社会义工、志愿者和社会爱心人士参与公益志愿积分活动，引导其在年轻或有余力时通过志愿服务将自己的志愿时长存储起来，到将来自己或直系亲属需要帮助时，再将自己之前存储的时间进行兑换，以此实现爱心互助，充分释放社会资源的潜在力量。此外，碑林区还通过购买服务形式，通过设置"救助助理"岗位，采取靶向施策、深度服务、全程陪伴、资源链接的形式，将社会救助经办人员"管不好、管不了"的急难和复杂问题转介给专业的救助助理，通过定制化、个性化的服务使困难群众的现实困境得到有效解决。山东省泰安市则通过积极发挥政府的纽带作用，搭建起政府主导，社会力量参与的"1＋N"综合救助信息平台，融合组织，整合资源，聚合力量，通过综合信息平台打通救助对象和社会力量之间的信息和资源壁垒，并通过培养一批样板组织、扶持一批样板项目、打造一批样板模式等方式，积极整合社会服务资源，以困难对象需求为导向形成了包括康复照护、爱心助餐、爱心助学、公益查体、心理疏导、健康讲座等服务的"救助菜单"，形成了"备菜—点菜—送菜—评菜"菜单式的机制，有效扩大社会救助服务供给，使社会救助由政府单打的"独角戏"发展成为全社会共同发力的"大合唱"。①

（四）坚持社会救助发展与困难群体需求与经济发展水平相适应

坚持社会救助发展与困难群体需求相适应。2020年，我国已经打赢了脱贫攻坚战，获得了战胜绝对贫困的举世瞩目的巨大成就，实现了困难对象的"两不愁、三保障"，贫困治理的重点由反绝对贫困转向反相对贫困，困难群体的基本需求同步发展升级。习近平总书记在党的十九大报告中指出"中国特色社会主义进入新时代，我国社会主要矛盾已经转化为人民日益增长的美好生活需要和不平衡不充分的发展之间的矛盾"，这意味着，社会救助除了满足困难对象的基本需要，还要进一步满足其对美好生活的需要，促进困难对象共享经济发展，同步迈向共同富裕。根据马斯洛需求层次理论，反绝对贫困背景下社会救助目标主要在于保障困难群众的最基本生活，主要通过现金援助来济贫，瞄准的是困难对象的基本生存需求，而反相对贫困背景下社会救助目标进一步瞄准困难

---

① 刘兆泉：《社会救助由"独角戏"变成"大合唱"》，《中国社会报》2021年11月15日第2版。

群众更高层次、更多元化的社交需求、自尊需求和发展需求等,这也进一步促进救助方式转向"现金+物资+服务"的综合救助。从当前我国社会救助体系各项救助政策对应的需求满足层次来看,最低生活保障和特困人员救助供养等基本生活救助政策主要针对解决困难对象的基本生活需要,主要目的是"保生存";医疗救助、就业救助、教育救助、住房救助等专项救助政策主要针对解决困难对象的特殊困难需要,主要目的是"渡难关";临时救助和受灾人员救助等政策主要针对解决困难对象的急难救助需要,主要目的是"救急难";以社会力量为重要主体提供的救助服务则主要针对解决困难对象在政策范围内不能满足的其他需求,主要目的是"促发展"。在社会救助体系高质量发展的要求下,社会救助体系不断致力于满足不同致因困难群体的差异性和多元化需求,持续增强救助对象的获得感、幸福感、安全感和满意度。以成都市温江区为例,为了动态响应不同困难群众的个性化需求,温江区对包括低保、特困、特殊群体儿童、特殊困难老人、残疾人、流浪乞讨人员、低收入及支出型贫困家庭、高龄老人、精简退职职工和其他特殊困难群体在内的"9+1"类困难对象的现实需求进行了细分,归纳总结了"12+1"类需求,分别是心理健康需求、情绪疏导需求、危机干预需求、照护支援需求、生活保障需求、医疗救助需求、就业援助需求、教育帮扶需求、法律援助需求、动态监测需求、资源链接需求、社会融入需求和其他需求,对应需求针对性地提供现金、物资或服务,进一步促进实现社会救助过程中的需求精准、资金精准、项目精准和服务精准。

坚持社会救助发展与经济发展水平相适应。高质量社会救助要坚持与社会经济的协同发展,在保障困难群众基本生活的基础上,切实为服务对象赋能增能,确保能够兜住底、兜牢底、兜好底。社会救助事业发展滞后,将无法满足困难群众的现实救助需求,达不到托底线、救急难、促发展的救助目标,不利于维护社会稳定。社会救助事业发展过快,则会超过经济发展承受能力,进而加重政府和社会的负担,不利于社会救助的可持续发展。所以,这就要求社会救助必须从基本国情出发,确保社会救助发展应始终与经济发展水平相适应。从我国社会救助财政投入的绝对值来看,社会救助财政投入从2011年的5860.2亿元增加到了2020年的9229.5亿元,增幅为57.5%,2011—2016年呈现逐年增加趋势，而后逐年减少，2019 年至 2020 年又开始增加，且增幅较大，增值超过 1100 亿元。从我国社会救助财政投入占 GDP 的比例来看，2011—2020 年间均值为 1.09%，其中最高占比为 2012 年的 1.24%，最小占比为 2019 年的 0.82%（如表 4–15 所示）。与世界其他国家相比，根据 87 个发展中国家和转型期国家的数据统计，其兜底安全网支出（spending on safety nets）占 GDP 的平均比值为 1.9%，中位水平为 1.4%，约有一半国家的 GDP 占比在 1% 至 2% 之间，中国兜底安全网支出占比在 87 个国家中排名倒数第 8，处于较低水平。[①] 虽然进入 21 世纪后，中国经济社会快速发展，国家整体经济实力升至世界第二位，但 2021 年人均 GDP 仍然排在所有国家第 60 位，我国仍处于并将长期处于社会主义初级阶段的基本国情没有变，这也就意味着社会救助发展水平必然受到社会经济发展的制约。当前我国"8+1"新型社会救助体系处于发展完善阶段，各项社会救助政策还在不断改革，社会救助制度发展必须立足自身发展阶段，考虑现实国情国力，坚持社会救助发展与经济发展水平相适应，才能促进社会救助事业高质量、可持续发展。

表 4–15　　2011—2020 年我国社会救助财政投入占 GDP 的比值

年份	2011	2012	2013	2014	2015	2016	2017	2018	2019	2020
社会救助财政投入（亿元）	5860.2	6703.0	7016.5	7610.8	8058.3	8934.0	8570.1	8494.6	8053.1	9229.5
占 GDP 的比值（%）	1.20	1.24	1.18	1.18	1.17	1.20	1.03	0.92	0.82	0.91

注：社会救助财政投入包含城乡最低生活保障制度、特困人员救助、自然灾害救助、医疗救助、教育救助、住房救助、就业救助、临时救助以及其他生活救助的财政投入。

资料来源：社会救助财政投入数据来自：程杰《中国社会救助投入强度研究》，《社会保障评论》2021 年第 4 期。GDP 数据来自中国国家统计局。

---

① 程杰：《中国社会救助投入强度研究》，《社会保障评论》2021 年第 4 期。

第三节 问题

一 民生升级，相对贫困治理经验不足

党的十九大明确了中国特色社会主义已经进入新时代，民生诉求升级，我国社会主要矛盾已经转化为人民日益增长的美好生活需要和不平衡不充分的发展之间的矛盾。2020年，我国取得了脱贫攻坚的胜利，消除了绝对贫困和区域性整体贫困，全面解决了"两不愁、三保障"问题，实现了全面建成小康社会的百年奋斗目标。这也意味着，我国贫困治理的重点转向相对贫困，社会救助目标有了新的提升。在新的发展阶段和时代背景下，面对不断升级的民生需求，我国社会救助在相对贫困治理过程中主要还存在以下几个方面的问题。

第一，相对贫困的概念界定不明确。西方对于相对贫困的研究较早，在19世纪初，马克思就曾论述过贫困的相对性，他表示"我们的需要和享受是由社会产生的，因此我们对于需要和享受是以社会的尺度，而不是以满足他们的物品去衡量，因为我们的需要和享受具有社会性质，所以它们是相对的"[1]。20世纪70年代，英国学者汤森首先系统地界定了相对贫困的概念，强调的是社会成员之间生活水平的比较。[2] 阿马蒂亚·森则从可行能力视角看待贫困，可行能力是"免受困苦——诸如饥饿、营养不良、可避免的疾病、过早死亡之类——基本的可行能力，以及能够识字算数、享受政治参与等的自由"，当可行能力缺失或不足时，就容易陷入贫困。[3] 国内关于相对贫困的研究起步晚于西方，在新中国成立后，反贫困研究主要集中于解决绝对贫困，直到20世纪90年代中后期，一些学者才开始了对相对贫困的研究。其中，童星和林闽钢提出，贫困既是一个绝对的概念，又是一个相对的概念，如果温饱基本解决，简单再生产能够维持，但低于社会公认的基本生活水平，缺乏扩大再生产的能力

---

[1] 《马克思恩格斯选集》第1卷，人民出版社2012年版，第350页。
[2] Townsend, P., *The concept of poverty*, London: Heinemann, 1971.
[3] [印] 阿马蒂亚·森：《以自由看待发展》，任赜、于真译，中国人民大学出版社2002年版，第133—134页。

或能力很弱，则属于相对贫困。[1] 唐钧认为，绝对贫困、相对贫困和基本贫困是一个互相衔接的独立概念，绝对贫困是内核，向外扩展第一波是基本贫困，第二波是相对贫困。[2] 林闽钢指出，全面小康社会之后，对我国相对贫困的理解仍要持有"绝对内核"的主张，需要解决"贫"——由于收入不足造成的不能维持基本需要的这一"内核"问题。[3] 张琦、沈扬扬认为相对贫困的内核并不尽然是贫困的本质，还是不平等领域的子课题，或者说是由于非均衡发展所带来的相对剥夺、相对贫困问题。[4] 向德平、向凯认为，相对贫困既是一种客观状态，也涉及主观体验，既反映经济收入与分配问题，也反映社会结构、社会排斥及社会心态问题。[5] 随着学者们对相对贫困概念的讨论不断深入，人们对相对贫困的认识逐步从一种简单的"相对较少的收入"和"生活必需品的缺乏"的经济贫困向多维度和多元化的"权利、机会的被剥夺""发展的自由、能力缺乏"转变。在国家的政策文件中，早在2003年国务院发布的《关于印发中国21世纪初可持续发展行动纲要的通知》（国发〔2003〕3号）中，就提出了"逐步消除绝对贫困和减少相对贫困，继续实行开发式扶贫"。[6] 2006年，在《国务院批转中国残疾人事业"十一五"发展纲要的通知》（国发〔2006〕21号）中，也提到了"重点解决低收入残疾人及其家庭的相对贫困问题，稳定提高经济收入"。[7] 2016年，《国务院关于印发国家人口发展规划（2016—2030年）的通知》（国发〔2016〕87号）中提

---

[1] 童星、林闽钢：《我国农村贫困标准线研究》，《中国社会科学》1994年第3期。
[2] 唐钧：《中国城市居民贫困线研究》，上海社会科学院出版社1998年版。
[3] 林闽钢：《相对贫困的理论与政策聚焦——兼论建立我国相对贫困的治理体系》，《社会保障评论》2020年第1期。
[4] 张琦、沈扬扬：《不同相对贫困标准的国际比较及对中国的启示》，《南京农业大学学报（社会科学版）》2020年第4期。
[5] 向德平、向凯：《多元与发展：相对贫困的内涵及治理》，《华中科技大学学报（社会科学版）》2020年第2期。
[6] 《国务院关于印发中国21世纪初可持续发展行动纲要的通知》，中国政府网，http://www.gov.cn/zhengce/content/2008-03/28/content_2108.htm。
[7] 《国务院批转中国残疾人事业"十一五"发展纲要的通知》，中国政府网，http://www.gov.cn/zhengce/content/2008-03/28/content_6603.htm。

出"推动扶贫开发由主要解决绝对贫困向缓解相对贫困转变"。① 2019年,党的十九届四中全会报告中明确提出"坚决打赢脱贫攻坚战,巩固脱贫攻坚成果,建立解决相对贫困的长效机制"。尽管国家政策已经多次提出了相对贫困的概念,国内外学者对相对贫困的定义进行了各角度的讨论,但至今我国相对贫困的概念和内涵仍未明确和统一。

第二,相对贫困的划分标准不统一。当前国外对于相对贫困标准的划分主要还是以"收入"作为标准,以某一时间点特定人群的收入作为参照系者,在经济维度的基础上从其他方面探索相对贫困的含义和相对贫困线的划定方式,不同地区和组织有不同标准。其中,经合组织相对贫困判定的标准是人均可支配收入中位数的50%—60%,欧盟的判定标准是家庭收入中位数的60%,世界银行的判定标准则是人均收入的1/3(见表4-15)。可以看出,仅是以"收入"作为判定标准就可以出现多种划分方式,且划分比例也各不统一。此外,还有部分学者在经济维度的基础上从多维贫困指数、教育程度、健康程度、社会交往程度等方面对相对贫困进行判定。② 我国对于相对贫困的标准认定,在各地已经有了部分实践。其中,重庆市率先于2010年起在全国采用相对扶贫标准,按照全市农民人均纯收入的30%比例为界,2010年标准大约为1400元,覆盖人口144.3万人。③ 广东省则对相对贫困人口和相对贫困村的标准都进行了明确,在《广东省农村扶贫开发实施意见》中指出"2013—2015年:被帮扶的相对贫困人口年人均纯收入达到当年全省农民人均纯收入的33%以上,实现稳定脱贫;被帮扶的相对贫困村年人均纯收入达到当年全省农民人均纯收入的60%以上,村集体经济收入达到5万元以上"。④ 2019年,广东省扶贫开发领导小组在关于《印发〈广东省相对贫困人口相对贫困村退出机制实施方案〉的通知》(粤农扶组〔2019〕27号)中,

---

① 《国务院关于印发〈国家人口发展规划(2016—2030年)〉的通知》,中国政府网,http://www.gov.cn/zhengce/content/2017-01/25/content_5163309.htm。

② Alkire, S., & Foster, J. E., "Counting and Multidimensional Poverty Measurement", *Journal of Public Economics*, 2011, 95 (7), pp. 476-487.

③ 《重庆实行相对扶贫标准,以农民人均纯收入30%为限》,中国政府网,http://www.gov.cn/govweb/gzdt/2010-06/25/content_1636828.htm。

④ 广东省乡村振兴局:《广东省农村扶贫开发实施意见》,http://rural.gd.gov.cn/zwgk/zcfg/szcfg/content/post_3477869.html。

将相对贫困人口的退出标准定为"稳定实现'两不愁、三保障',有劳动力的相对贫困户年人均可支配收入达到当年全省农村居民人均可支配收入的45%";相对贫困村的退出标准为"以'两不愁、三保障'和'一相当'(即相对贫困村基本公共服务主要指标相当于全省平均水平)为主要衡量标准,相对贫困村年人均可支配收入达到当年全省农村居民人均支配收入的60%"。① 2020年12月,江苏省如皋市,将年人均可支配收入高于7000元、低于当地低保标准的易返贫、易致贫家庭,因病、因残、因灾等引发的刚性支出明显超过上年度收入和收入大幅度缩减的家庭等,明确为相对贫困的监测对象。② 可以看出,当前我国各地对相对贫困对象的划分标准还未统一,有的按照相对性的思路,通过按收入均值百分比的方式确定相对贫困对象,有的则按照收入标准结合困难对象类型的方式划定标准。明确标准是建立相对贫困长效治理机制的前提和基础,当前相对贫困标准的确定还处于地方各自摸索阶段,缺乏中央层面对标准划定的顶层设计和统一规定,相对贫困的划分标准除了收入维度,还需要考虑哪些资源或维度?评价标准如何确定?相对贫困与非贫困的分界点如何确定?这都是当前需要尽快厘清的问题。

表4-15　　　　　　典型地区和组织的相对贫困界定标准

地区/组织	经合组织	欧盟	世界银行
依据	人均可支配收入	家庭收入	人均收入
标准	人均可支配收入中位数的50%—60%	家庭收入中位数的60%	人均收入的1/3
可比性	经合组织内可比	欧盟内可比	各国可比

资料来源:根据相关资料整理。

---

① 韶光市人民政府:《关于印发〈广东省相对贫困人口相对贫困村退出机制实施方案〉的通知》,https://www.sg.gov.cn/zw/zdlyxxgk/wyx/dzjg/wyxfpb/fpgzxxgk/pkcpkhrdbzjsbcxxx/content/post_1741587.html。
② 如皋市农业农村局:《关于印发〈关于建立解决相对贫困长效机制的实施方案(试行)〉的通知》,http://www.rugao.gov.cn/rgsne/zyzc/content/55be4d78-9b62-4004-9025-152820ba27a6.html。

第三，相对贫困治理的经验不足。我国从 20 世纪 80 年代开始的扶贫开发和 1990 年代初起逐步建立的现行社会救助制度，社会救助的核心均主要应对的是绝对贫困问题。直到 2020 年，我国脱贫攻坚如期取得了全面胜利，绝对贫困已经全面消除，社会救助的目标从反绝对贫困提升到反相对贫困。2019 年，党的十九届四中全会提出"建立解决相对贫困的长效机制"，意味着当前的社会救助体系将面临整体创新升级。相对贫困的治理是一个非常复杂的过程，对相对贫困对象的识别、救助对象需求的满足、救助服务递送方式等都提出了更高要求。首先，相对贫困对象识别标准从单一转向多维。贫困概念的核心要义包含了"贫"和"困"，以往多从单一收入维度理解"贫"，却忽视"困"。[1] 相对贫困要求以比较的视角，从教育、卫生、住房、资产、能力等多个维度去理解群众之"困"，才能解决相对贫困人口的物质生活和生存发展能力问题。此外，从帮扶对象来看，相对贫困治理背景下对孤寡老人、困境儿童、残疾人、重病患者、失业者等特殊群体的关爱援助是社会救助工作的重要内容，如果仍然仅从单一收入维度去衡量，并不能体现不同特殊群体之间救助需求的异质性。所以，实现社会救助体系创新必须理解新时期相对贫困治理背景下贫困的本质，实现相对贫困对象识别标准从单一到多维的转变，通过多维识别实现多维帮扶，以真正解决救助对象之"困"。其次，社会救助对象需求满足从济贫转向助困。脱贫攻坚全面胜利后，贫困治理的重点转向相对贫困，贫困群体的基本需求在发展升级，更多差异性需求随之产生，因此，实现社会救助的相对贫困治理效果，迫切需要实施需求导向的针对性救助，满足不同贫困致因困难群体的差异性和多元化需求，增强救助对象的获得感、幸福感、安全感和满意度。根据马斯洛需求层次理论，反绝对贫困背景下社会救助目标主要在于保障困难群众的最基本生活，通过现金援助来济贫，瞄准的是贫困对象的生存需求，而反相对贫困背景下社会救助目标应该瞄准困难群众的更高层次的且多元化的需求，要实现这一目标，不能仅依靠传统现金补贴的方式，只有实现救助模式从济贫到助困的转变，才能进一步满足相对贫困对象更高

---

[1] 林闽钢：《相对贫困的理论与政策聚焦——兼论建立我国相对贫困的治理体系》，《社会保障评论》2020 年第 1 期。

层次的精神慰藉、社会融入、能力提升、自我实现等多元需求，以保障相对贫困对象过上生存有尊严、生计有保障、生活有盼头的幸福生活，共享经济与社会发展成果。最后，社会救助服务的递送方式应从碎片转向整合。服务递送是制约社会救助政策效果的关键环节，[①]要实现相对贫困的治理目标，探寻社会救助体系创新，必须转换原有递送方式。由于部门分割、信息壁垒、资源分散等现实阻碍，我国社会救助供给呈现"碎片化"特征。医疗救助、教育救助、住房救助、就业救助、法律援助等基于特殊需求的救助项目往往需要困难群众自己主动申请，但由于部分困难群众对帮扶政策了解不清、救助申请程序复杂、困难群众能力限制无法主动申请等原因，既造成了部分困难群众应保未保，社会救助部门"各自为政"、困难群众"多头求助"等问题，也造成救助资源使用低效。尽管近年来我国已经认识到相对贫困治理背景下社会救助制度改革的重要性，各地也纷纷开始社会救助综合改革试点和创新，但是由于时间较短，成熟的、具有推广性的改革经验还在形成过程中，不可否认我国社会救助在相对贫困治理方面的实践经验还是较为欠缺。

第四，基层经办水平有待提升。基层社会救助经办服务机构直接面对群众，是联结政府和困难群众的"最后一公里"，其经办能力和服务水平决定着各项社会救助政策能否落到实处。当前我国社会救助经办业务主要依靠街道和乡镇一级，然而，当前街道与居委会以及乡镇的相关工作人员数量较少，并且由于基层经费的限制使得人员扩编难以实现，导致基层工作人员通常承担着除了社会救助工作之外的多项工作，工作事务繁杂使得基层人员无法全身心投入社会救助工作，工作的积极主动性较差，流动性大，容易造成困难对象的救助帮扶、反馈追踪出现临时断层的现象。另一方面，基层人员大多缺少社会救助方面的专业知识基础和技能培训，甚至一部分工作人员对所管辖领域的救助政策认识不到位，无法求助对象准确进行政策解释，遇到复杂情况不知道该如何处理，造成救助政策落实不到位，制约了社会救助更好发挥兜底民生保障政策效能。在相对贫困治理背景下，救助对象范围会逐步扩大，针对相对贫

---

① 张浩淼、仲超：《新时代社会救助理念目标、制度体系与运行机制》，《西北大学学报（哲学社会科学版）》2020年第4期。

困家庭的多重困境需要提供综合性和有针对性的救助套餐，这就意味着，对社会救助基层经办人员的专业性要求进一步提高，并有足够多且专业的基层工作人员参与基层运行并提供服务。[1] 同时，救助要求的提高还意味着对专业人员需求的增加，社会救助服务的供给需要社会工作者、心理咨询师等更为专业的人员参与，但显然这些条件在大部分地区，尤其是我国农村地区还远不能达到。相对贫困治理还需要基层工作人员转变以前的救助观念，摒弃消极被动的救助方式，积极主动实施救助，实现"群众上门求助"到"主动发现救助"的转变，这也意味着对其工作积极性和主动性提出了更高要求。

二 服务救助欠缺，立法发展滞后

随着救助对象从绝对困难向相对困难转化，困难对象的致困原因也从"收入-支出"型转变为包含社会排斥、心理失衡、社会参与机会缺乏、权利匮乏、可行能力被剥夺、人力资本低下以及社会资本不足等非物质性的多维多重致因，救助方式亟待从以前单一的物质救助向"物质+服务"的综合救助模式转变。从救助方式看，当前我国社会救助主要以现金救助为主，服务型救助较为缺乏，现金救助是一种"输血"手段，虽然能帮救助对象解决基本生活问题，但难以促进救助对象的自我发展和积累人力资本，达到"造血"的目的。尽管我国近些年开始重视服务型专项救助制度的建设，但是救助服务总体上看仍然滞后，有待继续优化。当前社会救助服务的问题主要体现在以下两个方面。

第一，救助服务供需匹配存在错位。获取需求是需求分析的重点工作，也是救助服务供给的依据基础。当前我国的社会救助体系由基本生活救助、专项分类救助、应急急难救助构成，救助方式主要还是以经济、物质的形式提供，辅之一定的服务救助，主要满足救助对象较低层次的生存需求和急难需求，而对其他更高层次的需求回应不足，例如救助对象的就业援助需求、资源链接需求、社会融入需求、心理疏导需求等。2020年12月，中共中央政治局会议首次提出"注重需求侧管理"，新发

---

[1] 张浩淼：《从反绝对贫困到反相对贫困：社会救助目标提升》，《山西大学学报（哲学社会科学版）》2020年第5期。

展格局中要重视"需求侧"的改革,打通民生领域治理痛点,以实现需求牵引供给、供给带动需求的高效平衡策略。当前,困难治理重心由绝对贫困转向相对贫困,扩容增量之后救助群体的需求识别、需求满足,将是新阶段相对困难治理的重要内容,否则极易出现"瞄不准""接不上""不主动"等供需错位问题。当前社会救助服务供需匹配的重点一方面在于救助对象需求识别,另一方面则在于供给主体的服务供给能力,但在救助服务的供给过程中,受到专业人才、物质资金等方面的限制,社会救助服务通常是"有什么就供给什么",而不是"需要什么就供给什么",所以导致以救助对象需求为导向的服务类救助项目仍较为欠缺,救助服务项目的开发和购买忽视了对社会救助体系多元化救助需求的引导与有效回应,救助需求与供给未能形成良性的正反馈循环,从而造成了当前需求侧和供给侧的供需失衡问题。

第二,发展型救助服务供给不足。相对贫困治理背景下社会救助服务转型需要从"保生存"转向"促发展",以充分发挥兜底保障和促进发展的双重功能。目前,我国已有的服务类救助大多局限于生活照顾、条件改善等保护性服务,囿于满足救助对象的基本生活需要,而对导致其陷入相对困难非物质层面的因素关注不足,缺乏对社会融入、能力提升、心理疏导等专业服务的提供,忽视对救助对象的能力提升和促进发展的帮助服务。例如,就业救助尤其需要发展型救助服务的补充,如果不能提高救助对象的就业技能、信息获取能力、稳定收入能力,就容易导致受助者长期受助、脱离劳动力市场的问题,从而造成受助者的孤立感和无能为力感,受助者容易采取自卑短视和颓废消沉的生活态度与行为取向。发展型救助服务的提供受到各地救助服务购买资金、专业社工组织自身发展、专业社工人员配置等多方面因素的影响,所以导致对发展型救助服务的提供往往是心有余而力不足。同时,这也导致了当前救助服务碎片化特征较严重、救助效率不高的问题。由于资源限制,使得一部分救助服务没有办法覆盖所有有服务需求的救助对象,在救助服务供给决策时,常常面临着"扩面"还是"提质"的选择,一些救助服务的可持续性也面临挑战。

除了救助服务欠缺,当前我国社会救助还存在立法发展滞后的问题。社会救助是基础性、兜底性的制度安排,社会救助立法是保障社会救助制度规范化、系统化的前提和基础。在各国社会保障制度发展过程中,社会救助领域的立法通常先于社会保障其他立法。其中，英国早在1601年就颁布了《济贫法》，并于1948年和1976年颁布了《国民救助法》和《补充救助法》，德国在1961年颁布了《联邦社会救助法》并于2005年将其纳入《社会法典》，日本则在1946年和1950年分别颁布了新旧《生活保护法》，立法先行是世界各国社会救助制度发展过程中普遍遵循的原则。与世界发达国家相比，我国社会救助立法进程较慢，并且呈现出政策先行、立法滞后的显著特征。社会救助领域，我国早在1999年就颁布了《城市居民最低生活保障条例》，而后又颁布了《农村五保供养工作条例》《城市生活无着的流浪乞讨人员救助管理办法》《自然灾害救助条例》《关于进一步做好城乡特殊困难未成年人教育救助工作的通知》《关于进一步完善医疗救助制度全面开展重特大疾病医疗救助工作的意见》等一系列较为碎片化、分散化的条例或办法，法律位阶偏低，系统化的社会救助制度行政法规长期没有出台。直至2014年2月，国务院颁布《社会救助暂行办法》，明确了社会救助体系的基本框架和基本原则，从顶层设计的角度为我国各项社会救助制度的统筹和规范进行了系统的指引。但《社会救助暂行办法》的法律位阶依然较低，属于行政法规，带有行政立法的诸多局限，还不能担负起社会救助领域基本法、综合法的重任。[1] 其实，我国对社会救助立法的重要性有深刻认识，长期都处于社会救助立法的探索过程中。社会救助立法探索最早始于1994年，《社会救助法》先后列入八届、十届、十一届、十二届、十三届全国人大常委会立法规划。2006年，原全国人大内务司法委介入社会救助法立法工作并进行了相关立法调研。2008年，原国务院法制办公布了民政部起草的《中华人民共和国社会救助法》（征求意见稿），向社会征求意见，并列入了十一届全国人大常委会立法规划。2009年和2010年国务院常务会议先后两次对社会救助法草案进行了审议，提出需要进一步论证的问题。原国务院法制办和民政部针对有关问题对社会救助法草案作进一步修改，全国人民代表大会内务司法委多次进行立法调研，召开专家学者及有关部门座谈会听取意见，就立法中的重大问题进行研究并与有关部门沟通，

---

[1] 杨思斌：《社会救助立法：国际比较视野与本土构建思路》，《社会保障评论》2019年第3期。

而后该法列入2011年全国人大立法工作计划。在全国人大常委会公布的2013年立法工作计划中，社会救助法在列。[①] 2014年，终以国务院令第649号方式公布《社会救助暂行办法》后，社会各界对于社会救助立法的呼吁尤其强烈。2018年，《社会救助法》被列入我国第十三届全国人大常委会五年立法规划的一类项目，这标志着我国社会救助立法进入了新的阶段。2022年5月6日，在全国人大常委会2022年度立法工作计划中，《社会救助法》被纳入初次审议的法律案，这是经过20多年的立法探索，该法首次被提到全国人大常委会审议。相信不久，社会救助工作将正式走入法制化建设发展轨道。

三　职能紊乱，持续发展面临风险

社会救助事业关系困难群众的基本生活和衣食冷暖，是兜底民生的重要保障，社会救助制度的平稳运行除了各项制度的完善配套，还需要各项体制机制良好配合。我国社会救助发展实践是一个不断探索、不断进步的过程，在制度运行过程中仍然存在职能紊乱，持续发展面临风险的问题。其主要体现在以下几个方面。

第一，管理分割，社会救助制度碎片化特征较明显。由于我国社会救助"问题导向"式的形成和发展逻辑，各项制度形成时间、规划设计、执行实施均缺乏规划，从而导致了我国社会救助制度体系碎片化特征较明显，并且不同政策分属不同的部门管理。我国社会救助制度构成包括了最低生活保障、特困人员供养、住房救助、医疗救助、临时救助、受灾人员救助、教育救助和就业救助等八项制度，各项制度管理分割问题较为突出，其中，民政部门负责城乡低保、特困人员供养和临时救助，医疗保障部门负责医疗救助，教育部门负责教育救助，人力资源和社会保障部门负责就业救助，应急管理部门负责受灾人员救助，住房和城乡建设部门负责住房救助，多头管理的局面使得社会救助的管理和监督缺乏统一，各项制度往往各自为政，缺乏统筹规划。同时，由于各项制度的管理分割问题，社会救助在实践中出现了职能紊乱。例如，随着我国

[①] 林闽钢：《新时期我国社会救助立法的主要问题研究》，《中国行政管理》2018年第6期。

贫困治理进入相对贫困治理新阶段，各项救助政策的救助对象向低收入人口拓展，2021年民政部社会救助司印发了《低收入人口动态监测和常态化救助帮扶工作指南（第一版）》，对低收入人口的范围进行了相对详细的规定，但是在实际政策执行过程中，尽管有国家统一的政策进行对象识别的指导，但由于不同部门在认定对象时缺乏协调配合，在认定低收入救助对象过程中，往往各自部门各自操作，存在核算过程不统一、核算口径不一致的问题，容易会出现"相同标准，不同结果"的情况，即民政部门的低收入识别对象可能与住建部门、教育部门等不一致，如此进一步导致基层政策执行的混乱。部门分割还会造成救助资源分散，救助效率降低的后果。例如，慈善资源可以被应用于对接医疗救助、教育救助等各项救助政策，但由于不同政策分管于不同部门，在资源对接过程中就容易出现多头管理和资源分散的结果，造成慈善救助资源的使用低效。

第二，制度衔接不到位。随着我国民生建设体系的发展，越来越需要社会救助制度自身内部，以及社会救助制度与其他民生保障制度之间建立有效的制度衔接，以形成更加高效的社会救助制度和民生保障体系。制度衔接不到位主要体现在社会救助内部各项政策间、社会救助政策与其他保障政策、社会救助政策与救助服务三个方面。首先，社会救助各项政策间衔接不紧密。当前社会救助对象通常会面临多重困境，需要多项救助政策综合施救，尽管我国建立了"一门受理，协同办理"的工作机制，使得不同救助政策能够及时配合衔接，但是在针对部分救助对象复杂情况时，以及救助对象对某项救助政策需求不清晰时，仍然会出现政策衔接不到位的政策执行困境。其次，社会救助与其他保障政策的衔接不到位。以保险政策为例，社会救助政策与社会保险政策虽然功能不一，但却需要紧密衔接，才能制度合力，提升救助效率和制度效益。社会救助政策在社会保障制度中发挥了保基本、兜底线的重要作用，是社会保险政策、社会福利政策的补充。社会保险政策的良好运营是社会救助政策可持续发展的保障，如果社会保险防风险的功能不能充分发挥，将对社会救助政策带来巨大冲击。例如，失业保险和就业救助政策、生活救助政策间存在较为紧密关系，如果失业对象在领取完失业津贴后，仍然未能返回劳动力市场，生活状态就容易进一步陷入贫困，进入低保、就业救助等政策的识别范围；同理，医疗保险政策与医疗救助政策间同样存在衔接关系，在未参保医疗保险群体以及发生大病的群体中，极易因疾病风险陷入贫困，而成为医疗救助、临时救助、低保等政策的救助对象。社会救助政策需要与保险政策紧密衔接，但当风险发生对象的主动申请救助意识不到位，或者各部门对风险对象监测不到位时，就容易出现救助不及时的情况。最后，社会救助政策与救助服务的衔接不及时。当前我国的社会救助政策和社会救助服务均存在碎片化的特征，救助政策与救助救助的衔接机制还未健全，针对已享受政府政策后仍有救助服务需求的对象，由于救助对象情况经常处于动态变化之中，其救助服务需求未能被及时和精准识别，从而容易造成衔接上的偏差和不及时，并且由于当前救助政策和服务分散在不同部门，一定程度上也造成救助过渡衔接不紧密的问题。

第三，救助叠加效应和悬崖效应较明显。当前我国社会救助项目众多，且功能各不相同，为了解决救助对象多方面的救助需求，以及在有限的行政成本约束下，教育、医疗和住房等专项救助的对象判定上，往往依托于最低生活保障制度，使得低保家庭往往能够享受"一揽子"捆绑式的救助政策，从而造成了社会救助的"叠加效应"。同时也使得低保对象和低保边缘对象在救助资源的获取上产生巨大的鸿沟，即所谓的"悬崖效应"，使得一些不在低保政策兜底范围内但是确有其他救助需求的对象被排除在专项救助政策之外，脱离了救助政策原有的目标定位。与此同时，这也意味着救助对象一旦失去低保认定资格，其获取的救助资源将大幅下降，容易造成返困风险。社会救助政策的叠加效应还会造成一系列"福利依赖"和"养懒汉"的情况发生，凭借低保身份带来的一系列福利机会，极易产生负向激励作用，使得低保对象即使达到退保要求也不愿意主动退出，"应退未退"的现象时有发生。与此同时，低保对象为了保住自己的救助资格，还会失去重新进入劳动市场的积极性，长期滞留在最低生活保障系统中依靠救助金为生的生活状态中，会对救助福利产生较为强烈的依赖心理。除了救助政策，当前在救助服务的递送过程中，也存在一定的福利叠加效应，救助服务往往只提供给低保对象或认定的低收入对象，而忽略考虑被救助对象的实际需求，忽视了贫困多维性的本质。救助叠加效应和悬崖效应产生的原因主要在于救助制度设计不合理，各项救助项目的职能异化，以及缺乏合理的退出机制，如果社会救助制度不能有效解决不良效应，长此以往将严重损害社会救助制度维护底线公正的根本，不利于社会救助制度的可持续发展。

四 机制障碍，运行状态不够理想

完善的工作机制是社会救助制度良好运行的重要保障。当前社会救助工作机制在运行过程中主要存在对象认定和信息核对机制不完善、主动发现与动态监测机制不到位，服务递送和质量监督机制不完善等问题。

第一，对象认定和信息核对机制不完善。随着困难对象范围向低收入人口进一步拓展，救助对象识别难度进一步增大，主要体现在家庭收入核对难、家庭情况调查难和救助对象清退难。首先，家庭经济核对是确定困难对象是否享受救助资格的前提基础，经济核对需要从收入、支出、财产等多个维度核算困难对象的家庭经济状况，每个维度下面又对应了很多个小项，例如，收入方面就包括了工资性收入、家庭经营净收入、财产性收入、转移性收入和其他应计入家庭收入的项目等。由于收入、支出、财产属于个人较为隐私的信息，在核对过程中存在较大的隐蔽性和不确定性，如在外务工人员工资、部分隐性收入、农业生产性收入、有价债券基金等的准确核算都存在困难。其次，家庭情况调查也面临重重阻碍。民政部门是核对工作的主管部门，但实际的情况核查却需要基层单位和各个部门的协调配合。当前我国不少农村基层部门在人员信息收集和实时处理方面的能力不足，对农村劳动者收入的审核缺乏技术手段，通常通过走访、实地察看做出决定，缺乏准确性和及时性，尤其是对于流动人口和外出务工人员收入情况难以准确核实。同时，对收入、支出、财产的核对还需要公安、人社、住建、工商、国土、税务等各个部门的协调配合，但由于受"技术壁垒"和"体制壁垒"等因素影响，分散在各个救助相关部门的数据信息还难以实现共享。尽管当前我国已经在推进建立各部门间的信息核对机制，但是在实际执行过程中还存在很多阻碍，例如，跨行政区划的信息核对问题、不同层级部门数据共享权限限制问题等，造成了当前部门间信息核对的效率始终低下。最后，救助对象清退存在延迟。由于困难对象的家庭情况有随时发生变化的可能性，包括人员死亡、户口迁移、收入情况变动等，就导致在救助对象未主动申报变化情况时，基层部门对救助对象情况掌握容易出现延迟或遗漏，而发生应享未享、违规享受补贴等问题。

第二，主动发现与动态监测机制不到位。加强对困难对象的主动发现和动态监测是巩固拓展脱贫攻坚成果和完善分层分类社会救助的重要任务。主动发现机制的建立依赖于救助对象自身、基层工作人员、社会群众等各个主体的协同参与。从各主体角度分析，主动发现机制不到位的原因主要在于两方面。

一方面，困难对象和社会群众对帮扶政策的了解不到位。通常帮扶救助政策的相关文件通常只在政府各部门内部进行广泛宣传，在村、社区层级对困难对象和社会群众的宣传较少，尽管有的地方采取印小册子的方式进行政策宣传，但是由于大多困难对象和社会群众文化水平较低，只是模糊了解有相关的救助帮扶政策，而对政策的内容是什么、什么样的群体可以享受帮扶、能够享受什么样的帮扶、怎样申请、如何退出等都不是很清楚。同时加之救助申请程序复杂，困难对象知识水平不高、理解能力弱、信息接收少等因素，使得困难对象自身缺乏主动申请的意识。社会群众对政策不了解，同时又没有养成主动发现和上报身边困难对象的意识，而使得广大的群众力量被浪费忽视。

另一方面，各级工作人员主动服务意识不强。跟其他工作相比，乡镇（街道）基层从事社会救助工作干部数量普遍不足，且大多身兼数职，专业性不强，业务素质偏低。同时，社会救助动态监管流程涉及自下而上的众多部门，只有每个部门在每个环节都做到工作主动，才能切实做到主动救助。以村级组织为例，如果村级民政协理员主动服务意识不够强，那么就会导致对群众核查不及时，对上级申报有延迟，而使得困难对象不能得到及时精准的救助。除了主动发现机制，建立困难对象动态监测机制近年来一直是社会救助体系优化改革的重点任务，但是由于各方面原因的限制，动态监测机制还未能有效形成。首先，动态监测对象众多、信息繁杂，对已经纳入低保、特困、各项专项救助范围的对象，要重点监测相关社会救助政策是否落实到位，以及是否还存在其他方面的生活困难，对未纳入社会救助范围的边缘困难人口，则要重点监测其是否符合相关救助条件，可见对信息的及时掌握要求非常高。但当前基层对信息的核对方式主要限于依靠人力的日常走访、随机调查和数据比对，巨大的工作任务与精简的基层人力形成强烈对比。在大数据时代背景下，为了提高困难对象动态监测效率、减轻基层工作负担，部分地区开始研发动态监测的智慧手段，例如建立困难对象动态监测平台等，但是由于资金、技术、开发人员等多方面的限制，智慧平台的建设还刚刚起步，急需加速推进。

第三，服务递送和质量监督机制不完善。由于救助服务欠缺，各地通常采用政府向社会组织购买服务的形式，增加救助服务的供给。随着社会力量参与社会救助，其对社会救助的补充作用越来越重要，在服务递送过程中暴露的短板也越来越明显。首先，当前我国政府向社会组织购买社会服务仍然处于起步阶段，缺乏完善的法律制度和法律条款进行约束，社会救助需求评估、成本核算、服务流程、监督管理、绩效评价等环节均存在纠纷风险。其次，作为承接主体的社会组织发展不能适应政府购买服务的要求。一方面，是社会力量自身发展时间较短、资源有限、能力不足，绝大多数社会组织在经费上都非常依赖政府的投入，缺乏资源进行长远规划与能力提升，在缺乏持续资金支持和资源配置的情况下，导致递送的救助服务质量较差，效率较低。另一方面，在人才队伍配置方面，社会组织因资金限制，在项目服务人员培训中投入较少，同时由于福利待遇的原因，当前专业社工人才流失较严重，服务队伍不稳定，不利于持续提升服务能力。救助项目的运作效果也取决于长期效益，当前部分救助项目的运作周期受到项目资金来源和人才流失的影响，即使项目执行效果出色，成员专业水平高，执行也到位，在项目结束后救助服务即终止，由于没有持续的资金投入，救助服务的长期效益不能保障，服务递送的持续性面临风险。最后，政府购买社会救助服务的质量管理评估与监控机制不健全。在当前已经开展的服务购买实践中，普遍存在重购买、轻监管的问题，项目进度的开展和效果评估主要依据对方的主动报告和民政的主动跟进，合同终止审计主要集中于财务和文件，忽视项目的实施和质量问题。[1] 与此同时，第三方评估机制尚未建立，这既源于资金方面的限制，也源于承接主体自身能力的限制。

---

[1] 岳经纶：《政府购买社会救助服务现状、问题与对策建议》，《中国民政》2020年第5期。

第五章

中国高质量社会救助制度建设：
理念、目标与行动议案

第一节 高质量社会救助制度是低收入群体
实现共同富裕的坚实底板

随着我国开启共同富裕的新征程，人民生活水平不断提高，社会救助制度需要逐步完善，其覆盖范围与内容需要扩张，救助水平也要随之不断提高。简言之，高质量社会救助制度是低收入群体实现共同富裕的兜底性和基础性制度安排。

一 低收入群体的界定与类型划分

2020年，我国实现了全面建成小康社会的百年奋斗目标，这意味着我国已经完成了消除绝对贫困的历史任务，贫困治理的重点转向相对贫困。因此，低收入可以理解成解决绝对贫困问题之后的一种相对贫困状况。"低收入"和"相对贫困"所指代的事物具有相同的本质属性，都是指收入水平不能维持社会认可的基本生活水平，所以低收入群体就是相对贫困群体。[1]

在政府发布的政策文件中，对于低收入群体的界定，一是统计调查的定义，即将所有家庭收入按五等份划分，处于底层20%的家庭即为低收入户；二是社会政策的定义，即实施社会政策时所界定的人群范围，

---

[1] 池振合、杨宜勇：《城镇低收入群体规模及其变动趋势研究——基于北京市城镇住户调查数据》，《人口与经济》2013年第2期。

通常将低收入界定为人均收入高于低保标准、低于低保标准的一定倍数（1.5或2倍）的群体，以及支出型贫困群体。① 根据民政部社会救助司2021年发布的《低收入人口动态监测和常态化帮扶工作指南（第一版）》，低收入人口的范围包括低保对象、特困人员、低保边缘易返贫致贫人员（不满足低保和特困、收入低于低保标准的1.5倍，有条件的地方可放宽到2倍）、支出型困难人口和其他低收入人口。截至2021年年底，全国共认定低保边缘人口431万人、支出型困难人口433万人，连同低保对象、特困人员等低收入人口，形成了包含5800多万人口的低收入人口数据库。②

低收入群体的类型划分应该具有重要的政策意义，以便有助于社会救助提供有针对性的、差异化的精准帮扶，实现我国提出的建设分层分类、综合高效社会救助格局的目标。在迈向共同富裕背景下，低收入群体主要表现为相对贫困群体，但不可否认，在一段时间内我国还需要继续巩固脱贫攻坚成果，也就是说，对我国相对贫困的理解仍要持有"绝对内核"的主张，需要解决由于"贫"——收入不足造成的不能维持基本需要的这一内核问题。③ 有鉴于此，我国社会政策意义上的低收入群体可以划分为三类：第一类为绝对困难群体，这类群体面临收入不足难以维持基本需要的内核问题；第二类为相对困难群体，这类群体收入较低，虽然可以维持基本生活需要，但难以解决基本能力问题，即在医疗、教育、住房等方面存在困难；第三类为其他困难群体，这类群体是指因遭遇突发事件、意外伤害、重大疾病、自然灾害或其他特殊原因导致陷入困境。上述低收入群体类型的划分对于我国分层分类社会救助体系对象识别有重要的政策意义，正如民政部副部长唐承沛的分析，"分层分类是根据群众的困难程度和致困原因，划分出三个救助圈层。其中，最核心的内圈是低保对象和特困人员，这些对象要纳入基本生活救助，给予低保，还有医疗、住房、教育、就业专项救助；向外一圈是低收入家庭和

---

① 杨立雄：《低收入群体共同富裕问题研究》，《社会保障评论》2021年第4期。
② 杨昊：《兜住兜牢基本民生保障底线》，《人民日报》2022年4月28日第6版。
③ 林闽钢：《相对贫困的理论与政策聚焦——兼论建立我国相对贫困的治理体系》，《社会保障评论》2020年第1期。

支出型贫困家庭,这些对象应该根据他们的实际困难程度,相应给予基本生活救助,主要是专项救助;最外圈层是社会公民,他们因遭遇突发事件、意外伤害、重大疾病等,基本生活陷入困境的时候,要给予急难社会救助,帮助其渡过难关"。[1]

由此可见,绝对困难、相对困难和其他困难这三类低收入群体正对应了分层分类社会救助三个圈层的救助对象(见图5-1),即分层分类救助社会救助的对象基本可以涵盖当前低收入群体的不同类型,关键是各地对不同圈层的操作化界定要科学合理,并逐步缩小地区和城乡差距,以真正实现对低收入群体的全面与公平覆盖,这应是高质量社会救助制度建设的关注重点。

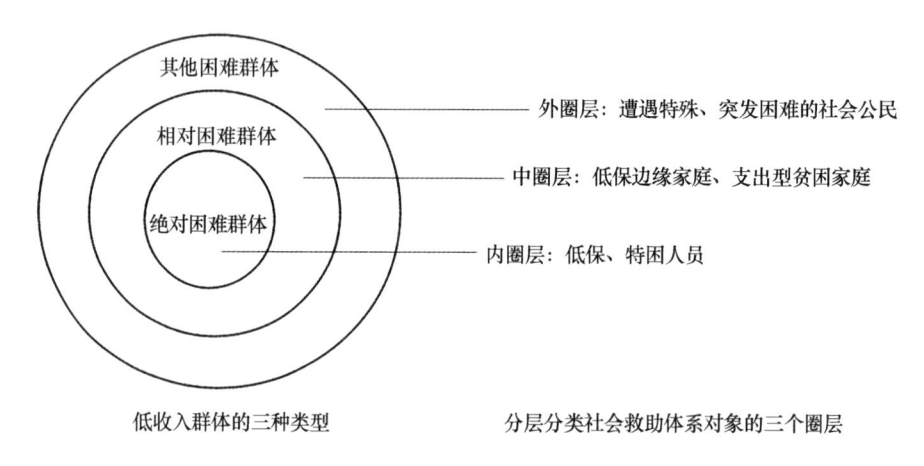

图5-1 低收入群体类型与分层分类社会救助体系对象圈层的关系

二 共同富裕背景下高质量社会救助制度建设的必要性

2020年,党的十九届五中全会提出了"全体人民共同富裕取得更为明显的实质性进展"的远景目标,要求扎实推进共同富裕。在2021年中央财经委第十次会议上,习近平总书记指出,"低收入群体是促进共同富裕的重点帮扶保障人群",这体现了党和政府始终把低收入群体的救助帮

---

[1] 每日经济新闻:《如何健全分层分类社会救助体系?民政部答每经问:划出三个救助圈层,建立主动发现机制》,https://www.163.com/dy/article/FS544EPJ0519QIKK.html。

扶问题放在国家发展战略的重要地位。低收入群体的帮扶保障离不开作为兜底安全网的社会救助，因此，在共同富裕背景下建设高质量社会救助制度十分必要。

一方面，高质量社会救助可以为共同富裕筑牢兜底防线。在共同富裕背景下，社会救助的重要性并不会因脱贫攻坚的全面胜利而减弱，反而会因救助对象向低收入人口拓展、救助目标和标准的提升等高质量发展措施，而凸显其作为共同富裕的兜底性和基础性制度的重要性，而且兜底保障的"底线"也会随经济社会发展而提升。伴随着贫困治理的任务从反绝对贫困转化为反相对贫困，社会救助的目标需要提升，社会救助对象、内容、方式等也需要及时调整。对于社会中总会存在的一些因身体、能力等原因难以依靠自身力量摆脱困境的低收入群体而言，高质量社会救助制度通过资金、物质、服务等多种救助方式为其提供基本生活保障，可以帮助其解决实际困难，是为低收入群体编织了一张密实牢靠的民生兜底安全网，进而确保其能够共享经济社会发展成果。

另一方面，高质量社会救助可以为共同富裕提供现实保障。要实现共同富裕，就要缩小低收入群体和其他群体之间的收入差距，这不能仅依靠物质和现金救助，而是要通过各种服务救助来提升低收入群体的就业能力和发展潜力，使其通过劳动就业来实现对美好生活的追求。高质量社会救助制度应该能够发挥兜底保障和促进发展的双重功能。兜底保障是社会救助的基础功能，可以保障低收入群体的基本生活；促进发展是社会救助的拓展功能，能够防止低收入群体被边缘化或被社会排斥，使其获得发展能力和机会。为此，要推动社会救助的人力资本投资转向，使社会救助从"消极"走向"积极"，既要通过就业介绍和推荐、培训教育等方面的积极救助措施来提升低收入群体的就业能力，也要通过扶志扶智、宣传教育等手段树立低收入群体摆脱困境的信心和上进心，提高低收入群体的增收和发展潜力，为实现共同富裕提供现实保障。

第二节 高质量社会救助制度应秉持的理念、原则与框架设计

一 理念

社会救助制度理念的作用非常关键,它会影响乃至决定社会救助的功能定位与制度实践,在高质量社会救助制度建设中,应该坚持社会救助的基础性地位,坚守公平理念和树立积极理念。

(一) 坚持基础性地位

在我国社会保障体系中,社会救助制度作为保障社会弱势群体最基本生活和维护底线公平的手段,居于基础性的地位,其基础性地位是由公民的受助权利和贫困的相对性共同决定的,不会随着社会保险与社会福利的发展而发生改变。同时,社会救助是维护社会稳定的基础性制度安排,是党的全心全意为人民服务的集中体现,在全面建设社会主义现代化强国征程中居于基础性地位。社会救助的基础性地位决定其是应该重点保证、优先安排的社会保障制度。

(二) 坚守公平理念

一方面,社会救助应追求社会公平。社会救助要为低收入群体提供安全感,维护困难社会成员公平参与社会的机会,同时,社会救助要通过合理的制度安排与资金分配满足低收入群体的基本生活需要,使其达到社会常规生活水平,并促进其发展,[①] 确保社会救助成为缩小收入分配差距和维护社会公平的重要政策工具。另一方面,社会救助应确保受助群体间的公平。受助群体不应因其居住地点、性别、民族等方面的限制而造成社会救助待遇的差距。无论居住在农村还是城市,无论是东部地区还是西部地区,都能按照共同的条件享受同等的待遇,应实现全体国民社会救助权利的公平。

(三) 树立积极理念

一方面,社会救助要帮助受助者赋能使其获得发展潜力。长期以来,

---

① 关信平:《相对贫困治理中社会救助的制度定位与改革思路》,《社会保障评论》2021年第1期。

我国社会救助强调保障生存和事后补救,忽视了困难群体的发展型和参与型需求。① 从国际经验看,社会救助均采取了积极理念以"激活"受助者,在保障受助者基本生活的同时,帮助其提高就业能力和改善发展潜力。② 我国社会救助应通过精准赋能增强受助者摆脱困境的能力和动机,促进其积极参与社会并获得充分发展。另一方面,社会救助要完善主动发现机制。要推动主动发现渠道拓展和创新发现手段,推动社会救助从依申请的被动救助转向主动积极的救助,实现及时发现、及时介入,防止遗漏。

二 原则

在明确上述理念的基础上,高质量社会救助制度建设应遵循以下基本原则。

(一)坚持政府负责

从世界范围看,社会救助制度通常被视为纯粹的政府行为,是政府运作的最基本的再分配或转移支付制度,③ 我国亦不例外,政府负责体现在社会救助制度政策法规的制定、救助资金的保障、救助制度的监管以及救助制度的建设等多个方面,是确保救助公平的重要保证。政府负责并不排斥社会的参与,多元主体有机协同是实现我国社会救助制度高质量、可持续发展的重要保证。

(二)遵循"水涨船高"的发展性

经济社会的发展进步会带来收入增长与人民生活水平不断提高,在这样的条件下,社会救助覆盖范围与内容会扩张,救助水平也会随之不断提高,④ 要建立完善社会救助水平的动态调整机制并合理扩大救助范围,这样才能保证困难与弱势群体分享国家发展成果。高质量社会救助

---

① 兰剑、慈勤英:《新时代社会救助政策运行的社会风险及其应对》,《青海社会科学》2018年第2期。

② Daigneault, P. M., "Three Paradigms of Social Assistance", *Sage Open*, 2014, 4 (4), pp. 1 – 8.

③ 郑功成等:《中国社会保障制度变迁与评估》,中国人民大学出版社2002年版,第204页。

④ 郑功成等:《社会救助立法研究》,人民出版社2020年版,第3页。

制度建设要遵循和把握社会救助随经济社会进步而"水涨船高"的发展性，认识到从绝对贫困治理转向相对贫困治理的必然性，只有让兜底保障的"底线"随经济社会发展不断提升，才能为低收入群体提供稳定安全的预期。

（三）满足有需要者需要

要贯彻公平理念，就需要精准满足低收入群体的真正需要。现实中，困难家庭的救助需要存在较大差异，有的需要基本生活救助，有的则需要各类专项救助。为此，应该借助信息化与入户调查等多种手段精准地对低收入群体的需要进行综合评估和研判，以分层分类的形式提供社会救助，做到精准救助，既保证低收入群体得到针对性的救助帮扶，又提高社会救助资源的使用效率。

（四）避免贫困陷阱

要落实积极理念，就需要避免贫困陷阱。从国际视野看，20世纪90年代始，社会救助制度均被注入积极、发展元素以避免贫困陷阱。由于我国社会救助的一些不合理安排和实施，如专项救助依附于低保的"福利捆绑"、救助资格认定中没有包含是否具有劳动能力的因素、就业激励机制不完善等，导致一些受助者不愿通过就业去积极改善生活，而造成贫困陷阱。为此，要落实积极理念以"激活"受助者，通过制度设计和实施改革等多种方式来促进受助者发展和摆脱困境。

三 框架设计

社会救助是社会保障体系中的基础性制度安排并不意味着社会救助只能是最低层次的社会保障，高质量社会救助制度应当立足于现有社会救助的"8+1"项目体系，适当扩充整合相关救助内容，使之发展成一种综合型的社会救助制度，发挥兜底保障和促进发展的双重功能。高质量的综合型社会救助制度，首先应该解决社会成员在基本生活方面的困难，有效保障社会成员维持基本生存条件的生活需求。同时，社会成员由于医疗、教育、失业等方面的多种原因，导致家庭经济状况恶化、陷入困难处境的时候，国家应给予适度的针对性救助，有效地帮助这些困难家庭解决看病就医、子女入学、就业培训等各方面的实际困难，以帮助其维持基本生活之外促进其获得发展条件。此外，当社会成员因遭遇突发事件、意外伤害、重大疾病、自然灾害或其他特殊原因导致基本生活陷入困境时，国家要给予其急难社会救助，帮助其渡过难关。

由上可见，综合型社会救助制度应主要包括三大类救助项目：一是基本生活救助类，主要包括低保和特困人员供养，基本生活救助的标准要随经济社会发展逐步提升，且随着经济社会发展和养老服务等社会福利的完善，特困人员供养可逐步转化为社会福利的一部分；二是专项社会救助类，主要应包括教育、就业、住房、医疗和司法救助，此外，为形成"物质+服务"的救助方式，应借助社会力量的参与来积极发展服务类专项社会救助，如建立和发展康复与护理救助、心理救助、看护与托管救助、殡葬救助等，逐步丰富专项救助的内容，且伴随着社会福利和社会保险的发展完善，部分专项救助要与社会福利和社会保险及时有效地衔接或整合，以避免功能重复和边界模糊；三是急难社会救助类，主要包括临时救助、受灾人员救助、流浪乞讨人员救助等，其中临时救助的负担会随着基本生活救助和专项社会救助的完善发展而不断减轻，受灾人员的生活救助方面应由政府负责，而灾后重建方面应该通过商业保险公司负责。

总的来看，高质量的综合型社会救助制度框架应该由低收入群体的分层分类，低收入人口动态监测平台为主的需求研判，以及多元主体共同参与提供救助帮扶这三个板块构成（见图5-2），力求丰富社会救助的内容和形式，尤其强调服务型专项救助。首先，在受助对象方面，要做好"扩面"和"精准"工作，以绝对困难群体、相对困难群体和其他困难群体对低收入群体的类别进行初步划分，做好低收入群体的分层分类工作。其次，互联网与大数据的参与是高质量社会救助的鲜明特色，依托低收入动态人口监测平台开展信息采集和需求研判工作，以达到供需匹配的理想效果。在低收入人口动态监测平台的运作中，既需要政府部门内部打破信息壁垒通力协作，也需要社会工作者的广泛参与，提炼出低收入群众的共性需要和特性需要，精准满足其基本生活需要、发展的需要和急难帮扶的需要，不但要保障受助者的基本生活，也要促进其自立和发展，实现对美好生活的向往。最后，在救助帮扶方面，政府应引导社会、市场等力量积极参与，提供"物质+服务"救助，具体涉及基本生活救助、专项社会救助和急难社会救助三大类别，并本着满足有需要者需要的原则为不同困难类型的低收入群体提供不同类型的救助。在此框架中，要在明确致困因素和促进积极脱困的同时，主动创新救助观念，做到"政策找人"和"服务找人"。

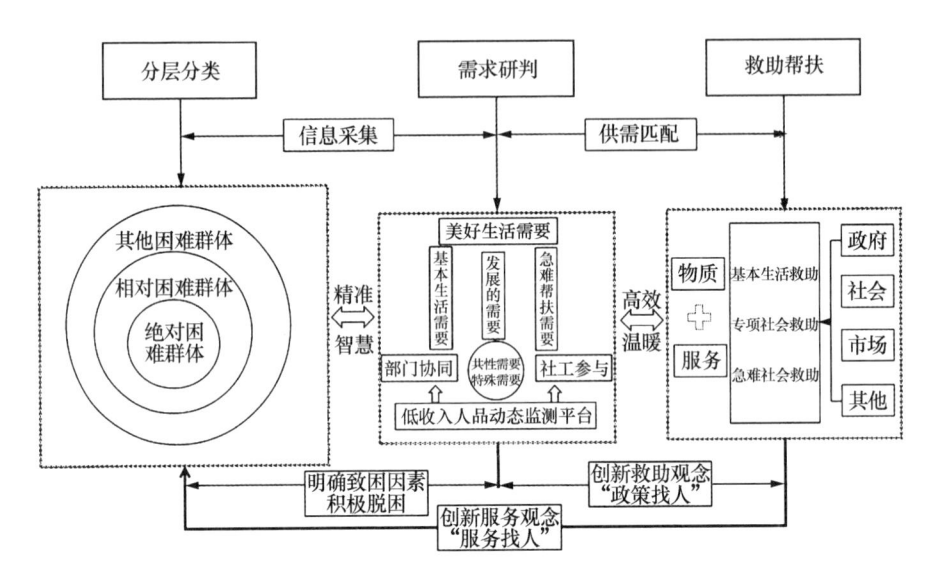

图 5-2　高质量社会救助制度框架图

第三节　高质量社会救助制度的发展目标与着力点

基于当前社会救助制度质量不够高、可持续性不够强的现实，要分别面向 2035 年和 2050 年设定发展目标，最终全面建成高质量社会救助制度，发挥兜底保障和促进发展的双重功能。

一　发展目标和主要任务

（一）当前至 2035 年：兜底保障安全网密实牢靠，基本建成高质量社会救助制度

从当前到 2035 年，要确保兜底保障安全网密实牢靠，基本建成高质量社会救助制度，总体适应基本实现社会主义现代化的目标。具体任务如下：

一是制定《中华人民共和国社会救助法》，为社会救助高质量发展提供法律依据。法治化的、健全的社会保障体系是现代化的标配。在全面推进依法治国的背景下，社会救助制度实践对法律完整性的要求显著提升。基于社会救助制度的基础性地位，应该加快改变社会救助制度法制建设滞后、法治化程度偏低的现实，并提升社会救助的法律位阶，通过制定《社会救助法》来为社会救助高质量发展提供法律依据，发挥法治对社会救助制度高质量建设的引领作用。社会救助立法应该解决社会救助制度的定性与定位问题、受助者权利和义务问题、救助对象和项目问题、政府责任问题、经费保障问题、救助标准问题、监督管理以及经办等问题。当然，一次立法不可能一步到位、十分完备，但通过立法可以落实社会救助高质量建设的理念和原则，并为制定若干专门救助法规提供规范。

二是建立完善分层分类的综合型社会救助制度。分层分类的综合型社会救助制度可以积极应对困难群众问题的多样性，拓展救助帮扶范围。要强化分层分类救助管理，针对不同类型的困难家庭或人员提供有针对性的、差异化的救助帮扶，尤其要关注流动人口，逐步淡化地域色彩，使社会救助实质性地包含流动人口。推进完善低收入家庭救助需求综合评估，根据其具体困难类型、程度和特点，相应给予基本生活救助、专项社会救助或急难社会救助，把各项救助政策措施落实到位，做到救助对象精准、措施精准、成效精准，[①] 既减少"低保捆绑"所带来的"悬崖效应"，又扩大救助范围，实现社会救助瞄准重点从低保群体转向低收入群体，社会救助方式从物质帮扶为主转为"物质+服务"帮扶，推动社会救助为受助者精准赋能以提升其发展能力，完成社会救助制度的调整和升级，切实织牢织密兜底保障安全网。

三是加大财政投入，城乡社会救助差距持续缩小。尽管我国已经形成了较为稳定的社会救助资金来源，但是对比世界主要国家和地区，我国目前社会救助投入强度总体上处于偏低水平，民政社会救助（城乡低保、特困与临时救助）支出占全国财政支出的比例仅为1.06%，广义各类社会救助（民政社会救助、灾害、就业、住房、医疗和教育救助）支

---

① 中共民政部党组：《加快推进社会救助事业高质量发展》，《求是》2022年第8期。

出占全国财政支出比例约为3.4%，且近年来财政投入强度还呈现下降趋势。① 因此，为了使兜底保障安全网密实牢靠，应当着力加大财政投入力度，2035年国家财政对各类社会救助的投入占比争取达10%左右，城乡基本生活救助标准达到人均收入的30%—40%。同时，财政投入要向农村地区的社会救助制度倾斜，结合乡村振兴战略，促进城乡社会救助水平差距的减小，逐步缩小城乡间的受助权利的不公平，使城乡低收入群体的生活困境能够通过分层分类的综合型社会救助得以有效解决。

四是推动监管和经办机制逐步成熟。高质量社会救助制度应该确保协调性和综合效能的发挥，为此，需要进一步优化社会救助管理部门间的关系，进一步理顺社会救助制度的政府监督管理体制。政府应该推动建立整合型的社会救助管理体制，即统一负责与分类合作相结合的政府管理体制，将社会救助制度归属到一个部门统一负责制度建设和管理，在制度运行中涉及其他部门业务领域的，由主管部门与其沟通合作。② 这种方式有助于社会救助制度与其他社会保障制度保持协调发展，同时有助于提升社会救助制度的综合效能。要构建全方位、多层次的监督机制，强化主管部门的行政监督、监察和审计部门的专门监督以及社会监督等，以切实保障和提升救助质量。一方面，应加强对社会救助递送主体尤其是社会力量的监管，健全规章制度，明确递送流程和质量标准。另一方面，应定期或不定期对社会救助工作进行监督、审查，重点核查对象认定、待遇发放、待遇调整等关键环节，及时纠正程序不合规和"错保""漏保"等失范现象，加大对滥用职权、失职渎职的工作人员和骗取社会救助待遇的受助者的惩处力度。同时，要设立专门的社会救助经办机构，建立有素养的专业社会救助队伍，根据管办分离的原则，实现社会救助经办专业化，取代长期以来的代办制。可以按国际经验实行负荷比管理机制，社会救助经办机构根据救助对象和救助内容等灵活调整经办机构工作队伍数量和结构，并制定业绩考核机制，③ 通过薪酬激励、工效挂钩

---

① 程杰：《中国社会救助投入强度研究》，《社会保障评论》2021年第4期。
② 关信平：《论我国社会救助制度的结构调整与制度优化》，《山西大学学报（哲学社会科学版）》2020年第5期。
③ 林闽钢：《中国社会救助高质量发展研究》，《苏州大学学报（哲学社会科学版）》2021年第4期。

等提升经办的效率和质量。此外，还要注重新一代信息技术与社会救助的深度融合，以在社会救助监管和经办中推动信息化建设，推动智慧救助的实现。

五是实现社会力量的积极参与。社会救助虽然是政府负责，但并不排斥社会参与。在迈向共同富裕的背景下，困难群体不仅需要经济支持，而且需要个性化的帮扶，以解决他们因经济困难而产生的社会的、身体的、心理的和行为的问题。因此，要积极引导社会力量参与，充分发挥慈善组织的作用，建立健全政府救助与慈善救助衔接机制，促进社会救助领域的志愿服务发展，推进政府购买社会救助服务，积极发展服务类社会救助，有针对性地实施形式多样的服务救助项目，以满足低收入群体个性化、多样化的发展需要。要建立完善政府购买社会救助服务的清单，不断规范政府购买流程，加强监督评估，实现社会力量积极参与高质量社会救助制度的良好局面。

（二）2035—2050 年：兜底保障与促进发展功能有效发挥，全面建成高质量社会救助制度

2035—2050 年，要确保兜底保障与促进发展功能有效发挥，全面建成高质量社会救助制度，总体适应建成社会主义现代化强国的宏伟目标。具体任务如下：

一是促使综合型社会救助制度全面定型。这一阶段，我国已经基本实现社会主义现代化目标并迈向社会主义现代化强国，国家财富积累大幅增长，人民生活水平普遍提高，低收入人口对社会救助的需求随之进一步升级，这就要求促使综合型社会救助制度的全面定型，实现法制健全、体系完整、水平适度和运转协调。

首先，要修订完善社会救助法律法规。社会救助法律法规要不断完善，以彰显国家责任和规范救助工作，并明确社会救助的核心内容是通过综合型社会救助来缓解"相对贫困"现象，促进社会公平，既保障低收入人口的基本生活，又帮助其获得机会与培养能力以摆脱困境，使社会救助成为促进低收入群体共同富裕的基础性制度安排。

其次，要完善"物质+服务"的综合型社会救助制度，健全基本生活救助、专项社会救助和急难社会救助。社会救助制度一般涵盖两个层次的目标：一是为困难和弱势群体提供基本生活保障，二是防止受助者

被边缘化或被社会排斥。① 对于第一个层次的目标，主要通过物质救助来实现，基本生活救助金的发放要通过家计调查，由低收入家庭的收入水平和人口多寡来决定，救助金的标准要依据科学的救助标准确定和调整方法来进行动态调整，保障受助者达到社会常规生活水平、过上有尊严的生活，让低收入群体分享经济社会发展成果，同时为其提供发展机会，使其与其他群体的收入差距大幅缩小。对于第二个层次的目标，主要通过专项社会救助来实现，因为服务类专项救助可以为受助者赋能，属于"造血"手段，可以满足弱势群体更高层次的精神慰藉、社会融入、能力提升、自我实现等多元需求，最终会促进人与社会的发展，有助于帮助低收入群体摆脱弱势和边缘地位，解决其面临的各种特殊困境，避免社会排斥。在提供"物质+服务"综合型社会救助的过程中，要对低收入家庭的困难情况进行综合评估，在此基础上通过专业社会工作力量提供有针对性的、精准的救助"组合套餐"。此外，要完善急难社会救助，防止社会成员因突发性、临时性的困难而陷入生活困境。

最后，要重视预防式救助和赋能性救助。预防式救助是积极理念的重要体现，有助于社会救助促进发展功能的发挥，是对还没有陷入困境但处于困境边缘的个人或家庭提供一定帮助，以避免其陷入困境。② 赋能性救助同样是积极理念的重要体现，是注重提升困难群体的发展能力，包括为其提供发展机会、增强其自身能力和发展动机。为此，需要社会救助经办机构在社会工作者的参与下，建立健全广泛的贫困脆弱性或风险监测机制，主动发现和识别出脆弱性较高的个人或家庭，并采取针对性的干预性帮扶措施，包括给予普惠式福利、社会保险、慈善帮扶、救助服务、资源链接等，尤其是要关注脆弱性家庭的儿童，为其提供医疗、教育、心理等多方面帮助扶持，确保其健康成长并接受良好教育，破除贫困的代际传递。

二是确保国民社会救助权利实现公平。这一阶段，随着我国经济社

---

① Eardley, T., Bradshaw, J., Ditch, J., Gough, I., & Whiteford, P., *Social Assistance in OECD Countries (Volume I): Synthesis Report*, London: HMSO, 1996, p.47.

② 关信平：《相对贫困治理中社会救助的制度定位与改革思路》，《社会保障评论》2021年第1期。

会的持续发展，城乡差距和地区差距明显缩小，在社会救助财政投入持续增强的情况下，最终要确保国民社会救助权利实现公平。国民无论是居住在农村还是城市，无论是在东部地区还是在西部地区，都能按照共同的条件享受同等的救助待遇，真正实现困难群体在社会救助权利方面的平等。[①] 这种救助权利公平并不排斥对特殊困难的群体实施特定救助，体现的是权利的公平而非待遇的均等。为确保国民受助权利的公平，财政投入力度要稳中有升，各级政府的财政责任要明确，2050年国家财政对各类社会救助的投入占比争取在10%—12%，基本生活救助标准达到人均收入的40%—50%，实现全体国民有效和公平地获得社会救助，通过社会救助保证有尊严的生活并获得发展。

三是实现社会救助管理与运行的现代化。随着我国向社会主义现代化强国迈进，为了满足困难群体的多样化救助需要，社会救助管理和运行也将全面实现现代化。这体现在以下多个方面：全部社会救助事务均纳入法治化轨道并依法运行，充分发挥法制对高质量救助的引领作用；信息化建设在社会救助各个领域得到广泛应用，低收入人口动态监测系统健全完善，受助对象完整信息能够实现全国联网，通过各种数据库对接和数据链条的接通，实现充分的信息共享和救助方式的智能筛选研判，变被动服务为主动服务，让社会救助更加精准全面，此外，低收入群体可以便捷的办理和咨询救助业务等，救助资源统筹和救助效率得到显著提升；[②] 社会救助管理实现转型升级，智慧救助得以全面实现；社会救助经办机构与工作人员实现专业化，社会救助的运行过程实现严格规范化；慈善等社会力量的参与积极有序，在高质量社会救助制度中发挥重要补充作用；等等。同时，社会救助管理和运行的现代化还体现在公众的权利意识以及对社会救助的民主监督方面，要确保公众对社会救助的知情权、评议权和监督权。

四是实现社会救助与社会保险、普惠性福利的协调联动。随着我国

---

① 郑功成、杨立雄：《中国社会救助改革与发展战略：从生存救助到综合救助》，《中国社会保障改革与发展战略（救助与福利卷）》，人民出版社2011年版，第1—37页。

② 林闽钢：《中国社会救助高质量发展研究》，《苏州大学学报（哲学社会科学版）》2021年第4期。

向社会主义现代化强国目标的迈进，我国国力持续增强，在共同富裕方面会取得实质性的进展，社会保险和普惠性福利制度将成为我国社会保障体系中的重要内容。在此背景下，社会救助制度目前涵盖的部分救助对象会因被社会保险和普惠型福利所覆盖而免于陷入困境。因此，社会救助制度也要在发展中与社会保险和普惠型福利协调联动并逐步调整方向。随着老年福利、残疾人福利和儿童福利的发展完善，目前社会救助职能边界不清和职能紊乱的问题会得以根本性解决，以老年人、儿童和残疾人为主要对象的分类施保和特困人员供养等均可以转化为普惠性福利；随着教育福利、医疗保障和住房保障的持续完善，教育救助、医疗救助和住房救助的重点也将发生转变；商业保险的发展会使灾害损失主要由保险公司赔偿，政府的灾害救助负担得以减轻；[①] 包括家庭津贴在内的各类普惠型福利将大幅降低儿童、残疾人、老年人等特殊群体陷入困境的风险，社会救助制度对象的结构将会发生改变。以上种种变化将使社会救助职能更加清晰，更加集中于解决相对贫困问题，为兜底保障和促进发展功能的发挥提供有利条件。当然，无论国民生活水平如何提高，无论社会保障体系如何完善，相对贫困群体总是存在的，社会救助制度的基础性地位不会改变，这也是高质量社会救助制度建设的理念之一，即社会救助要不断通过实现高质量与可持续发展，让低收入群体获得公平有效的救助帮扶，并在尊重各项社会保障子系统的各自规律和职能的条件下，使社会救助与社会保险及普惠型福利统筹规划、协调发展。

二　主要着力点

迈向共同富裕离不开社会救助制度的高质量发展，为此，必须健全我国分层分类社会救助体系，应该从社会救助体系的四大构成要素，即救助主体、救助对象、救助内容和救助方式入手并重点着力，统筹救助资源，努力深化帮扶救助工作措施，着力提高帮扶救助工作的针对性和有效性，打造综合救助格局，筑牢共同富裕的坚实底板。

[①] 郑功成、杨立雄：《中国社会救助改革与发展战略：从生存救助到综合救助》，《中国社会保障改革与发展战略（救助与福利卷）》，人民出版社2011年版，第1—37页。

（一）救助主体层面：多元化与相互合作

第一，政府主导，加强相关部门联动协作。社会救助制度体系的运行效率，会受到主管部门运行效率的限制。因此，建立完善分层分类社会救助体系，需要解决社会救助管理部门多头管理的问题，不断推进政府内部社会救助职能"一体化"。现实中，因社会救助相关政策措施和救助信息分布在不同的部门，资源分散、条块分割、政策碎片等问题依然存在，从而导致信息沟通协调不畅，数据共享程度不高。因此，新时代的社会救助管理，需健全"党委领导、政府负责、民政牵头、部门协同、社会参与"的工作体制，采取民政部门主管、相关部门配合的适度集中管理方针，即由民政部门牵头，分类识别、统计社会救助对象，各主管部门具体实施分类救助，以协调各项社会救助项目，及时研究问题，使救助资源发挥合力。通过强化联动、规范协作，完善社会救助运行机制，推动实现社会救助的部门协同、资源统筹、政策联动、信息共享。除此之外，还应建立覆盖全国范围的统一的社会救助信息平台体系，打破信息壁垒，实现跨省份的信息共享。

第二，社会参与，引导多元主体互动互补。慈善组织、社工机构、志愿者等社会力量是政府社会救助制度的重要补充。为了保证分层分类社会救助服务体系内容贯彻落实，除了发挥社会救助经办机构的主体作用外，还需推动政府购买社会救助服务，引入广大社会力量参与，充分调动基层党组织、社区、社会组织、慈善组织、社会工作者等主体的积极性。积极发展社会救助领域社会工作和志愿服务，推动救助主体多元化、方式多样化、人员专业化，促进救助帮扶向专业化、个性化、发展型转变。社会力量在发现救助对象和提供帮助上更具灵活性、针对性和有效性，可发挥社会组织、社会工作机构等多元主体在主动发现辖区内居民的生活困难、救助需求和脱贫返贫情况上的优势，将政府与社会的救助资源、救助服务与困难对象实际需求进行匹配，形成政社互动互补的合力。在增加专业性社会服务组织的同时，也要注意畅通多元主体参与社会救助服务的渠道，培育社会力量参与社会救助人才和社会组织的服务能力，将其多样化、个性化的救助内容嵌入社会救助体系当中。

（二）救助对象层面：精准化与灵活及时

第一，精准识别，持续提升救助对象认定标准。给予分层分类救助的前提是精准识别救助对象。由于消除绝对贫困向缓解相对贫困转变，因此可通过各种测量贫困的相对标准的设立，有效地反映相对困难群体和社会边缘群体的生活状况，增大社会救助体系的包容性。按照分层分类社会救助的原则，应另外设立贫困标准，将其与低保标准剥离。因为贫困标准的功能可适用于整个社会救助制度体系，主要用于识别可以进入包括专项救助在内的整个社会救助制度覆盖范围的个人和家庭。而低保标准则只用于最低生活保障项目，用于确定可以享受低保现金救助待遇的家庭及其待遇水平。具体来说，绝对困难群体也就是低保、特困群体的划分已有相应标准，而低收入家庭、支出型贫困家庭以及急难型救助家庭没有精确统一的划分标准。从全国情况看，广东、江苏、四川、宁夏等部分省份虽然在相关文件中对低保边缘家庭（一类家庭和二类家庭）、支出型贫困家庭的认定条件以及救助措施进行了较为详细的规定，但不可否认处于同一圈层的救助对象困难情况、困难程度以及存在需求可能不同，那么同一圈层内部也有待细分。从内容上来说，可建立多维判定标准，涵盖经济收入、日常生活、住房保障、劳动就业、健康医疗、教育负担、社会融入等多维度指标。根据救助对象的困难情况进行赋分，并在分值基础上给予不同的救助措施，从而形成与经济社会发展相适应、梯度合理的基本生活保障标准体系。在涵盖全面且内部细化的认定标准之上，进一步加强经济状况核对机制建设，完善信息核对平台，建立跨部门的信息比对机制，精准认定救助对象，确保精准救助。

第二，及时跟进，动态更新救助对象需求变化。加强救助对象动态监测管理机制，适时动态更新，全面确保对象全面、数据精准、更新及时。一是对于易致困易返困对象，应时刻关注其生活状况，尤其是注意有无受到疾病或者灾害等突然性因素陷入困难的情况，以确保信息的真实性、及时性、准确性和有效性，防止因信息更新不及时而造成的遗漏救助现象的发生，做到及时发现、及时介入、即时救助。二是对于纳入已经被纳入救助范围的对象，应加强定期寻访机制，进行巡访时完善巡访备注信息，及时完整记录巡防过程，并准确反馈信息给智慧服务平台，精准识别各类对象的需求，切实做好信息的采集、录入、分析、更新、对比等工作，关注救助对象困难情况以及困难程度有无变化，需要的支持和服务是否变化等，以提高救助服务的有效性。另外，也应加强对关爱巡防人员的统一培训与指导，提高巡防员的工作积极性和工作能力。

（三）救助内容层面：类别化与丰富多样

第一，拓展创新，救助类别化与衔接紧密化。分层分类是根据群众的困难程度和致困原因，划分出三个救助圈层。其中，最核心的内圈是绝对困难群体，这些对象要纳入基本生活救助，给予低保，还有医疗、住房、教育、就业专项救助；向外一圈相对困难群体是相对困难群体，即低保边缘家庭和支出型贫困家庭，这些对象应该根据他们的实际困难程度，相应给予基本生活救助，主要是专项救助；最外圈层是其他类型的困难群体，他们因遭遇突发事件、意外伤害、重大疾病等，基本生活陷入困境的时候，要给予急难社会救助，帮助其渡过难关。当然，这三类救助圈层不是完全独立的，而是相互联系甚至相互衔接的，因此不能用分立的眼光来看待这三个救助圈层，而是应该用系统的、联系的角度对不同圈层的救助对象给予分类救助。同时，还要体现出救助的温暖、高效与紧密衔接，以各类救助政策为依托，强化与医疗、教育、住房、就业、受灾等专项救助无缝衔接，做实做强综合高效社会救助大格局，通过建立分层分类的救助机制，形成结构合理、层次分明、衔接配套、针对性强、操作规范的制度保障体系，进一步提高社会救助的精准度。此外，可以借鉴成都的经验，在救助方面对家庭规模和结构上有更细致的划分，以满足不同类型家庭的需求。以分类救助为基础，依据困难情况，对老人、残疾、重病、失业等具有明显特征的特殊群体实施类别化帮扶。

第二，积极主动，生存型救助向发展型救助转变。随着贫困治理重心的变化，救助理念也需要进行转变与升级。进一步健全和优化现有社会救助体系，救助理念需要从过去的被动、消极的救助理念向积极的救助理念转变，应从关注人的生存向关注人的发展转型，从物质救助为主拓展到包括服务给付、精神慰藉、能力提升、资产建设、社会融入等综合型救助，简单来说就是"物质+服务"救助模式。具体在社会救助分类管理的实施中，基本生活救助服务、专项救助服务和急难救助服务不仅需要满足救助对象的生存需求，同时也应坚持积极社会救助的改革方向，向发展型救助转变：一是确保没有劳动能力的救助对象基本生活得到长期性、综合性保障，使这部分最困难群体生计有保障、发展有计划、自立能力有提高;二是确保法定年龄范围内且有劳动能力的对象基本生活得到暂时性、过渡性保障的同时,激励他们主动接受培训和自愿接受就业。同时,鼓励有发展意愿和能力的农村低保边缘家庭通过发展生产改善生活条件。

(四)救助方式层面:层次化与需要满足

第一,"线上+线下",主动监测与需求综合评估。分类救助的前提,是对救助需求的准确把握。首先,是对救助对象需求的主动监测,积极推动社会救助从"人找政策"向"政策找人"转变,实现政策到人、服务到人、关爱到人,这包括线上和线下两种方式。一是大数据监测预警,通过建立低收入人口动态监测信息库,打通教育、医保、住建、卫健、残联、慈善等多部门数据,实现低收入人口家庭信息、财产收入、居家环境、致困因素、求助事项等关键信息实时数据的采集,建立健全困难群众主动发现、风险预警和快速响应机制,最大限度地精准识别各类申请对象的家庭状况信息,确保将各类陷入困境的家庭纳入动态监测预警范围,做到及早发现、及早介入、及时救助。二是对各类群体进行实地关爱巡防,了解其情况及存在的需求,做好记录整理,把走访发现需要救助、需要帮扶的困难群众作为基层组织的重要工作内容,支持和引导社会力量参与主动发现,形成主动救助合力。其次,是救助对象的需求综合评估。在事实经验和已有研究的基础上,构建需求指标体系初步架构,并根据后续实际巡防情况不断完善修改,制定出科学合理的需求评估体系。在需求类别上,划分为基本生存需要、发展的需要和急难帮扶需要,涵盖教育、就业、康复、社会保障、住房、基本医疗等多领域的问题,规范需求评估机制,对困难群众需求情况进行分类评估,识别其未满足的需要、评估需求程度,并确定其潜在的需求,准确判定困难群众的多方面需求。在对救助对象的需求进行评估后,确定对其给予的相应救助服务,确保救助精准、援助精准,提高救助服务供给与困难群众需求的匹配度,快速回应各类求助帮扶服务需求。

第二,"兜底+拓展",需求导向的递送模式。传统的社会救助以发放救助金和实物、减免相关费用等为主,渐渐不能满足人民群众对"美好生活"越来越高的要求,亟须转变工作理念,改变单一模式,积极发展服务类社会救助,建立"兜底+拓展"的救助提供模式,满足救助对象的多层次需求。一是做好兜底工作，立足社会救助"保基本、托底线"的功能定位，进一步完善各项救助制度，确保"应保尽保、应救尽救"，满足救助对象基本生存的需要；二是积极拓展社会救助服务，进一步创新整合社会救助服务的内容和方式，提升救助对象的能力，满足救助对象发展的需要。在救助递送方面，要通过政府购买服务引入社会组织、专业社工、慈善力量、志愿者等多元主体，转变社会救助递送方式，建立需求导向的社会救助递送模式，能够为不同类别的困难群体较为精准地提供有针对性的救助和帮扶，使原有的民政等相关救助主体"有什么就给什么"转变为弱势群体"需要什么就尽量提供什么"，形成精准和温暖的"救助套餐"，以满足弱势群体的异质性和复杂性需求。比如，对社会救助家庭中生活不能自理的老年人、未成年人、残疾人、重病患者，提供必要的访视和照料服务；对社会救助家庭中学龄阶段的未成年人，提供学业辅导、亲情陪伴等服务；对社会救助家庭中有就业和参与产业项目需求的困难人员，提供资源链接、技能培训、就业岗位或产业项目帮扶；对有特殊需求的困难家庭，提供生活指导、心理抚慰、社会融入等精神层面的救助服务等。通过"兜底＋拓展"需求为导向的救助递送，有助于实现政府兜底、社会参与、个体增能的良好互动，有效提升分层分类社会救助体系的实施效果。

主要参考文献

中文著作

［美］哈瑞尔·罗杰斯：《美国的贫困与反贫困》，刘杰译、朱晓苑校，中国社会科学出版社2012年版。

［美］加尔布雷思：《富裕社会》，赵勇等译，江苏人民出版社2009年版。

［美］迈克尔·谢若登：《资产与穷人——一项新的美国福利政策》，高鉴国译，商务印书馆2005年版。

［美］尼尔·吉尔伯特等编：《激活失业者——工作导向型政策跨国比较研究》，王金龙等译，中国劳动社会保障出版社2011年版。

［印］阿马蒂亚·森：《以自由看待发展》，任赜、于真译，中国人民大学出版社2002年版。

［印］阿玛蒂亚·森：《贫困与饥荒》，王宇、王文玉译，商务印书馆2001年版。

陈朝先、刘学东编：《拉丁美洲和加勒比经济发展分析与展望（2019）》，社会科学文献出版社2020年版。

陈成文：《社会弱者论——体制转换时期社会弱者的生活状况与社会支持》，时事出版社2000年版。

程连升：《中国反失业政策研究（1950—2000）》，社会科学文献出版社2002年版。

崔乃夫主编：《当代中国的民政（下）》，当代中国出版社1994年版。

［英］迪肯：《福利视角》，周薇等译、林闽钢校，上海人民出版社2011年版。

丁建定：《英国社会保障制度史》，人民出版社2015年版。

多吉才让：《中国最低生活保障制度研究与实践》，人民出版社 2001 年版。

高冬梅：《新中国 70 年社会救助研究》，人民出版社 2019 年版。

高冬梅：《新中国成立初期中国共产党社会救助思想与实践研究》，人民出版社 2009 年版。

关信平：《中国城市贫困问题研究》，湖南人民出版社 1999 年版。

洪大用：《转型时期中国社会救助》，辽宁教育出版社 2004 年版。

李超民编著：《印度社会保障制度》，上海人民出版社 2016 年版。

吕学静、王争亚、康蕊等：《中日社会救助制度比较研究》，首都经济贸易大学出版社 2017 年版。

吕昭义主编、林延明副主编：《印度国情报告（2016）》，社会科学文献出版社 2017 年版。

孟明达主编，中华人民共和国民政部大事记编委会编：《中华人民共和国民政部大事记（1949—1986）》，中国社会出版社 2004 年版。

彭华民：《西方社会福利理论前沿——论国家、社会、体制与政策》，中国社会出版社 2009 年版。

瞿晓琳：《中国共产党与城市困难群体的社会救助（1992—2012）》，中国社会科学出版社 2017 年版。

苏国霞、刘俊文编：《中国扶贫开发年鉴（2020）》，知识产权出版社 2020 年版。

唐钧：《中国城市居民贫困线研究》，上海社会科学院出版社 1998 年版。

汪三贵等：《扶贫开发与区域发展》，经济科学出版社 2018 年版。

王海燕：《日本社会救助》，中国劳动社会保障出版社 2022 年版。

王灵桂、侯波：《精准扶贫：理论、路径与和田思考》，中国社会科学出版社 2018 年版。

杨团主编：《2020 中国慈善发展报告》，社会科学文献出版社 2020 年版。

张浩淼：《发展型社会救助研究：国际经验与中国道路》，商务印书馆 2017 年版。

郑春荣编：《英国社会保障制度》，上海人民出版社 2012 年版。

郑功成等：《社会救助立法研究》，人民出版社 2020 年版。

郑功成等：《中国社会保障制度变迁与评估》，中国人民大学出版社 2002

年版。

郑功成：《中国社会保障30年》，人民出版社2008年版。

郑功成主编：《中国社会保障改革与发展战略（救助与福利卷）》，人民出版社2011年版。

钟仁耀主编：《社会救助与社会福利》，上海财经大学出版社2005年版。

中文报刊

白晨、顾昕：《中国社会安全网的横向不平等——以城镇最低生活保障为例》，《中国行政管理》2018年第1期。

曹清华：《德国社会救助制度的反贫困效应研究》，《德国研究》2008年第3期。

常钦：《精准施策，健全社会救助体系》，《人民日报》2022年4月29日第19版。

陈泽群：《"低保养懒人！"：由指控低保户而显露出的福利体制问题》，《社会保障研究》2007年第1期。

程杰：《中国社会救助投入强度研究》，《社会保障评论》2021年第4期。

程名望、Jin Yanhong、盖庆恩、史清华：《农村减贫：应该更关注教育还是健康？——基于收入增长和差距缩小双重视角的实证》，《经济研究》2014年第11期。

池振合、杨宜勇：《城镇低收入群体规模及其变动趋势研究——基于北京市城镇住户调查数据》，《人口与经济》2013年第2期。

慈勤英、王卓祺：《失业者的再就业选择——最低生活保障制度的微观分析》，《社会学研究》2006年第3期

邓观鹏、张扬金、陈志茹：《新发展阶段下共同富裕的内涵、逻辑与条件》，《理论建设》2021年第5期。

邓念国：《部分发达国家社会保障体制改革的做法及启示》，《经济纵横》2012年第12期。

樊平：《中国城镇的低收入群体》，《中国社会科学》1996年第4期。

方世南：《新时代共同富裕：内涵、价值和路径》，《学术探索》2021年第11期。

高功敬、高灵芝：《城市低保的历史性质与福利依赖》，《南通大学学报

（社会科学版）》2009 年第 3 期。

高和荣：《建国 70 年中国社会救助制度的发展与展望》，《济南大学学报（社会科学版）》2019 年第 2 期。

高瑾：《我国特困人员供养法律制度历史演进及制度展望》，《上海政法学院学报（法治论丛）》2017 年第 6 期。

高圆圆、范绍丰：《西部民族地区农村贫困人口精神贫困探析》，《中南民族大学学报（人文社会科学版）》2017 年第 6 期。

关信平：《"十四五"时期我国社会救助制度改革的目标与任务》，《行政管理改革》2021 年第 4 期。

关信平：《当前我国加强兜底性民生建设的意义与要求》，《南开学报（哲学社会科学版）》2021 年第 5 期。

关信平：《论我国社会救助制度的结构调整与制度优化》，《山西大学学报（哲学社会科学版）》2020 年第 5 期。

关信平：《论现阶段中国社会救助制度目标提升的基础与意义》，《社会保障评论》2017 年第 4 期。

关信平：《完善我国社会救助制度的多层瞄准机制》，《内蒙古社会科学》2022 年第 2 期。

关信平：《相对贫困治理中社会救助的制度定位与改革思路》，《社会保障评论》2021 年第 1 期。

郭丹丹、苏昕：《共同富裕目标下相对贫困治理的逻辑与机制》，《浙江工商大学学报》2021 年第 5 期。

郭佩：《我国医疗救助制度的现状、问题与完善对策》，《社会法学研究》2021 年。

郭之天、陆汉文：《相对贫困的界定：国际经验与启示》，《南京农业大学学报（社会科学版）》2020 年第 2 期。

韩广富、刘心蕊：《改革开放以来革命老区扶贫脱贫的历史进程及经验启示》，《当代中国史研究》2019 年第 1 期。

韩君玲：《健全完善中国特色社会救助法制的新方向》，《中国民政》2020 年第 17 期。

韩克庆：《减负、整合、创新：我国最低生活保障制度的目标调整》，《江淮论坛》2018 年第 3 期。

韩克庆:《就业救助的国际经验与制度思考》,《中共中央党校学报》2016年第5期。

韩克庆、郭瑜:《"福利依赖"是否存在?——中国城市低保制度的一个实证研究》,《社会学研究》2012年第2期。

何晖、芦艳子:《创新与治理:印度社会养老金制度的改革与前瞻》,《湘潭大学学报(哲学社会科学版)》2020年第2期。

何振锋:《资产建设理论形成、实践及启示》,《社会福利》2019年第9期。

和立道、王英杰、路春城:《人力资本公共投资视角下的农村减贫与返贫预防》,《财政研究》2018年第5期。

贺永红:《破解无业贫困农民就业难新举——印度〈全国农村就业保障法〉的制定与实施》,《中国人大》2011年第7期。

洪大用:《扎实推动新时代共同富裕的新议题》,《社会治理》2021年第2期。

胡鞍钢、周绍杰:《2035中国:迈向共同富裕》,《北京工业大学学报(社会科学版)》2022年第1期。

黄毅峰、叶好:《促进全体人民共同富裕的历史进路、现实逻辑与实践路径》,《甘肃理论学刊》2021年第5期。

黄征学、潘彪、滕飞:《建立低收入群体长效增收机制的着力点、路径与建议》,《经济纵横》2021年第2期。

赖德胜:《在高质量发展中促进共同富裕》,《北京工商大学学报(社会科学版)》2021年第6期。

兰剑、慈勤英:《新时代社会救助政策运行的社会风险及其应对》,《青海社会科学》2018年第2期。

乐章、陈璇:《城市居民的社会安全网》,《华中科技大学学报(社会科学版)》2001年第4期。

李昌禹:《兜牢民生底线 增进民生福祉》,《人民日报》2022年9月9日第4版。

李贵鲜:《在全国民政厅局长会议上的讲话(摘要)》,《社会工作》1996年第1期。

李军鹏:《共同富裕:概念辨析、百年探索与现代化目标》,《改革》2021

年第 10 期。

李棉管、岳经纶：《相对贫困与治理的长效机制：从理论到政策》，《社会学研究》2020 年第 6 期。

李青：《全面建设小康社会中的困难群体问题及其消解》，《马克思主义研究》2003 年第 1 期。

李迎生：《完善推动全体人民共同富裕的社会政策体系》，《光明日报》2021 年 9 月 28 日第 15 版。

李志明、邢梓琳：《德国的社会救助制度》，《中国民政》2014 年第 10 期。

李卓、左停：《资产收益扶贫有助于"减贫"吗？——基于东部扶贫改革试验区 Z 市的实践探索》，《农业经济问题》2018 年第 10 期。

厉以宁：《论共同富裕的经济发展道路》，《北京大学学报（哲学社会科学版）》1991 年第 5 期。

林闽钢：《兜牢基本民生保障底线 推动社会救助高质量发展——党的十八大以来我国社会救助发展进程》，《中国民政》2022 年第 15 期。

林闽钢：《相对贫困的理论与政策聚焦——兼论建立我国相对贫困的治理体系》，《社会保障评论》2020 年第 1 期。

林闽钢：《新时期我国社会救助立法的主要问题研究》，《中国行政管理》2018 年第 6 期。

林闽钢：《中国社会救助高质量发展研究》，《苏州大学学报（哲学社会科学版）》2021 年第 4 期。

刘培林、钱滔、黄先海、董雪兵：《共同富裕的内涵、实现路径与测度方法》，《管理世界》2021 年第 8 期。

刘涛：《德国社会救助制度改革对我国低保制度的启示》，《社会保障研究》2011 年第 2 期。

刘涛：《联邦德国的老年防贫体系：社会救助制度的动态扩展与增量扩容》，《社会保障评论》2017 年第 2 期。

刘喜堂：《建国 60 年来我国社会救助发展历程与制度变迁》，《华中师范大学学报（人文社会科学版）》2010 年第 4 期。

刘湘丽：《强化社会安全网：日本新冠疫情期间的劳动政策分析》，《现代日本经济》2020 年第 6 期。

刘晓雪：《德国护理救助——制度演变、成效与启示》，《德国研究》2020年第3期。

刘兆泉：《社会救助由"独角戏"变成"大合唱"》，《中国社会报》2021年11月15日第2版。

陆汉文、杨永伟：《从脱贫攻坚到相对贫困治理：变化与创新》，《新疆师范大学学报（哲学社会科学版）》2020年第5期。

吕学静：《日本社会救助制度的最新改革及对中国的启示》，《苏州大学学报（哲学社会科学版）》2016年第3期。

马西恒：《当前中国的低收入群体》，《社会》1997年第5期。

苗政军：《脱贫攻坚中特殊困难群体帮扶问题研究》，《行政与法》2020年第12期。

民政部政策研究中心课题组：《关于社会服务发展演进与概念定义的探析》，《中国民政》2011年第6期。

莫光辉、张菁：《基于"人本主义"视角的贫困人口扶志扶智路径创新》，《中共中央党校学报》2018年第3期。

牛喜霞、李桂兴、田晨曦：《农村特殊困难群体主观幸福感的现状及影响因素分析》，《济南大学学报（社会科学版）》2019年第3期。

潘华：《中国低收入群体增收的影响因素与实现路径研究》，《宏观经济研究》2020年第9期。

庞娜：《困难群体的社会保障问题探析》，《中国民政》2005年第8期。

彭灵灵：《社会工作参与社会救助的挑战与拓展》，《云南大学学报（社会科学版）》2019年第6期。

彭宅文：《最低生活保障制度与救助对象的劳动激励："中国式福利依赖"及其调整》，《社会保障研究》2009年第2期。

青连斌：《建立反相对贫困长效机制的现实基础与路径选择》，《科学社会主义》2020年第2期。

任欢：《推动公共服务体系建设取得新突破》，《光明日报》2022年1月12日第4版。

任铃：《中国共产党人民至上社会救助理念的历程、成效和启示》，《内蒙古社会科学》2022年第4期。

尚晓援：《中国社会安全网的现状及政策选择》，《战略与管理》2001年第 6 期。

苏海、向德平：《贫困治理现代化：理论特质与建设路径》，《南京农业大学学报（社会科学版）》2020 年第 4 期。

苏映宇：《国外失能老人社会安全网体系的比较分析与借鉴》，《江西农业大学学报（社会科学版）》2009 年第 2 期。

孙聪、王诗剑：《中国农村最低生活保障政策研究回顾》，《中国集体经济》2010 年第 7 期。

孙守纪、赖梦君：《英国工党政府养老金制度改革述评：公平和效率的视角》，《社会保障研究》2012 年第 4 期。

陶梦婷：《国外社会救助立法比较研究》，《社会福利（理论版）》2018 年第 6 期。

童星、林闽钢：《我国农村贫困标准线研究》，《中国社会科学》1994 年第 3 期。

汪连杰：《从"消极福利"到"积极福利"——论中国积极型社会福利的价值理念与实践路径》，《中共天津市委党校学报》2017 年第 1 期。

王小林、冯贺霞：《2020 年后中国多维相对贫困标准：国际经验与政策取向》，《中国农村经济》2020 年第 3 期。

温俊萍：《印度农村就业保障政策及对中国的启示》，《南亚研究季刊》2012 年第 2 期。

吴振磊、王莉：《我国相对贫困的内涵特点、现状研判与治理重点》，《西北大学学报（哲学社会科学版）》2020 年第 4 期。

向德平、向凯：《多元与发展：相对贫困的内涵及治理》，《华中科技大学学报（社会科学版）》2020 年第 2 期。

向雪琪：《改革开放以来我国教育扶贫的发展趋向》，《中南民族大学学报（人文社会科学版）》2018 年第 3 期。

谢华育、孙小雁：《共同富裕、相对贫困攻坚与国家治理现代化》，《上海经济研究》2021 年第 11 期。

邢成举、李小云：《相对贫困与新时代贫困治理机制的构建》，《改革》2019 年第 12 期。

熊跃根：《大变革时代福利资本主义的发展与社会政策的中国道路》，《社会政策研究》2021 年第 1 期。

项迎芳、王义保:《提升城市低收入群体幸福感的逻辑进路》,《理论探索》2021年第1期。

徐月宾、张秀兰:《我国城乡最低生活保障制度若干问题研究》,《东岳论丛》2009年第2期。

薛秋霁、孙菊、姚强:《全民医保下的医疗救助模式研究——英国、澳大利亚、德国的经验及启示》,《卫生经济研究》2017年第2期。

杨昊:《兜住兜牢基本民生保障底线》,《人民日报》2022年4月28日第6版。

杨建海、王梦娟、赵莉:《农村养老资源的多支柱供给研究》,《学习与实践》2018年第9期。

杨立雄:《从兜底保障到分配正义:面向共同富裕的社会救助改革研究》,《社会保障评论》2022年第4期。

杨立雄:《低收入群体共同富裕问题研究》,《社会保障评论》2021年第4期。

杨思斌:《社会救助立法:国际比较视野与本土构建思路》,《社会保障评论》2019年第3期。

杨雪冬:《全球化、治理失效与社会安全》,《中国人民大学学报》2004年第2期。

杨云善:《着力提高低收入者收入水平的基本途径》,《社会主义研究》2006年第3期。

余少祥:《发展型社会救助:理论框架与制度建构》,《浙江学刊》2022年第3期。

余少祥:《以发展型社会救助助力共同富裕》,《中国社会科学报》2022年9月27日第1版。

喻文光:《德国社会救助法律制度及其启示——兼论我国行政法学研究领域的拓展》,《行政法学研究》2013年第1期。

苑仲达:《社会救助兜底脱贫攻坚的三重逻辑》,《江西社会科学》2021年第10期。

苑仲达:《英国积极救助制度及其借鉴启示》,《国家行政学院学报》2016年第4期。

岳经纶:《政府购买社会救助服务现状、问题与对策建议》,《中国民政》

2020年第5期。

张浩淼：《从反绝对贫困到反相对贫困：社会救助目标提升》，《山西大学学报（哲学社会科学版）》2020年第5期。

张浩淼：《以高质量社会救助制度筑牢共同富裕底板》，《学术研究》2022年第9期。

张浩淼：《中国社会救助70年（1949—2019）：政策范式变迁与新趋势》，《社会保障评论》2019年第3期。

张浩淼、仲超：《新时代社会救助理念目标、制度体系与运行机制》，《西北大学学报（哲学社会科学版）》2020年第4期。

张浩淼、朱杰：《贫困对儿童的影响及社会保障政策回应——基于三个理论视域的分析》，《治理研究》2021年第3期。

张娟：《构建社会救助高质量发展新格局——访民政部社会救助司司长刘喜堂》，《中国民政》2022年第8期。

张琦沈扬扬：《不同相对贫困标准的国际比较及对中国的启示》，《南京农业大学学报（社会科学版）》2020年第4期。

张塞群：《建立解决相对贫困的长效机制》，《光明日报》2019年11月15日第6版。

张文镝：《简论印度农村的社会保障制度》，《当代世界与社会主义》2008年第6期。

张志胜：《精准扶贫领域贫困农民主体性的缺失与重塑——基于精神扶贫视角》，《西北农林科技大学学报（社会科学版）》2018年第4期。

赵朝峰：《新中国成立初期的灾害救助工作》，《当代中国史研究》2011年第5期。

赵忻怡、杨伟国、李丽林、董仟禧：《印度养老保障制度及其启示》，《南亚研究季刊》2021年第4期。

郑功成：《共同富裕与社会保障的逻辑关系及福利中国建设实践》，《社会保障评论》2022年第1期。

郑功成：《决胜脱贫攻坚：成就、问题与思路》，《群言》2020年第8期。

郑功成：《面向2035年的中国特色社会保障体系建设——基于目标导向的理论思考与政策建议》，《社会保障评论》2021年第1期。

郑功成：《社会保障：中国减贫事业的长久制度保障》，《中国社会保障》

2020年第10期。

郑功成：《习近平关于民生系列重要论述的思想内涵与外延》，《国家行政学院学报》2018年第5期。

郑功成：《新发展阶段的新追求——从民生视角学习领会中共十九届五中全会精神》，《群言》2020年第12期。

郑功成：《中国改革开放40年的基本经验》，《人民论坛》2018年第36期。

中共民政部党组：《加快推进社会救助事业高质量发展》，《求是》2022年第8期。

周昌祥：《防范"福利依赖"的思考》，《经济体制改革》2006年第6期。

周力：《相对贫困标准划定的国际经验与启示》，《人民论坛·学术前沿》2020年第14期。

朱玲：《试论社会安全网》，《中国人口科学》1999年第3期。

左停：《聚焦特殊困难群体 巩固脱贫攻坚成果》，《中国社会报》2019年6月6日第4版。

左停、贺莉、刘文婧：《相对贫困治理理论与中国地方实践经验》，《河海大学学报（哲学社会科学版）》2019年第6期。

左停、徐秀丽、齐顾波：《构筑农村社会安全网：缓解农村贫困的战略性制度创新》，《中国农村经济》2004年第12期。

英文文献

Abt Associates Inc., "Survey of Social Assistance in OECD Countries Cross – Country Paper", 2002, Available at：http：//info. worldbank. org/etools/docs/library/78802/Fall% 202002/elearning/fall2002/readings/pdfpapers/crosscountry. pdf.

Alkire, S., & Foster, J. E., "Counting and Multidimensional Poverty Measurement", *Journal of Public Economics*, 2011, 95 (7).

Alwang, J., & Norton, G. W., "What Types of Safety Nets Would Be Most Efficient and Effective for Protecting Small Farmers and the Poor against Volatile Food Prices?", *Food Security*, 2011, 3 (s1).

Baker, D. & Bernstein J., "Full Employment and the Path to Shared Prosperity", *Dissent*, 2014, 61 (3).

Barrientos, A., "Social protection and poverty", *International Journal of Social Welfare*, 2011, (20).

Barrientos, A., "The Rise of Social Assistance in Brazil", *Development and Change*, 2013, 44 (4).

Barrientos, A. & Santibanez, C., "New Forms of Social Assistance and the Evolution of Social Protection in Latin America", *Journal of Latin America Studies*, 2009, 41 (1).

Barrientos, A., & Hulme, D., "Social Protection for the Poor and Poorest in Developing Countries: Reflections on a Quiet Revolution", *Oxford Development Studies*, 2009, 37 (4).

Bastagli, F., "From Social Safety Net to Social Policy? The Role of Conditional Cash Transfers in Welfare State Development in Latin America. International Policy Centre for Inclusive Growth", 2009, Working Paper No. 60. Available at: http://www.ipc-undp.org/pub/IPCWorkingPaper60.pdf.

Beltrao, K. I., Pinheiro, S. S., & Oliveira, F. E. B. D., "Population and Social Security in Brazil: an Analysis with Emphasis on Constitutional Changes", 2002, IPEA Working Paper No. 862, Available at SSRN: https://ssrn.com/abstract=304684.

Bezuneh, M., & Deaton, B., "Food Aid Impacts on Safety Nets: Theory and Evidence—A Conceptual Perspective on Safety Nets", *American Journal of Agricultural Economics*, 1997, 79 (2).

Carter, M. R. & May, J., "One Kind of Freedom: Poverty Dynamics in Post-apartheid South Africa", *World Development*, 2001, 29 (12).

Castel, R., "The Roads to Disaffiliation: Insecure Work and Vulnerable Relationships", *International Journal of Urban and Regional Research*, 2000, 24 (3).

Corrêa, J. P., Marcel, D. T. V., Ricardo, D. S. F., & Betarelli Junior, A. A., "Focus on Cash transfer Programs: Assessing the Eligibility of the Bolsa Família Program in Brazil", *Quality & Quantity*, 2022, 1–25.

Costa, N. do R., Marcelino, M. A., Duarte, C. M. R., & Uhr, D., "Proteção social e pessoa com deficiência no Brasil", *Ciência & Saúde Coletiva*, 2016, 21 (10), 3037-3047.

Daigneault, P M., "Three Paradigms of Social Assistance", *Sage Open*, 2014, 4 (4).

Dasgupta, S. & Sudarshan, R. M., "Issues in Labour Market Inequality and Women's Participation in India's National Rural Employment Guarantee Programme. Policy Integration Department International Labour Office Geneva", 2011, Working Paper No. 98.

De França, V. H., Modena, C. M., & Confalonieri, U., "Equality and Poverty: Views from Managers and Professionals from Public Services and Household Heads in the Belo Horizonte Metropolitan Area, Brazil", *International Journal for Equity in Health*, 2020, 19 (1).

Del Pino, E., & Catala-Perez, D., "The Spanish Welfare-Mix during the Crisis and the Privatization of Social Risk: Cases of Healthcare, Social Services and the Long-Term Care System", *Revista Del CLAD Reforma y Democracia*, 2016, 66.

Dethier, J. J., Pestieau, P., & Ali, R., "Universal Minimum Old Age Pensions: Impact on Poverty and Fiscal Cost in 18 Latin American Countries", World Bank Policy Research, 2010, Working Paper No. 5292, Available at SSRN: https://ssrn.com/abstract=1601133.

Devereux, S., "Can Social Safety Nets Reduce Chronic Poverty?", *Development Policy Review*, 2002, 20 (5).

Ditch, J., *Full Circle: A Second Coming for Social Assistance. In Clasen, Jochen (ed.). Comparative Social Policy: Concepts, Theories, And Methods*, Oxford; Maiden, MA: Blackwell Publishers, 1999.

Eardley, T., Bradshaw, J., Ditch, J., Gough, I., & Whiteford, P., *Social Assistance in OECD Countries (Volume I): Synthesis Report*, London: HMSO, 1996.

Ehmke, *National Experiences in Building Social Protection Floors: India's Mahatma Gandhi National Rural Employment Guarantee Scheme*, International

Labour Office Working Papers, 2015.

Field, F., "Welfare Dependency and Economic Opportunity", *Family Matters*, 1999, 54 (1).

Galasso, V. N., "The World Bank is Getting Shared Prosperity Wrong: The Bank Should 116 Measure the Tails, Not the Average", *Global Policy*, 2015, 6 (3).

Gottschalk, P. & Moffitt, R., "Welfare Dependence: Concepts, Measures and Trends", *The American Economic Review*, 1994, 84 (2).

Gough, I., Bradshaw, J., Ditch, J., Eardley, T. & Whiteford, P., "Social Assistance in OECD Countries", *Journal of European Social Policy*, 1997, 7 (1).

Haider, M. Z., & Mahamud, A., "Beneficiary Selection and Allowance Utilization of Social Safety Net Programme in Bangladesh", *Journal of Human Rights & Social Work*, 2017, 2 (1 -2).

ILO., "Cash Transfer Programmes, Poverty Reduction and Empowerment of Women: a Comparative Analysis: Experiences from Brazil, Chile, India, Mexico and South Africa", 2013, Working Paper No. 4. Available at: https://www.ilo.org/gender/Informationresources/WCMS_233599/lang --en/index.htm.

ILO., *Cash Transfer Programmes, Poverty Reduction and Empowerment of Women: a Comparative Analysis: Experiences from Brazil, Chile, India, Mexico and South Africa*, 2013.

ILO., *Mahatma Gandhi National Rural Employment Guarantee Scheme*, Available at: https://www.social-protection.org/gimi/RessourcePDF.action?id=53846.

ILO., *RSBY: Extending Social Health Protection to Vulnerable Population by Using New Technologies*, Available at: https://www.social-protection.org/gimi/RessourcePDF.action?id=53143.

Jaccoud, L., Hadjab, P. D. E., & Chaibub, J. R., "The consolidation of social assistance in Brazil and its challenges, 1988 -2008", Brasilia: International Policy Centre, 2010, Working Paper NO. 76.

Johansson, H., Arvidson, M., & Johansson, S., "Welfare Mix as a Contested Terrain: Political Positions on Government – Non – profit Relations at National and Local Levels in a Social Democratic Welfare State", *International Journal of Voluntary and Nonprofit Organizations*, 2015, 26 (5).

Johnson, N., *The Welfare State in Transition: The Theory and Practice of Welfare Pluralism*, Amherst: University Massachusetts Press, 1986.

Kaplan, J., "Prevention of Welfare Dependency: An Overview", *Journal of State Government*, 2001, 74 (2).

Kenworthy, L., "Do Social Welfare Policies Reduce Poverty? A Cross – National Assessment", *Social Forces*, 1999, 77 (3).

Kwon, J. S., "Current Status and Challenges of Lifelong Education Projects for Low – income Groups", *Asia – pacific Journal of Convergent Research Interchange*, 2020, 6 (12).

Langou, G. D., "Validating One of the World's Largest Conditional Cash Transfer Programmes: A Case Study on How an Impact Evaluation of Brazil's Bolsa Família Programme Helped Silence its Critics and Improve Policy", *Journal of Development Effectiveness*, 2013, 5 (4).

Lee, S. Z. & Abrams, L. S., "Challenging Depictions of Dependency: TANF Recipients React to Welfare Reform", *Journal of poverty*, 2001, 5 (1).

Levasseur. K., Paterson. S., & Moreira. N. C., "Conditional and Unconditional Cash Transfers: Implications for Gender", *Basic Income Studies*, 2018, 13 (1).

Liu, Y., & Deininger, K. W., *Poverty Impacts of India's National Rural Employment Guarantee Scheme: Evidence from Andhra Pradesh*, 2010 Annual Meeting, July 25 – 27, Denver, Colorado. Agricultural and Applied Economics Association.

Martin, C., & Chevalier, T., *What We Talk about When We Talk about Poverty: Culture and Welfare State Development in Britain, Denmark and France*, British Journal of Political Science, Cambridge University Press, 2022.

Mayar, H. U. R., "Sustaining Peace and Shared Prosperity: The Question of Fragile States", *Global Social Policy*, 2018, 18 (2).

Mazeikiene, N., "What is Mixed in Welfare Mix? Welfare Ideologies at Stake in the Lithuanian Case of Social Service Delivery", *European Journal of Social Work*, 2014, 1 (5).

Mead, L., *Beyond Entitlement*, 1986, New York: Free Press.

Melkersson, M. & Saarela, J., "Welfare Participation and Welfare Dependence Among the Unemployed", *Journal of Population Economics*, 2004, 17 (3).

Miller, R. S., "Sharing Prosperity – critical Regionalism and Place – based Social Change", *Western Folklore*, 2007, 66 (3 – 4).

Moffitt, R. A., "The Great Recession and the Social Safety Net", *The Annals of the American Academy of Political and Social Science*, 2013, 650 (1).

Moffitt, R. A. & Ziliak, J. P., Covid – 19 and the U. S. Safety Net. NBER Working Papers, 2020.

Mood, C., "Lagging Behind in Good Times: Immigrants and the Increased Dependence on Social Assistance in Sweden", *International journal of Social Welfare*, 2011, 20 (1).

Rose, R. *Common Goals but Different Roles: The Stata's Contribution to the Welfare Mix*, In Rose, R. & Shiratori, R. (Ed), The Welfare State East and West, Chford: Oxford University Press, 1986.

Seeleib – Kaiser, M., "A Dual Transformation of the German Welfare State?", *West European Politics*, 2002, 25 (4).

Shankar, S., & Gaiha, R., "Networks and Anti – poverty Programs: Experience of India's National Rural Employment Guarantee Scheme", *European Journal of Development Research*, 2012, No. 24.

Sharma. A., "The Mahatma Gandhi National Rural Employment Guarantee Act (India)", *Successful Social Protection Floor Experience*, 2011, No. 18.

Singh, T., "Economic Growth and the State of Poverty in India: Sectoral and Provincial Perspectives", *Economic Change and Restructuring*, 2022.

Soares, S. S. D., "Bolsa Família, its Design, its Impacts and Possibilities for the Future. International Policy Centre for Inclusive Growth", 2012, Working Paper 89, Available at: https: //ipcig. org/sites/default/files/pub/en/

IPCWorkingPaper89. pdf.

Sugiyama, N. B. , & Hunter, W. , "Do Conditional Cash Transfers Empower Women? Insights from Brazil's Bolsa Família", *Latin American Politics and Society*, 2020, 62 (2).

Tat-Kei Ho A. , & Lang, T. , "Analyzing Social Safety Net and Employment Assistance Spending in Chinese Cities", *Australian Journal of Public Administration*, 2013, 72 (3).

Tomlinson, M. , Walker, R. , & Williams, G. , "Measuring Poverty in Britain as a Multi-dimensional Concept, 1991 to 2003", *Journal of Social Policy*, 2008, 37 (4).

Townsend, P. , *The Concept of Poverty*, London: Heinemmann.

Unnikrishnan, V. , "The Welfare Effects of Social Assistance Programmes for Women in India", Manchester: The University of Manchester, 2020, GDI Working Paper No. 41.

Unnikrishnan, V. , & Imai, K. S. , "Does the Old-age Pension Scheme Improve Household Welfare? Evidence from India", *World Development*, 2020, No. 134, 105017.

Vaitsman, J. , Andrade, G. , & Farias, L. O. , "Social Protection in Brazil: What Has Changed in Social Assistance after the 1988 Constitution", *Cien Saude Colet*, 2009, 14 (3).

World Bank. , "China Systematic Country Diagnostic: Towards a More Inclusive and Sustainable Development", 2018, Available at: https://openknowledge.worldbank.org/handle/10986/29422.

Yilmaz, V. , "The Emerging Welfare Mix for Syrian Refugees in Turkey: The Interplay between Humanitarian Assistance Programmes and the Turkish Welfare System", *Journal of Social Policy*, 2019, 48 (4).

Yuda, M. , & Wouwe, J. V. , "The Medical Assistance System and Inpatient Health Care Provision: Empirical Evidence from Short-term Hospitalizations in Japan", *PLoS ONE*, 2018, 13 (10), e0204798.